王用源／编著

通与写作

语言表达与沟通技能

名师名校新形态
通识教育「十三五」规划教材

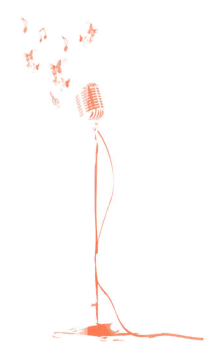

人民邮电出版社

北 京

图书在版编目（CIP）数据

沟通与写作：语言表达与沟通技能 / 王用源编著
. -- 北京：人民邮电出版社，2020.7
名师名校新形态通识教育"十三五"规划教材
ISBN 978-7-115-53728-7

Ⅰ．①沟… Ⅱ．①王… Ⅲ．①人际关系学－高等学校
－教材②汉语－应用文－写作－高等学校－教材 Ⅳ．
①C912.11②H152.3

中国版本图书馆CIP数据核字(2020)第052295号

内 容 提 要

本书是将传统纸质教材与数字化教学资源融为一体的新形态教材，主要讲解大学生在学习和工作中不同场合的沟通形式和沟通技能，从沟通的自我认知、心理调适、体态语言和社交礼仪讲起，进而介绍命题演讲、即兴发言、成果展示、汇报工作、组织会议、考研面试、求职面试和职场沟通中的语言表达技能。

本书可作为普通高等院校通识教育类语言表达与沟通等课程的教材，也可作为普通读者自学和训练的参考书。

◆ 编　著　王用源
　　责任编辑　楼雪樵
　　责任印制　王　郁　焦志炜
◆ 人民邮电出版社出版发行　北京市丰台区成寿寺路 11 号
　　邮编　100164　电子邮件　315@ptpress.com.cn
　　网址　https://www.ptpress.com.cn
　　大厂回族自治县聚鑫印刷有限责任公司印刷
◆ 开本：720×960　1/16
　　印张：13.75　　　　　　　　2020 年 7 月第 1 版
　　字数：230 千字　　　　　　　2025 年 7 月河北第 9 次印刷

定价：49.80 元

读者服务热线：(010)81055256　印装质量热线：(010)81055316
反盗版热线：(010)81055315

　　党的二十大报告指出："教育、科技、人才是全面建设社会主义现代化国家的基础性、战略性支撑。"高等学校肩负着人才培养的重要使命，要培养造就大批德才兼备的高素质人才。党的二十大报告提出要"发展素质教育"，语言表达与沟通技能类通识教育是落实素质教育的重要途径之一。

　　"人才是第一资源。"我们要坚持为党育人、为国育才，深入实施"人才强国战略"。随着市场经济体制的不断深化，社会对人才培养提出了更高的要求，高等学校也在对人才培养目标进行调整，以适应社会需求。语言表达能力是一个人综合素质的体现之一，已成为一项核心职业能力。本书旨在提高学习者的口语沟通能力。下面就如何使用好本书，从学生的沟通需求、教学实践、教学方法、课堂训练、配套资源和使用方法等方面与读者进行交流。

一、瞄准学生需求，讲求学以致用

　　大学生在大学生涯的不同阶段需要完成各种沟通任务，这也是许多大学生成长成才的必经之路。大学期间，融入一个新集体，需要自我介绍、竞选各级各类学生干部等；参加各类学生活动，诸如新生风采展示大赛、新生辩论赛、新生演讲比赛、学生主持人大赛等；取得各方面的成绩，需要用语言表达去展示，比如评奖评优展示、寒暑假社会实践成果展示、竞选各类先进个人等；从事科研工作，需要申报学生课外科技项目、科技项目中期考核和结项汇报等；毕业之际，面临保研考研面试、求职面试、毕业论文答辩等，都需要用语言表达去完成。升学后，研究生要与导师经常沟通，参加学术活动、作学术报告等；步入职场，与领导沟通、与同事沟通、与下属沟通等，也需要用语言表达去完成，还得追求高质量的沟通艺术。本书结合大学生和初入职场人士的现实需求，讲解各种情形下的沟通方式与沟通技能，讲求学以致用，帮助读者在大学阶段掌握良好的语言表达技能。

二、推广教改经验，设置教学专题

2012年以来，我在天津大学面向中文系汉语言文学专业本科生和辅修学位的学生开设了"语言交际艺术"和"语言表达技能培养"课程。2013年，面向作为"国家试点学院"的天津大学精密仪器与光电子工程学院工程科学实验班开设了"中文沟通与写作"课程。2015年，面向天津大学求是学部机械工程专业和建筑工程专业、文学院英语专业、智能与计算学部动画专业，开设了"语言沟通"类课程。这些专业分别属于工科类、文科类和艺术类。不同类型的专业，对沟通的教学需求是不同的，或者说侧重点有所不同。在编写此类课程的教学用书时，如何满足普适性需求，就成了我思考的重点和需要攻克的难点。

为增强对不同专业的适用性，本书采用了模块化形式，各章的内容相对独立。在对语言沟通和非语言沟通进行概述后，分专题讲解各章内容。因为沟通的心理准备和体态语的运用是贯穿所有沟通方式的，所以本书先设置"自我认知与沟通素养"专题内容；然后分别从日常交际、个人展示、集体交流、保研考研与求职面试、职场语言和教学语言等方面进行讲解，内容安排的顺序与大学生活的各个阶段大致对应，有利于大学生循序渐进地提高沟通能力，也便于大学生在大学的不同阶段去实践。

三、改革教学方法，加强课堂训练

语言沟通的知识是"死"的，只有通过训练才能"活"起来。在编排上，本书为了有利于教师教学和学生学习，专门设置了"课堂训练"环节，将"课堂训练"置于"知识串讲"之前，也是为了凸显"课堂训练"的重要性。本书将日常学习和工作中常见的沟通问题设置为课堂训练题，意在采用问题导入的方式引发读者思考。

教师在课堂教学时，可以先练后讲，肯定课堂练习中学生表现优秀的地方，指出其有待改进之处，将沟通知识融入教师的点评之中，从而达到理论联系实际的效果，这样更有利于学生将沟通知识转化为沟通能力。

在有限的篇幅和课时内，设计哪些内容、哪些模块、哪些训练题才有助于学生尽快提升语言沟通能力、学以致用，并且为以后步入职场奠定基础，本书进行了一定的探索与尝试。任课教师可选用本书的课堂训练题或根据专业需求自行设计练习题进行课堂训练。课堂训练是训练学生沟通心理素质的重要环节，多年的教学经验证明，讲授这类课程时，一定要把学生请到讲台上进行课堂练习。光说不练是"假把式"，要提升语言表达和沟通能力，唯有不断实践方能奏效。

四、分享教学资源，敬请匡谬补缺

书的厚度是有限的，但电子资源的拓展可以是无限的。基于大学生成长的现实需求和未来职场的沟通需求，本书设计了八章内容，但难以涵盖大学生活的方方面面，因此根据教学实践情况，本书将丰富的教学内容以电子资源的形式进行持续性拓展。读者可登录人邮教育社区（www.ryjiaoyu.com），下载本书的相关电子资源，具体包括配套PPT课件、教学大纲、教学参考资料和一些沟通经验之谈等，相关资源将持续更新。

在本书的编写过程中，我参考了大量资料，引用了一些网站和微信公众号发布的材料，在此向在本书中直接引用和参考的已注明和未注明的教材、专著、文章、案例的作者致以诚挚的谢意！另外，本书的编写虽结合了本人近年来开设"中文沟通与写作""语言交际艺术"等课程的一点体会，但囿于学识阅历，浅见寡闻，难免有误，恳请匡正。

王用源

2023年6月

目录

06

第一章
语言表达与沟通概述

语言表达能力包括口语表达能力和书面语表达能力，是一个人综合素质和能力的体现。提高语言表达能力，能使人与人之间、人与社会之间达成思想上的一致和感情上的畅通，能实现人际间更好的沟通，从而提高学习效率、工作效率，助力事业发展。

第一节　沟通概说

● 任务目标

（1）了解沟通的含义及其重要性。
（2）理解沟通的类型和构成要素。
（3）明确沟通技能训练的目的和作用。

● 课堂训练

（1）无语练胆训练。

教师点名，请两三个同学轮流走上讲台，然后微笑着目视台下所有同学，直到最后一排同学而不讲话，让视线笼罩全场，使台下每位同学都感到你在关注着他；台下的同学微笑着看着台上同学的面部，时间为20秒或直到台上的同学不感到十分紧张为止。

训练解说

这是一个克服紧张情绪的实训。紧张是人体在精神及肉体两方面对外界事物反应的加强，并且突发性的紧张会带来一种恐惧感。人在这种情况下，都可能会出现紧张的情绪，这是人在没有自信的时候很容易出现的一种心理情绪。

教师点名后，学生起身，大大方方、稳步走向讲台。学生从讲台一侧上台，不要低头，将目光投向讲台另一侧的同学，边走边移动视线，走到讲台中央后，站定。站位不要离讲台太近或倚靠讲台，建议与讲台保持10～15厘米的距离，这个位置有利于控场，也有利于在讲话中做一些手势而不至于触碰讲台。站定后，学生保持微笑，目光从左到右或从右到左"扫视"全场，相当于跟在场的每一个人打照面。这一系列动作，就是上台发言之前的准备，然后面向一侧同学说"各位同学"，再面向另一侧同学说"大家好！下面……"，当众发言就此展开。

（2）大一新生入学教育期间，小王所在的班级将组织竞选班委活动，有意竞选的同学需向班主任或辅导员报名，并择时进行全班公开竞选演讲。上大学了，小王特别想在大学期间锻炼自己的综合素质，有意竞选班长，在为同学服务的同时，提升自己的管理、组织和协调能力。

如果你是小王，你将如何去与班主任沟通，并表达自己竞选班长的想法？

知识串讲

一、语言表达能力

表达之"表"是把思想感情等显露出来；表达之"达"有通达、畅通之意，是将意思清楚地呈现出来。表达，就是将思想、情感、想法、观点和意图等用语言、文字、图形、表情、动作等方式反映出来的一种行为。

表达能力，是指一个人把自己的思想、情感、想法、观点和意图等，用语言、文字、图形、表情、动作等清晰明确地表达出来，并能够让他人理解、体会和掌握的能力。根据表达时所使用的工具，表达能力可分为口语表达能力、书面语表达能力、数字表达能力、图示表达能力、体态语表达能力等。

语言表达能力包括口语表达能力和书面语表达能力，是指运用口头语言和书面语言进行表情达意时运用字、词、句、段、篇章的能力，是人们交流思想、表达思想的重要工具，是学好专业、成就事业的利器。语言表达能力是一个人综合素质和能力的体现，已成为核心的职业能力，学生语言表达能力的培养也就逐渐受到了高等学校的重视。对大中专学生来说，如果缺乏书面语表达能力，会导致不会写或写不好读书笔记、实验报告、汇报材料、毕业论文等，甚至会影响自己今后的事业和前途。

一个人不善言辞，就像壶里有饺子但倒不出来，那对自己是非常不利的。在求职过程中，大学毕业生首先需要展示的才能就是语言表达能力，或者说需要用语言表达能力去展示其他方面的能力。撰写求职简历运用的是书面语表达能力，参加面试运用的则是口语表达能力。求职简历是获得面试机会的敲门砖，少则几分钟多则几十分钟的面试，是你展示个人能力和才华的重要途径。面试时，用人单位向你抛出的第一个问题可能就是"为什么要来我们单位应聘，说说你的想法和情况"。虽有才华但不善表达，无论如何用人单位都会认为这是你的一个缺陷。

提高语言表达能力的目的就是使人与人之间、人与社会之间达成思想一致、感情通畅，实现更好的沟通，从而提高学习效率、工作效率，助力事业发展。完成好大学生活各个阶段的沟通"任务"，有意识地加以训练，你的沟通能力将与日俱增。

二、沟通的含义

"沟通"和"交际"的意义基本相当。《现代汉语词典》对"交际"的解释是："人与人之间的往来接触；社交"。"交际"一词在英文中的对译词通常被认为是"communication"，而"communication"又可译为"交往、沟通、交流、传播"等。"交际"分为成功的交际和不成功的交际。"沟通"的意思原指开沟而使两水相通，后泛指使两方能通连。人际交往中的沟通一般指成功的沟通，"沟而不通"通常不被认为是严格意义上的沟通。可以说，交际的重点在于行为和行动，沟通则更强调结果和效果。沟通，就是指人与人之间、人与群体之间思想与感情的传递和反馈的过程，以求达成思想一致、感情通畅。

沟通的类型很多，从不同角度可以分成不同的种类。按沟通的正式程度，可分为正式沟通与非正式沟通；按沟通的方向，可分为上行沟通、平行沟通和下行沟通；按沟通过程是否需要第三方加入，可分为直接沟通和间接沟通；按沟通的信息反馈情况，可分为单向沟通和双向沟通；按沟通主体的不同，可分为人际沟通、群体沟通、团队沟通、组织沟通和跨文化沟通等类型。

沟通时凭借的媒介很多，语言、文字、旗语、信号灯、电报代码、音乐舞蹈、体态语等，都是人们沟通的工具。沟通可分为语言沟通和非语言沟通，其中语言沟通是人类特有的一种非常有效的沟通方式。

三、沟通的构成要素

沟通的构成主要有沟通者、信息、目的、环境和工具五个基本要素。

沟通者，是这五个要素中最主要的要素。沟通者，既是沟通活动的物质承担者，又是沟通目的、沟通环境、沟通工具的选择者。沟通环境各不相同，沟通工具各式各样，人们往往会根据不同的沟通目的，选择不同的沟通环境和沟通工具。例如，年轻人谈恋爱，最理想的去处是花前月下，最好的沟通工具则是缠绵不断的情话。

信息，即沟通的内容。沟通就是传达信息、交换信息的过程。人会产生交际的冲动，是因为需要传达信息；没有需要沟通的内容，人们也就不会产生交际冲动。人们往往根据不同的信息内容去选择不同的交际方式。

目的，即沟通的意图。并不是所有的沟通都会有成效，但是所有的沟通都应该有目的。没有沟通目的的行为是人的一般行为，不是沟通行为。沟通目的是区别人的沟通行为与一般行为的重要条件。

环境，是沟通者所处的地点、时间、场合的总括。环境影响着人们沟通的欲望，影响着人们对沟通方式的选择。一般来说，良好的环境有助于沟通的开展，恶劣的环境则阻碍沟通的开展，但环境的好和坏是相对的。

工具，即传递信息的载体。交流内容的传达需要经过一定的渠道，采用一定的沟通工具。它包括语言工具和非语言工具，也包括沟通方式、语言的选择、某些实物等，如文字、图形、音响、灯光等在一定的条件下能起到传递信息的作用。不同的沟通工具，可以传达不同的信息内容。在日常沟通中，人们往往不会单独使用一种工具，而是将几种工具混合使用，可将有声语言、表情语言、肢体语言等一并使用，几种语言互为补充。

四、沟通的作用

沟通的作用有很多。沟通是正常社会交往的需要，有利于社会个体的身心健康；同时，沟通还是社会团体最主要的合作方式。因此，加强沟通能力的培养具有重要的意义。沟通能力是高级人才必不可少的技能，各类学校也越来越重视对学生沟通能力的培养，培养沟通能力成为大学素质教育的重要环节。随着市场经济体制的不断深化，市场对人才培养提出了更高的要求，高等学校也在对人才培养目标和培养方式不断进行调整，以适应社会需求。

五、沟通训练及要求

语言表达与沟通技能不同于人的长相，它可以通过训练获得并渐臻完美。一个人可以经过专门训练、日常锻炼来获得较强的语言表达能力，甚至可以弥补其在其他能力方面的不足。作为一门通识教育类课程，语言沟通能力的训练应以实用为主、"解渴"为要。下面，对本课程的训练内容和相关要求进行简要说明。

（一）训练心理素质

要与他人进行良好的沟通交流，就需要具备良好的心理素质，特别是面对公众讲话时，更需要具备一定的心理素质。训练心理素质，就是锻炼自己在大庭广众之下，无论面对什么情况，都能大胆、从容、自信地表达自己的思想的能力。同时，在沟通过程中，学会察言观色，洞察听话者的心理反应，能使沟通交流更有针对性、更具沟通效果。因此，本课程注重心理素质培养，特别是自信心培养，将课堂讲台设计为公众演说的"舞台"，通过课堂发言、演讲、排练、互评等形式，培养同学们的"舞台"自信心。

（二）训练倾听能力

沟通多为双向的交流。善言者一定善听，只善言而不善听，往往给人以无礼的印象。沟通双方在沟通中互相倾听，才能清楚地了解对方的沟通目的，在不损害自身利益的前提下提供对方期待得到的东西，沟通双方才会实现共赢。课堂训练时，同学们应尽全力相互配合，参与点评活动，以实现取长补短、携手共进的教学效果。

（三）训练普通话

普通话以北京语音为标准音，以北方话为基础方言，以典范的现代白话文著作为语法规范，是通行于中国大陆及海外华人华侨间的共通语言。《中华人民共和国宪法》第十九条规定："国家推广全国通用的普通话。"《中华人民共和国国家通用语言文字法》更明确确立了普通话"国家通用语言"的法定地位。练习普通话，要掌握基本的现代汉语语音、词汇和语法知识，掌握正确的发音和发声技巧。来自方言区的同学，要力争通过训练，将普通话讲得较为准确、流利。

（四）训练思维能力

沟通不仅讲究能说会道，还要讲究能思善想。要拥有良好的语言表达能力，沟通者要思维敏捷、清晰，有时候讲话还需要具有一定的深度。平时生活中，有些人倒是能侃侃而谈、滔滔不绝，然而一旦上台发言、公开演讲，因为紧张心理、舞台压力等，会变得面红耳赤、语无伦次。因此，课堂训练应有意识地在紧张的状态下培养思维能力。

（五）训练优雅体态

语言沟通是通过有声语言实现的，但是语言沟通不单是单纯的有声语言交流，常常还需要其他体态语言来辅助交流。在公众交流中，需要遵循一定的体态要求，讲究形象、气质，在"舞台"上讲究"台风"及做到举止优雅。因此，在课堂训练中，学生要有意识地培养演讲、发言时的体态语言修养，做到体态自然得体、落落大方。

（六）训练演讲能力

从广义上来说，在生活中，任何当众讲话都可视为演讲。无论是专题演讲还是即兴发言，都要面对观众发表自己的意见。演讲是沟通中的单向形式，是一种独白体。要达到理想的效果，演讲应以讲为主，以演为辅。演讲者要与观众在思想和情感上进行互动。通过课堂即兴发言训练，锻炼演讲技巧、互动能力，同时培养语言表达的综合能力。

此外，沟通训练还应包括交谈能力训练、诵读能力训练、辩论能力训练等，本书难以涵盖沟通交际的所有方面，因此在"沟通能力"的选择上有所取舍。在训练沟通能力的同时，我们还必须注重学习基础文化知识，培养和锻炼创新思维能力、组织能力以及其他能力，了解和掌握一般的礼仪知识。就这门课程来说，教师要当好"导演"，学生要做好"演员"，教师通过引导学生积极参与课堂训练和课后拓展训练，使学生在沟通方面从"敢说"到"能说"再到"会说"。

🏃 拓展训练

（1）如果你是大一新生小王，有意竞选班长，请拟写一份竞选演讲稿，并在课后进行试讲排练。教师指定两三个同学完成此任务，用于以后教学中的演讲训练。

（2）你认为怎样才能在沟通交流中体现尊重原则？

（3）请谈谈你对加强语言沟通能力培养的认识。

第二节　语言沟通

● 任务目标

（1）了解口语沟通和书面语沟通的区别。

（2）能够区分不同语体的特点，并能正确使用各种语体。

● 课堂训练

（1）与亲朋好友进行日常交流，你会选择哪种沟通方式？

你在生活中遇到过下列情况吗？

当你跟特别熟悉的室友、同学联系时，一个微信语音就发过去了；当你跟学长或不太熟悉的同学联系时，则会采用文字在微信上进行沟通。

当你需要拨打电话给别人时，你是否会感觉紧张、害怕？常常一拖再拖，不到万不得已不打电话；即便电话接通了，说话也没平时利索。

当你那安静的手机，突然响起来催促你接听电话时，你是否会觉得焦虑不安？盯着屏幕犹豫，调整呼吸后，才鼓起勇气按下接听键。

（2）跟指导教师沟通，你会选择哪种沟通方式？

假如你是一名大二的学生，正在参加一项国家大学生创新创业训练项目，快中期审查了，指导教师让你尽快汇报研究进展和下一步的研究计划，你会选择使用面谈、电话、微信、短信还是电子邮件向指导教师进行汇报？请上台谈谈你的选择及其原因。

（3）怎么跟指导教师进行沟通？

小王写好一篇学术论文，想请指导教师指导一下，提一些修改意见。小王给导师发送了一封电子邮件，但两天过去了，一直没有得到回复。小王改用微信联系导师，导师也没有及时回复，但他又不敢打电话直接联系导师，一直在纠结。过了半天，导师回复微信说："下午4点到我办公室面谈吧。"小王想："我该怎么当面向导师请教呢？"

训练解说

在日常生活和学习中，不同同学可能会选择不同的沟通方式。可能不少同学会选择微信、短信或电子邮件等文字沟通方式，回避面谈或电话等沟通方式。当一个人对自己的表达能力缺乏自信时，相对于语言沟通，更愿意使用文字进行交流。因为文字可以反复修改、斟酌之后再发送，而语言沟通需要一步到位。

若一个人回避电话沟通，可能是对电话交谈感到畏惧，这是现代社会中一种常见的现象。每个人都有自己喜欢的东西；相反，每个人也都有自己害怕的东西或者某种环境，如会对特定的事物或所处情境产生无理性的、不适当的恐惧感，或者是某种排斥感。如果有轻微的社交恐惧感，应该不只是电话沟通，视频通话、出门约会可能都会让其产生恐惧心理。

电话沟通，时间短，处理事件速度快，相对于文字沟通具有更强的压迫性；而文字沟通可以有更宽裕的时间来处理，可以细细琢磨用词用语，其压力已经被缩减到很小的程度了。其实，口语沟通和书面语沟通给人的压力是相同的，但你可以选择"何时"去面对这个压力，也可以选择暂时逃避一下。有人可能会说，我发微信、短信时从来不需要暂停，即收即回也不会紧张。是的，但你应该知道自己有暂停的权利。有时候，我们并不一定真的是在逃避，但我们需要知道自己有选择权，这会让自己感到安全些。因为电话沟通的过程一般是不能暂停的，思考的时间也有限，所以电话沟通比使用微信、短信、电子邮件或者QQ沟通更让人紧张。

有时，电话沟通的压力比面对面交谈的压力还大。因为电话沟通中只能通过你一句我一句的语音交流，对方说完一句，就意味着你必须在一两秒之内给出回应，避免冷场。电话沟通中的冷场让人特别难堪，一旦没了声音，就会有特别强烈的、催人作答的压力。而在面谈的情境中，交流的间歇可以看看手机、喝喝茶，还可以假装思考或是望着对方苦笑，这些都可以缓解无声时的尴尬，作为无话可说时的缓冲，调节气氛。

（4）跟客户沟通，你会选择哪种沟通方式？

小王在某公司进行暑期实习，部门经理递给他一份近期购买公司产品的客户的联系清单，让他一周之内联系完清单上的20位客户，调查一下客户对公司新产品的满意度和相关建议，并形成书面材料交给部门经理。小王心想，我与这些客户素不相识，我该怎么联系呀？

◆◆ 训练解说

与客户打交道的过程伴随着一次次的信息传递和交换，在这个过程中，常用的沟通方式有电话、面谈、微信、短信、电子邮件等，如何跟客户沟通才能提高与客户沟通的效率呢？

在不同年代，不同的人之间可以采用不同的沟通方式。现今，年轻人喜欢用微信来沟通，而老员工可能倾向于使用电话沟通。在平时与客户的接触中，可以有意识地与客户建立微信联系，方便日后联系。

如今年轻人的主要联络手段已经变成了微信，在这种情况下一般不会特意选择占用双方时间进行电话沟通，但是通过微信常常无法传达你的真实意图，而且也无法准确揣摩对方的意图，这就会造成很多理解偏差。所以，当遇到比较重要的事情或没有对方微信时，还是应当打电话。当然，如果能够当面进行交流，还是面谈最好。如果利用电话沟通，需要考虑对方是否方便接听电话，要学会换位思考。在打电话之前应思考"这个时间打电话是否会影响对方""这件事情真的有打电话的必要吗"等问题。

在日常生活中，最常见的问题就是无法辨别什么时候该打电话，什么时候该发微信。如果事情不是很紧急，但想通过电话联系的时候，我们可以先给对方发一条微信，大致说一下事情，然后结尾附上一句"我可以给您打个电话吗"进行询问。这样做的好处是双方可以事先整理好自己的思路，电话沟通时就会更加顺利、流畅，不容易产生误会。如果你突然打电话，对方会被你搞得措手不及，没有做好相关应答准备，可能难以准确表达自己的意图。要想引出对方的真实想法，建议灵活地运用微信和电话。如果是联系一般客户，打电话是讲解产品、调查客户意见或需求的正式方式，效果也更明显。

另外，只能跟成为微信好友的联系人进行微信上的沟通。对于建立了微信联系的老客户，可利用微信在社交上的黏性，让其对你有印象、有好感，建立的联系会更持久。

知识串讲

一、语言沟通概说

沟通是人们凭借一定的载体来传递和交流信息的一种社会活动。人际沟通的渠道和方式多种多样，就其所凭借的载体来看，沟通可以分为语言沟通和非语言沟通。

语言沟通是以语言（包括口语和书面语）为媒介来传递信息、交流思想、传达感情，以求达到某种目的的社会行为。语言是人们交流感情、传递信息的约定俗成的符号系统，是人类最重要的交际工具和思维工具。人在交往时要使用语言，要凭借语言这一工具来表达自己的思想和情感，也要凭借语言去理解别人的思想和情感，这就是人与人之间的语言沟通。

语言符号有两种形式：一种是声音，另一种是文字。相应地，语言沟通也有两种基本形式。一是口语沟通，即人们依靠有声语言来进行沟通，以听、说为其外在特征，以有声的语言为其表现形式。现在有了电视电话、网络电话等声音载体，突破了有声语言的时空限制。二是书面语沟通，以文字记载为其外部特征，以书面印刷的载体为其表现形式。现在很多平面媒体也可以承载文字。在日常生活中，口语沟通比书面语沟通更宽泛、更直接，也更重要。除了运用现代电子设备外，口语沟通基本上可以被看作面对面的沟通，它可以表现出语言的重音、语调、停顿、节奏、断续变化和说话者个人的语音特色及说话的感染力，还可以利用实物、身姿、手势、表情、眼神等语言以外的非语言沟通来弥补口语沟通的不足或表达一些特殊的态度和情感。

人类的书面语沟通是建立在文字的基础之上的，书面语沟通很早就产生了。古埃及文字、楔形文字、古印度文字、玛雅文字等都是世界上较早的书面语沟通的形式。书面语沟通是在口语沟通的基础上产生的，是对口语沟通的补充和延伸。可见，口语是第一性的，书面语是第二性的。

二、口语沟通

（一）口头语体和书面语体

语体与语言有着紧密的关系，人们只要运用语言进行沟通，其言语必然从属于某一种语体。所谓语体就是人们运用语言进行沟通所形成的语言运用体系，是适应不同交际领域的需要而形成的语言的功能变体。离开了语言运用就不可能有语体；同样，离开了语体也就不可能有语言运用。口语和书面语是人们运用语言的两种不同表现形式。人们在进行语言沟通时，不仅要遵守语言规范，还要善于使用各种相应的语体，否则会影响沟通效果。

口语中，可以说以下内容。

（1）好久不见，都挺好的吧。

（2）久仰大名，幸会幸会！

口语中，不说：

（1）父亲，我回来了！

（2）久疏联系，近来可好？

如果你用书信或电子邮件联系亲朋好友，就可以用"久疏联系，近来可好？"来表示问候。可见，在语言沟通中，口语和书面语因所凭借的媒介以及所使用的场合的不同，会呈现出不同的特点，并逐渐形成不同的语体风格，即口头语体和书面语体。注意，口头语体和书面语体并不等于口语和书面语。许多书面语体存在着口语的表现形式。例如，叙事性的文艺作品中就有大量的口语化描述，演讲语体中也经常出现书面语的形式。

（二）口头语体的种类

根据不同的场合、不同的沟通目的，可以将口头沟通分为不同的类型，每种类型有其特殊的沟通形式和语言特点。根据口头沟通的语言特点，可分为演讲语言、辩论语言、播音语言、主持语言、教师语言、谈判语言、推销语言、求职语言、领导语言、采访语言、答辩语言、朗诵语言和外交语言等。

这些不同类型的沟通语言又可根据沟通交流的主体特点分为独白体和对白体。独白体是说话者独自完成与观众的沟通与交流的语言，而对白体是至少要由两个及以上的说话者进行互动的沟通与交流的语言。

三、书面语沟通

（一）书面语沟通与书面语体

除口语沟通外，书面语沟通也是一种重要的沟通形式。书面语沟通使用的媒介是文字。由于媒介的性质不同，口语沟通和书面语沟通的性质和规律也有差异。口语沟通对语境的依赖性很强，并且可以借助副语言和体态语言等辅助手段。而书面语沟通凭借的是文字，没有对话时的语言环境，没有对话时的情态、体态的补充，也不是即兴或漫无边际的交谈，省略、重复、跳跃的情况比较少。所以，书面语的语言加工程度要远远超过口头语体，而且可在写出初稿后加以修改，再正式成文。因此，书面语沟通可以字斟句酌，精心地谋篇布局和遣词造句，追求语言的准确规范和形象生动。在书面语沟通过程中，书面语体就逐渐形成了。当然，书面语体中的各种语体在语言运用上有各自的特点。

（二）书面语体的种类

书面语体包括的种类很多，常见的有公文语体、科技语体、政论语体和文艺语体4种语体。

1. 公文语体

公文语体是党政机关、企事业单位、社会团体以及人民群众之间采用法定公文或事务性文书来处理公务而形成的一种书面语体。

不同的公文或文书具有不同的写作要求和表达形式，因此公文语体还可细分为党政公文语体、事务文书语体、经济文书语体、法律文书语体、外交文书语体和商务文书语体等。公文语体有以下语言特点：具有固定的程式和规范的格式；不同文种有其固定的习惯用语；用词简明、准确；句式周密、严谨。

2. 科技语体

科技语体是一种专门性的实用语体，它是为满足科学技术领域特定的交际目的、内容、任务的需要而形成的，具体表现为由与科技领域相适应的词汇、语法、辞格以及符号、图表、公式等非语言符号所共同组成的表达体系。

科技语体可以分为科技论著体、科技报告体、科技情报体、科技教科书体和科技普及体等。科技语体的语言特点表现为：用词准确，注重选词的专业性；表达严谨，注重表意的单一性；重视非语言符号的使用，注重表达的科学性。

3. 政论语体

政论语体是论述社会政治生活中的各种现实问题，阐明某种政治主张和社会生活准则的语言体式，如报刊社论。其语言表达以科学论证的逻辑性、说理性与艺术描绘的形象性、情感性相交织为特征；用词上多采用社会政治词汇，并协调运用其他各种词汇成分。

政论语体可分为论证体、评论体、宣言体和决议体等。政论语体的语言特点表现为：用语准确有力，观点鲜明；论述逻辑严密，说服力强；表达鲜明生动，感染力强。

4. 文艺语体

文艺语体是一种具有突出艺术特征的语言体式。文艺语体主要借助形象思维，通过语言描绘形象向读者揭示作品蕴含的意思；其他几种语体则主要借助逻辑思维，直接用语言向读者传递信息、说明道理。

文艺语体的种类有散文体、韵文体和戏剧体等。散文体是指散文、小说等使用的语体，在语言材料和修辞手法的选择上几乎不受什么限制，讲求句子连贯流畅，句式错落有致，辞格不拘一格。韵文体是指诗歌、词曲等使用的语体，其语言富有音乐美。戏剧体是指话剧、歌剧和地方戏等使用的语体，戏剧体的语言特点是个性化、口语化和富有动作性。总的来说，文艺语体重视各种修辞手法的运用，追求语言的艺术美。

拓展训练

（1）下面是选自鲁迅的《孔乙己》中的片段，请分析其中蕴含的语体信息和交际效果。

孔乙己是站着喝酒而穿长衫的唯一的人。他身材很高大；青白脸色，皱纹间时常夹些伤痕；一部乱蓬蓬的花白的胡子。穿的虽然是长衫，可是又脏又破，似乎十多年没有补，也没有洗。他对人说话，总是满口之乎者也，叫人半懂不懂的。因为他姓孔，别人便从描红纸上的"上大人孔乙己"这半懂不懂的话里，替他取下一个绰号，叫作孔乙己。孔乙己一到店，所有喝酒的人便都看着他笑，有的叫道，"孔乙己，你脸上又添上新伤疤了！"他不回答，对柜里说，"温两碗酒，要一碟茴香豆。"便排出九文大钱。他们又故意的高声嚷道，"你一定又偷了人家的东西了！"孔乙己睁大眼睛说，"你怎么这样凭空污人清白……""什么清白？我前天亲眼见你偷了何家的书，吊着打。"孔乙己便涨红了脸，额上的青筋条条绽出，争辩道，"窃书不能算偷……窃书！……读书人的事，能算偷么？"接连便是难懂的话，什么"君子固穷"，什么"者乎"之类，引得众人都哄笑起来：店内外充满了快活的空气。

（2）电影《林则徐》中，林则徐召见外商，申明中国政府关于严禁贩卖鸦片的命令，其中说到如有违令者，"船货交公，人即正法"。有外商问："什么叫'正法'？"中国官员答道："正法就是杀头。"请分析其中的语体差异。

第三节　非语言沟通

● 任务目标

（1）了解非语言沟通的含义、特点及其重要性。

（2）理解非语言沟通与语言沟通的关系。

（3）能够有意识地使用体态语来传达沟通意图。

● 课堂训练

（1）请谈一谈你在日常沟通中注意到的非语言沟通效果有哪些。

训练解说

在今后的日常沟通中，可以注意以下方面，以提高对非语言沟通表达的认知，并有意识地使用非语言手段来表情达意。

①留意肢体动作

当你与他人沟通时，有意识地关注一下自己的肢体动作，留意一下自己是有意做出相关动作，还是无意识地做出相关动作，你想要表达的意思与你的非语言行为是否匹配？在大多数情况下，人们凭借直觉理解你传达的非语言形式信息比理解你说话所表达的信息更为准确。

②保持眼神接触

在平时的学习或生活中，在与同学、老师或者同事进行交谈时，你的目光是否自然，跟对方的目光交流频次如何？尝试增加目光接触，因为眼神交流能增加信息的可信度，从而建立信任。

③保持自信姿态

你的自信不仅来自语言的铿锵有力，还来自你的姿态。你的立姿、坐姿、步姿等身势语都在向别人传递交际信息。如果你弯腰坐着，你是在告诉世人你缺少自信，或对对方不感兴趣。当你站得很直或者坐得很直时，会传达出你有自信并对对方感兴趣的强烈信息。

④看懂受众的反馈

当你向整个团队或者一群人做展示时，你要留意受众反馈给你的非语言信息。如果你的受众抬头率在降低，开始无精打采、打哈欠、看手机甚至打瞌睡，这时你需要马上做点什么事情，改变这种局面，让他们对你的信息感兴趣，重新吸引他们的注意。

⑤倾听自己的声音

与他人沟通时，除了分音节的常规语言，说话时的其他语音形式也在传达各种各样丰富的信息。我们可以通过节奏、语调、重音、音调、音量，以及声音的停连、起伏等来表达相关信息。例如，对他人表示嘲讽和敬佩，在语气上是完全不同的。

（2）观看视频，请同学上台发言，谈谈非语言形式在沟通交流中的作用。

①选择一段小品视频，播放时关掉声音。请同学们观察演员的衣着、手势和表情等，能获取什么信息？（建议选择陈佩斯和朱时茂的小品《胡椒面》或《吃面条》）

②选择一段新闻联播，播放时关掉声音。请同学们观察播音员的衣着、手势和表情等，能获取什么信息？

训练解说

如果我们读不懂唇语，是不可能理解"无声"的新闻联播里面的信息的。这从另一个方面说明了非语言形式在传递信息方面的重要性。它重要到什么程度呢？据美国心理学家艾伯特·梅拉比安（Albert Mehrabian）提出的交际效果公式：交际双方交际的信息效果=7%的文字+38%的声音+55%的表情。另据美国传播学教授杰夫瑞·菲尔波特（Jeffrey Philpot）的调查，人类有65%的意义成分来自非语言沟通，而只有35%的意义成分来自语言沟通。美国学者米迪·C.皮尔（Mindy C. Peary）认为，即使是最保守的看法，在某一沟通过程中，35%的社会信息是通过语言传递的，其余65%的信息是由非语言手段传递的。从这三组数据来看，非语言沟通在传递社会信息的过程中占据着极其重要的位置。

在生活中，有些人偏向于依赖言语符号，但更多的人偏向于依赖非语言符号进行沟通。实际上，非语言沟通的可信度往往要高于语言沟通的可信度，因为非语言沟通的表现形式常常是人的情绪和情感的自然流露。

知识串讲

一、非语言沟通的含义

非语言沟通，指的是使用除语言符号以外的各种符号系统，包括肢体动作、副语言、空间语以及沟通环境等来传递信息，以达到沟通的目的。语言沟通和非语言沟通常常"结伴而行"，有时非语言沟通比语言沟通更能传达出人们的真实想法。

用于沟通的非语言信息是一种体态语言。体态语言，又叫"肢体语言""动作语言""无声语言""行为语言"等。我们把手势、身势、面部表情、眼神以及沟通者之间的空间位置关系等一系列与沟通双方的身体姿态有直接关系的伴随语言手段，称为"体态语"。它是用表情、手势、目光、姿态等来传递信息和表达情感的辅助工具，是一种伴随语言。

正如耿二岭先生所说："体态语既不是从语言系统中剔除出来的剩余部分，也不是对语言系统的额外补充，它乃是为补偿口头语言在交际中的不足所不可缺少的行为（这种'补偿'作用，可以通过主观能动，即有意识的行为来实现，也可以通过客观被动，即无意识或下意识的行为来实现），是语言活动中具有功能的组成部分，跟每次具体语言交际都有关。"

体态语言很早就出现了，可以说，有了人类，就有了体态语言。美国人类学家路易斯·亨利·摩尔根（Lewis Henry Morgan）在《古代社会》（*Ancient Society*）一书中说："即使我们不说那些蒙昧人，就是在野蛮人当中，遇到他们彼此方言不同而要互相交谈的时，仍然以手势为共同的语言。美洲土著曾发展了一种这样的语言，由此可见，要形成一种适用于普遍交谈的手势语言是可能的。根据他们使用这种语言的情况来看，这种语言使用起来既文雅，又富于表情，还能使人感到有趣。这是一种自然符号的语言，所以它具有通用语的要素。发明一种手势语言比发明一种音节语言要容易；而且，因为手势语言也要方便得多，所以我们作出假定，认为手势语言之出现早于音节分明的语言。"

二、非语言沟通的特点

相对于语言沟通来说，非语言沟通具有以下一些特点。

1. 无意识性

一个人的非语言行为更多的是对外界刺激的直接反应，基本都是无意识的反应。例如，与自己不喜欢的人站在一起时，与其保持的距离比与自己喜欢的人站在一起时要远些；有心事时，自己会不自觉地给人忧心忡忡的感觉。

2. 情境性

与语言沟通一样，非语言沟通也需要特定的情境，情境左右着非语言符号的含义。相同的非语言符号，在不同的情境中会有不同的意义。同样是拍桌子，可能是

"拍案而起"，表示怒不可遏；也可能是"拍案叫绝"，表示赞赏至极。

3. 可信性

由于语言信息受理性意识的控制，所以容易作假。体态语言则不同，体态语言大都发自内心深处，是无意识的，极难压抑和掩盖，所以，当某人说自己毫不畏惧，但他的手却在发抖，我们更相信他是在害怕。当语言符号与非语言符号所代表的意义不一样时，人们更相信的是非语言符号所代表的意义。

4. 社会性

语言沟通和非语言沟通都是在一定社会条件下进行的，非语言沟通会受到沟通双方年龄、性别、身份、地位、文化程度、生活环境、伦理道德、宗教信仰等社会因素的影响。

5. 个性化

一个人的体态语言，同其性格、气质是紧密相关的，爽朗敏捷的人同内向稳重的人的手势和表情肯定是有明显差异的。每个人都有自己独特的体态语言，它体现了每个人的个性特征，人们可以从一个人的体态语言来解读他的个性。

6. 民族性

非语言沟通的民族性主要由每个民族不同的生活习惯、不同的审美观念构成。同一肢体动作，有时会因民族文化的不同而有不同含义，并且，表示同一语义时，各民族使用的体态语有所区别。例如，中国人通过握手或点头问好，日本人以鞠躬表示问好，欧美地区的人一般以拥抱或亲吻表示问好，瑞典的拉普人则是以互相擦鼻子为问候礼。在跨文化交际中，要慎重考虑对方的文化背景和生活习惯，以免造成不必要的误会。

三、非语言沟通的重要性

体态语言是一种特殊且重要的沟通工具。在人际沟通中，人们常用它来弥补有声语言交流思想的不足。体态语言的这种交际功能，早在春秋时期就有相关论述。如《礼记·乐记·师乙篇》提到：

故歌之为言也，长言之也。说之，故言之；言之不足，故长言之；长言之不足，故嗟叹之；嗟叹之不足，故不知手之舞之足之蹈之也。

这就是说，有声语言和体态语言都能发挥交际功能，而当有声语言表情达意不够用时，体态语言就显得尤为重要。例如，在许多场合非语言要比语言更具有雄辩力，高兴的时候开怀大笑，悲伤的时候失声痛哭，认同对方的时候深深地点头，都要比语言更能表达当事人的心情。

在人际沟通中，"第一印象"影响着沟通的效果。有一个心理学效应叫作"首因效应"，它是指两个素未谋面的陌生人第一次见面时所获得的初次印象。如果第一印象形成肯定的心理形势，会使双方在后续的沟通中偏向于发掘对方具有美好意义的品质；相反，如果形成否定的心理形势，则会使双方在后续沟通中偏向于揭露对方令人厌恶的品质。例如，某电视台有一档相亲节目，其中"第一印象"环节就是男士在与女士交谈之前先选出"心动女生"，而这一选择的依据只能是那些外貌、衣着、举止、发型等外在的非语言因素。

另外，对特定人群来说，非语言沟通更是至关重要，比如聋哑人的手语、交警的指挥手势、裁判的手势等。在国际交流中，如果因语言障碍无法交流，微笑则是促进交流迅速进行的润滑剂。

四、体态语的沟通功能

在常规的沟通交流中，体态语是一种没有声音的伴随性语言，对有声语言起到配合、替代和补充的辅助性作用。体态语的沟通功能主要体现在以下4个方面。

1. 辅助传递信息的功能

体态语的伴随性特征，决定了它具有辅助性功能。在常规沟通中，体态语一般是配合有声语言使用的，人们有时会不自觉地运用体态语来表情达意。有意识地使用体态语，可以吸引听话人的注意力。如教师在课堂教学的时候，不能站在一个地方一动不动地讲课，而应辅以丰富的体态语（教态），吸引学生的注意力。演讲、辩论、谈判也是如此。体态语可以用来印证有声语言，增加有声语言的可信度。例如，小孩子表示友好、保守机密或者永不反悔时，就采用拉勾的办法，用拉勾的手势来证明各自的决心。有时，体态语不是为了印证有声语言，而是表示相反的意思。比如男女恋人之间，女生嘴里说"讨厌"，但心里未必就"讨厌"，在这种情况下，往往辅以一些撒娇的动作，或者使用特殊的语气来说出"讨厌"二字，故作娇嗔。另外，体态语可辅证说话人的讲话内容。例如，一个来自平翘舌不分的方言区的同学，在说"四"或"十"的时候，担心口语表达不清，就伸出四个指头，或者伸出十个指头来补充说明。

2. 单独传递信息的功能

体态语不仅对语言交际有辅助功能，它还可以暂时离开有声语言，单独传递信息、交流感情。体态语的这种临时独立充当交际手段的功能，称为替代功能。

经过人类的长期实践，非语言符号特别是体态语已自成一体，具有一定替代言语的功能。例如，哑剧演员的表情和动作、舞蹈演员的姿态动作、交通警察的指挥手势、裁判员在体育竞技场上所做的各种手势和动作等，都能独立地传递信息，起到沟通的作用。

有时，体态语甚至比言语传情达意更为明确、深刻。用体态语替代有声语言传情，尤其是表达青年男女之间的爱恋之情，会更细腻、更丰富，表达效果更好。例如，男女之间的爱慕之情，在无以言表时，可用体态语传情，"眉目传情""暗送秋波""挤眉弄眼""眉来眼去"等就是描写体态语（眉目语）的一些说法。又如，"老乡见老乡，两眼泪汪汪"的情感流露比千言万语更能体现相见时的感情。再如，列夫·托尔斯泰在长篇小说《安娜·卡列尼娜》中有这样一段话："大人发现安娜后，朝她走过去，眼睛直勾勾地瞧着她，脸上出现甜蜜的笑容，同时像在咀嚼什么东西似地舔着自己的嘴唇……"这里综合描写了人物的步姿语、目光语、微笑语，将一个仪表堂堂但心地肮脏的"大人"刻画得惟妙惟肖，真可谓入木三分。

3. 强化有声语言的功能

体态语的强化功能是人们运用一些非语言手段使语言表达的内容更加鲜明、突出，这时，语言和体态语在表达的意义上应该一致，若不一致，就可能使对方困惑不解、疑窦丛生，最终导致沟通失败。例如，如果一个领导在台上讲话，说"我下面讲三点意见"，同时，比划了一个"三"的手势，就是强化作用；如果手上比划了一个"四"的手势，观众就会产生疑惑。在演讲中，富有节奏感的手势，还可以增强语言表达的语势，让语言表达更有力度。

4. 调节沟通心理的功能

沟通中，有些体态语是人们有意使用的，而有些体态语则是无意识动作，也就是说，体态语可以不经意地根据沟通的需要进行自我调节，以适应沟通的需要。例如，两个人谈话时，一方用眼神和语调示意接下来该对方说话了，以此来调节他们之间目前的交际格局和相互关系。有时，沟通者运用体态语是为了调节自己紧张的情绪。人在紧张的状态下，会做出一些下意识动作，如摆弄手中的东西或两手互相捏来捏去，无意中就向对方传达出自己内心紧张的信息。例如，同学们上台发言时，因紧张就会做出一些无意识的手部动作；在求职面试时，体态语能反映应聘者的一些心理素质，这也是面试官考查的一个方面。

（1）搜集并学习不同民族的体态语，了解不同民族体态语的差异。

（2）下面是选自鲁迅《故乡》中的片段，请分析其中有关少年闰土和中年闰土的体态语描写，并说明体态语在表情达意方面的重要作用。

这时候，我的脑里忽然闪出一幅神异的图画来：深蓝的天空中挂着一轮金黄的圆月，下面是海边的沙地，都种着一望无际的碧绿的西瓜，其间有一个十一二岁的少年，项带银圈，手捏一柄钢叉，向一匹猹尽力的刺去，那猹却将身一扭，反从他的胯下逃走了。

这少年便是闰土。……

我于是日日盼望新年，新年到，闰土也就到了。好容易到了年末，有一日，母亲告诉我，闰土来了，我便飞跑的去看。他正在厨房里，紫色的圆脸，头戴一顶小毡帽，颈上套一个明晃晃的银项圈，这可见他的父亲十分爱他，怕他死去，所以在神佛面前许下愿心，用圈子将他套住了。他见人很怕羞，只是不怕我，没有旁人的时候，便和我说话，于是不到半日，我们便熟识了。

……

一日是天气很冷的午后，我吃过午饭，坐着喝茶，觉得外面有人进来了，便回头去看。我看时，不由的非常出惊，慌忙站起身，迎着走去。

这来的便是闰土。虽然我一见便知道是闰土，但又不是我这记忆上的闰土了。他身材增加了一倍；先前的紫色的圆脸，已经变作灰黄，而且加上了很深的皱纹；眼睛也像他父亲一样，周围都肿得通红，这我知道，在海边种地的人，终日吹着海风，大抵是这样的。他头上是一顶破毡帽，身上只一件极薄的棉衣，浑身瑟索着；手里提着一个纸包和一支长烟管，那手也不是我所记得的红活圆实的手，却又粗又笨而且开裂，像是松树皮了。

我这时很兴奋，但不知道怎么说才好，只是说：

"阿！闰土哥，你来了？……"

我接着便有许多话，想要连珠一般涌出：角鸡，跳鱼儿，贝壳，猹，……但又总觉得被什么挡着似的，单在脑里面回旋，吐不出口外去。

他站住了，脸上现出欢喜和凄凉的神情；动着嘴唇，却没有作声。他的态度终于恭敬起来了，分明的叫道："老爷！……"

我似乎打了一个寒噤；我就知道，我们之间已经隔了一层可悲的厚障壁了。我也说不出话。

第二章
自我认知与沟通素养

通过训练，可提高对音强、音高、音长、语调、重音、停顿等的驾驭能力；积累各类当众讲话的经验，练就良好的沟通素养，有意识地储备并使用得体的体态语言，了解并掌握一定的社交礼仪，会让你的沟通更自信、更有效。

第一节 语音的自我感知

● 任务目标

（1）了解副语言及其沟通功能。
（2）理解音强、音高、音长在语言表达中的功能。
（3）掌握语调、重音、停顿等在语言表达中的常见技巧。

● 课堂训练

　　练习停顿、抑扬顿挫的最好办法是朗读诗歌和散文并录音，然后在其他人面前朗读，听取同学或老师的反馈。

　　（1）朗读徐志摩的《再别康桥》。教师提前安排两位同学进行课下练习，上课时请同学依次上台展示。训练时，注意把握朗读过程中的停连、重音、语气和节奏。

再别康桥

作者：徐志摩

轻轻的我走了，
正如我轻轻的来；
我轻轻的招手，
作别西天的云彩。

那河畔的金柳，
是夕阳中的新娘；
波光里的艳影，
在我的心头荡漾。

软泥上的青荇，
油油的在水底招摇；
在康河的柔波里，
我甘心做一条水草！

那榆荫下的一潭，
不是清泉，是天上虹；
揉碎在浮藻间，
沉淀着彩虹似的梦。

寻梦？撑一支长篙，
向青草更青处漫溯；
满载一船星辉，
在星辉斑斓里放歌。

但我不能放歌，
悄悄是别离的笙箫；
夏虫也为我沉默，
沉默是今晚的康桥！

悄悄的我走了，
正如我悄悄的来；
我挥一挥衣袖，
不带走一片云彩。

（2）朗读敖红亮的《学会感恩》。教师提前安排两位同学（A和B）进行课下练习。上课时请两位同学上台展示。

学会感恩

作者：敖红亮

（A）不知道从什么时候开始，这个世界变得越来越浮躁，我们开始学会用利益来衡量彼此之间的距离，不再去追求那些朴素的情感，却在强调自我的同时变得越来越自私，在放纵自私的同时，我们渐渐忘记了什么叫感恩。

（B）我们只顾着朝向即定的目标而努力奋斗，却遗忘了在前行的道路上还有那么多曾经帮助、扶持和关注我们的人——我们的家人及朋友。忘记了在我们成功的背后，还有那么多双支持的眼睛；忘记了我们应有的感激和感动。

（A）这样的忘记让我们生活变得越来越单调和乏味，让人与人之间越来越疏离和陌生；这样的忘记让我们的心灵变得冷木，让我们的亲情和爱情脆弱得不堪一击。

（合）世界在忘记中变成冰冷无情，我们在无情的世界里继续无情。

（B）请学会感恩吧，带着一颗感恩的心来面对生活和工作——多一份付出，少一份索取；多一份承受，少一份抱怨；多一份宽容，少一份计较；多一份关爱，少一份憎恨。

（A）请让我们把帮助和鼓励别人当成自己的快乐，请对那些弱者伸出你援助的双手。感恩不是惊天动地的英雄壮举，只是一声问候、一句叮咛，一个笑脸，是发自心灵深处的一种本真。

（合）让我们学会感恩吧：

（A）感谢太阳，给我们阳光；

（B）感谢风儿，给我们清凉；

（A）感谢父母，给我们身心；

（B）感谢师长，给我们智慧；

（A）感谢朋友，给我们真诚；

（B）感谢爱人，给我们甜蜜；

（A）感谢孩子，给我们希望；

（B）感谢失败，给我们经验；

（A）感谢苦难，给我们坚强。

……

（合）让我们学会感恩吧：冬天将不再寒冷，黑夜将不再漫长，我们的生活定会因此而充满七彩的阳光。

训练解说

互联网上有很多经典作品的朗读音视频，可供参考。

在朗读时，不是语速快就一定好！有些时候，我们需要有意将语速降下来，这就需要把握好停顿，例如，段与段之间需要停顿，句与句之间以及重要的句子需要停顿。如何掌握语速的快慢呢？就内容来说，表现深思、非常失望、过于哀痛的内容要用慢速；交代情节、插叙故事、引证词等，要用中速；抒发激情、鼓舞志气、号召行动、抨击、责问等，要用快速。就句式来说，陈述句、被动句、松弛句，要用慢速；反问句、感叹句、紧张句，语速要快。

🚩 知识串讲

语音是声音的一种，是说话时发出的声音。语音是语言的物质外壳，是语言的外部形式，是最直接地记录人的思维活动的符号体系。它是人类通过发音器官发出来的、具有一定意义的、用来进行社会交际的声音。语音的物理基础主要有音高、音强、音长、音色（音质），这也是构成语音的四要素。

从发音的角度讲，人类的交际活动主要分为有声语言交际和无声语言交际两类。有声是相对于无声而言的。无声语言主要包括表情、眼神、姿势、动作等体态语言。有声语言主要包括常规语言和副语言。本节主要介绍语音中的副语言。

一、副语言及其沟通功能

1. 能表达特定意义的副语言

常规语言是指我们平时交谈时运用的分音节语言，副语言是有声音而没有固定语义的语言。狭义的副语言指的是超音段音位学中的韵律特征（语调、重音等）、突发性特征（笑声、哭泣声等）以及次要发音等有声形式。这些特征可以表明说话人的态度、社会地位及其他意义。

副语言可分为辅助语言和类语言。辅助语言包括音质、音强、音高、音长、语调、语速、停顿、沉默等。类语言包括笑声、哭声、呻吟声、叹息声、咳嗽声、口哨声等。前者往往与常规语言同时发生，表现为常规语言的表达方式。后者可以单独使用，在具体的语境中有相对独立的语义。

副语言与常规语言的区别在于：首先，常规语言是分音节的语言，而副语言的语音形式，如重音、语调、笑声、咳嗽等都不是正常的分音节语言；其次，常规语言绝大多数有较为确定的语义，而副语言本身没有固定的语义，只有在具体的语境中才能表达特定的意义。正因为副语言表意的不确定性，所以在交际过程中适当地运用副语言能产生特殊的表达效果。

2. 副语言的沟通功能

副语言主要有以下几个方面的沟通交际功能。

（1）强调功能。副语言借助重音、停顿或语速、语调的变化等形式强调所要表达的内容。

（2）替代功能。在交际过程中，副语言有时能直接替代常规语言并产生特别的表达效果。例如，当甲问乙："你家儿子考上大学没有？"乙发出一声叹息，就等于回答了甲："没有考上，别提了。"

（3）暗示功能。副语言在特定场合具有特定的含义，常作为一种"声音暗示"。例如，咳嗽声可以表示默契、暗中提醒；打哈欠可以表示厌烦；喷嚏可以表示嗤之以鼻；笑声可以表示蔑视；等等。

（4）否定功能。同样的语句因说话者的语调、语气或重音运用的不同，可能会表达截然不同的语义。例如，"你来得真早呀！"既可以表达直接肯定对方来得确实早，也可以是对对方迟到的讽刺。这句话的否定意义就是通过加重"真"字的语音，放慢语速，并辅以讽刺的语气来表达的。

二、副语言的运用

（一）辅助语言训练

1. 练气、练声、练字、改善音质

音质也叫音色，指声音的特色，是一种声音与其他声音相互区别的根本标志。每个人都有独一无二的音质，我们可以根据声音判别其人。音质的好坏对人际沟通有很大影响。一个人声音是否浑厚、是否有磁性、是否悦耳动听，都将对沟通效果产生一定的影响。男性应充满阳刚之气，女性应体现阴柔之美。

经常说话的人可以进行发声训练，发声训练的目的在于调整气息，改善音质，扩展音域，调节音响，丰富音色。发声训练包括练气、练声、练字。练气，需要掌握正确的呼吸方法，一般采用胸腹联合式呼吸法。人各有声，嗓音各异，但嗓音可以通过严格的训练变得优美动听，如专业的主持人就要进行练声。练字，就是练习说好每一个字，做到字正腔圆。

2. 音强、音高、音长、语调的控制训练

音强是声音的大小，也称为音量，它与发音体振动幅度的大小有关。音高是声音的高低，它决定于发音体振动的快慢。音长是声音的长短，它决定于发音体振动时间的久暂。

音量的大小能反映说话者的性别、年龄、性格，也能传递说话者的情绪和态度。在沟通中，我们应结合沟通环境对自己的音量进行控制，例如，根据距离、场合、观众人数等情况调整音量，如果有话筒，就需根据话筒的扩音效果进行调整，

确定你和话筒的最佳距离。

一般来说，成年男子声带长而厚，所以声音低；成年女子声带短而薄，所以声音高。老人往往声音低，小孩声音高，也是同一道理。我们可以通过控制声带的松紧来调节音高，让我们的声音动听、悦耳。

说话者为了强调某些特定的信息或让自己的表意更明确，往往可将某些字音故意拖长。所以，音长在沟通交流中具有交际功能。

语调是指语句中声音高低升降的变化，也叫句调。语调是指说话者为了表达意思和感情而表现出来的抑扬顿挫的语句调子。在普通话里，语调有升调、平调、降调和曲折调四种，其中升调和降调最常用。升调多用于疑问句、反诘句，或者表示紧张、愤怒、号召、警告等感情的句子。降调多用于感叹句、祈使句，或者表示自信、赞扬、祝愿、沉痛、悲愤等感情的句子。平调多用于叙述、说明，或者表示思索、冷淡、追忆等感情的句子。曲折调多用于表示讥讽、嘲笑、夸张、双关、诧异等感情的句子。

3. 语速和节奏的控制训练

语速是指朗读或说话时在一定的时间里容纳一定数量的词语，也就是说话的快慢。语速在沟通交流中的作用在于说话者可以利用语速来调整感情，更好地表情达意。

语速的选择取决于多方面的因素，如说话者自身声音的特质、说话者试图营造的氛围、听话者的构成，以及说话的场合等。也就是说，语速的快慢受多种因素的制约。表达紧张、焦急、慌乱、热烈、欢畅等心情时语速要快，表达沉重、悲痛、缅怀、悼念、失望等心情时语速要慢。在急剧变化发展的场面语速要快，在平静、严肃的场面语速要慢。在辩论、急呼时语速要快，在闲谈、絮语时语速要慢。在进行抨击、斥责、控诉时语速要快，在进行陈述、说明、追忆时语速要慢。

一般来说，语速控制在200～250字/分钟有利于说话者进行表达，也有利于听话者理解。语速控制要顾及听者的感受，说得太快，听者跟不上说话者的思路；说得太慢，听者会觉得无聊乏味。如果是讲课、演讲，可适当放慢语速，给听者留点思考、理解的时间。

节奏主要是指语言表达上的快慢、抑扬顿挫、轻重虚实等各种循环交替的语音形式。没有起伏、平淡乏味的声音是说话者没有激情的体现，也会使表达的内容索然无味。所以，在沟通中，我们应根据实际情况调节语速、音量、音高等，形成合适的节奏，从而更有效地传递所要表达的思想和情感。

4. 各类停顿的控制训练

停顿是指朗读或说话过程中声音的断和连。我们说话时，既不能一字一停、断断续续地进行，也不能字字相连，一口气念到底。无论是说话者还是听者，无论是生理要求还是心理要求，语言表达中的停顿都是必不可少的；它既是显示语法结构的需要，更是明晰表达语义、传达感情的需要。

停顿分为常规停顿和超常规停顿。常规停顿是指语法停顿、逻辑停顿（呼吸停顿）和强调停顿，这种停顿并没有产生特殊的语义；而副语言中的停顿是一种超常规的停顿。停顿能传达特殊的信息，并产生特别的表达效果。适当的停顿可以为说话者赢得思考的时间，也可以为听话者提供一定的思考、理解时间。超常规的停顿还可用于引起交际另一方的注意，主要起到警示作用。例如，教师讲课时，学生在下面说话，教师就停下来，停顿的时间过长后，学生就会意识到，并立即停止说话。

讲话或演讲中的停顿是必不可少的。停顿的时长有长有短，段与段之间停顿时间较长，句与句之间稍短，词组与词组、词与词组、词与词之间停顿时间更短。当然这也不是绝对的。

恰当的停顿可以使讲话的内容得到清楚的表达，并使语言呈现鲜明的节奏感。戏剧理论大师斯坦尼斯拉夫斯基（Stanislavski）说过：“顿歇本身仍然具有影响听众情绪的力量。”停顿的作用有三：一是为了提示话题，二是为了呼吸换气，三是为了增强语言表达效果。下面练习3种常规停顿。

（1）语法停顿。语法停顿表现在书面语上就是句与句之间（包括分句间）的一个个标点符号；表现在讲话或演讲中，除了句与句之间的停顿之外，还有句中的停顿。例如：

改革／势在必行。

话／不能这么说，道理／也不能这么讲。

这就是因话题引起听话者的重视所做的主语后的停顿，又叫“话题停顿”。

（2）呼吸停顿。呼吸停顿是为了换气，在讲话或演讲遇到长句子时，就用这种停顿来调节呼吸。当然它不是破坏语法停顿，而是在语法停顿的基础上所做的停顿。例如：

主席先生：没有人比我更钦佩／刚刚在会议上发言的先生们的／爱国精神与见识才能。但是，人们常常／从不同的角度／来观察同一事物。因此，尽管我的观点／与他们截然不同，我还是要毫无顾忌、毫无保留地／讲出自己的观点，并希望／

不要因此而被认为／是对先生们的不敬。(《演讲学十讲》，严家栋主编)

（3）**强调停顿**。这种停顿不是为了调节呼吸，也不受语法停顿的限制，而是为了强调某个问题，或是突出某种感情而做的停顿。例如：

① 只要大家团结起来，／你，／我，／他，／紧紧地拧成一股力量，／就没有克服不了的／困难。

② 他这么做／到底／有什么不对？／请大家／好好想想。

①例中的"你、我、他"一词一顿，就是为了突出和强调我们"大家"团结的重要性。②例在"做"与"底"之后停顿，就是为了强调他这么做可能有不对的地方；如果在"有"和"什么"之间停顿，并重读"什么"，就是为了强调他这么做没有什么不对。

5. 重音的控制训练

重音是指说话或朗读时把句子里的某些词语念得比较重的语言现象。重音所在的地方需要重读。从句子语法结构来看，有的成分需要读得重一些，有的需要读得轻一些。重音可以起到强调重点、加重语气、突出感情的作用。同一句话，由于重音的位置不同，表达的感情和含义就会不同。例如，"我去演讲。"如果重音放在"我"上，意思是排除其他人，强调是"我"；如果重音放在"去"上，强调不拒绝，务必去；如果重音放在"演讲"上，强调我去不是干别的事，是去演讲。

语言学中的重音有语法重音和强调重音两种。

在不表示特殊的思想和感情的情况下，根据语法结构的特点把句子中的某些成分重读的，就称为语法重音。语法重音是根据句子的语法关系来确定的，它的位置比较固定（红色加粗部分）。

谓语部分重读，如："国家**富强**，人民**幸福**"。

名词前面的定语部分要重读，如："**改革**的步伐在加快""孩子有**远大**的理想"。

动词、形容词前面的状语部分需要重读，如："董事长**慢慢**地走了""谈判气氛**渐渐**地好起来了。"

补语部分重读，如："讲演稿已经写**完**了。"

疑问代词或指示代词重读，如："孩子们有**什么**不对？""**这**是正确的结论。"

当然，在实际口语交际中，为了表现某种特殊感情，可以对语句的重读做临时的处理，目的是强调、突出，这种处理就是强调重音或逻辑重音。强调重音的位置受说话的环境、说话人的特殊要求和表达需要所支配。**强调重音的强度比语法重音要强。**

强调重音是根据思想内容表达的需要和说话者的感情与心理变化而设置的。如下所示。

（1）下面的例句可以分别这么处理重音（见红色加粗部分）。

谁昨天上北京开会去了？（他）

他**什么时候**上北京开会去了？（昨天）

他昨天上**哪儿**开会去了？（北京）

他昨天上北京**干什么**去了？（开会）

（2）下面这段演讲可以这样处理重音。

一切都是针对**我们**而来，而不是针对别人。英国政府如此长久地锻造出的锁链要来框梏我们了，我们该**何以**抵抗？还要靠**辩论**吗？先生，我们已经辩论十年了，可辩论出**什么**更好的抵御措施了吗？**没有**。

强调重音如何确定呢？①应该从全篇内容和演讲主题来考虑和安排，不能只从个别句子出发。②要考虑各重音的力度差别，以上段为例，最后的"没有"的读音应该比其他重音力度更强，因为它是总结性的断语。③还要处理好非重音与重音之间的过渡和渐递（逐渐地增强或减弱），不能忽高忽低，让人听起来有一种一惊一乍的不舒服的感觉。只有这几点都做好了，才能使思想性和艺术性达到完美的结合。

（二）能独立传情达意的类语言

类语言包括笑声、哭声、呻吟声、叹息声、咳嗽声和嘘声等。

不同的笑声往往反映出沟通者不同的心态。笑是类语言与体态语言的结合，其声音属于类语言，其笑貌属于体态语言。人类的笑多种多样，如狂笑、欢笑、嬉笑、傻笑、耻笑、奸笑、冷笑、苦笑、嘲笑、假笑、哈哈大笑和捧腹大笑等。

不同的哭声隐含着沟通者不同的情绪，如痛哭、号啕大哭、痛哭流涕、鬼哭神嚎、哭笑不得、欲哭无泪、潸然泪下和抱头痛哭等。

叹息声是一种比较典型的情绪表现形式。当人们感到失望、压抑、无奈和困惑的时候，往往会情不自禁地发出叹息声，借以排解内心苦闷的情绪。例如，当别人向你诉说令人悲伤的事情时，你适时地叹息一声，这叹息是表示同情、予以安慰的意思。当你在生活或工作中遇到不如意的情况时，别人问及了你，你的一声叹息也等于回答了别人，不愿多说也无须多说。

咳嗽声有时也是一种功能性声音，人们有意发出咳嗽声并借此传达特定的信息，如提醒、警示。咳嗽声还可以用来填补语空，如果在说话时出现一时的思维障碍可能导致讲话突然中断，说话人习惯用咳嗽声来填补语言间隙，从而使说话语音显得连贯。

嘘声表达语义的功能是非常明显的，而且情绪化色彩很强，在公众场合用得较为普遍。嘘声常常表示否定、对抗甚至是反抗等负面情绪，如足球比赛中球迷的嘘声就是一种负面情绪的表达。

🎯 拓展训练

（1）请同学们课下朗读《再别康桥》和《荷塘月色》，并用录音设备记录下来，然后自己反复地听，对停顿、节奏、语气、音量、语速等进行自我评价，看看哪些地方需要调整，调整后再次进行录音，听听自己是否有所进步。

荷塘月色

作者：朱自清

【扫码听音频】
（郭凯朗读《荷塘月色》）

这几天心里颇不宁静。今晚在院子里坐着乘凉，忽然想起日日走过的荷塘，在这满月的光里，总该另有一番样子吧。月亮渐渐地升高了，墙外马路上孩子们的欢笑，已经听不见了；妻在屋里拍着闰儿，迷迷糊糊地哼着眠歌。我悄悄地披了大衫，带上门出去。

沿着荷塘，是一条曲折的小煤屑路。这是一条幽僻的路；白天也少人走，夜晚更加寂寞。荷塘四面，长着许多树，蓊蓊郁郁的。路的一旁，是些杨柳，和一些不知道名字的树。没有月光的晚上，这路上阴森森的，有些怕人。今晚却很好，虽然月光也还是淡淡的。

路上只我一个人，背着手踱着。这一片天地好像是我的；我也像超出了平常的自己，到了另一世界里。我爱热闹，也爱冷静；爱群居，也爱独处。像今晚上，一个人在这苍茫的月下，什么都可以想，什么都可以不想，便觉是个自由的人。白天里一定要做的事，一定要说的话，现在都可不理。这是独处的妙处，我且受用这无边的荷香月色好了。

曲曲折折的荷塘上面，弥望的是田田的叶子。叶子出水很高，像亭亭的舞女的裙。层层的叶子中间，零星地点缀着些白花，有袅娜地开着的，有羞涩地打着朵儿的；正如一粒粒的明珠，又如碧天里的星星，又如刚出浴的美人。微风过处，送来缕缕清香，仿佛远处高楼上渺茫的歌声似的。这时候叶子与花也有一丝的颤动，像闪电般，霎时传过荷塘的那边去了。叶子本是肩并肩密密地挨着，这便宛然有了一道凝碧的波痕。叶子底下是脉脉的流水，遮住了，不能见一些颜色；而叶子却更见风致了。

月光如流水一般，静静地泻在这一片叶子和花上。薄薄的青雾浮起在荷塘里。叶子和花仿佛在牛乳中洗过一样；又像笼着轻纱的梦。虽然是满月，天上却有一层淡淡的云，所以不能朗照；但我以为这恰是到了好处——酣眠固不可少，小睡也别有风味的。月光是隔了树照过来的，高处丛生的灌木，落下参差的斑驳的黑影，峭楞楞如鬼一般；弯弯的杨柳的稀疏的倩影，却又像是画在荷叶上。塘中的月色并不均匀；但光与影有着和谐的旋律，如梵婀玲上奏着的名曲。

荷塘的四面，远远近近，高高低低都是树，而杨柳最多。这些树将一片荷塘重重围住；只在小路一旁，漏着几段空隙，像是特为月光留下的。树色一例是阴阴的，乍看像一团烟雾；但杨柳的丰姿，便在烟雾里也辨得出。树梢上隐隐约约的是一带远山，只有些大意罢了。树缝里也漏着一两点路灯光，没精打采的，是渴睡人的眼。这时候最热闹的，要数树上的蝉声与水里的蛙声；但热闹是它们的，我什么也没有。

忽然想起采莲的事情来了。采莲是江南的旧俗，似乎很早就有，而六朝时为盛；从诗歌里可以约略知道。采莲的是少年的女子，她们是荡着小船，唱着艳歌去的。采莲人不用说很多，还有看采莲的人。那是一个热闹的季节，也是一个风流的季节。梁元帝《采莲赋》里说得好：

于是妖童媛女，荡舟心许；鹢首徐回，兼传羽杯；櫂将移而藻挂，船欲动而萍开。尔其纤腰束素，迁延顾步；夏始春余，叶嫩花初，恐沾裳而浅笑，畏倾船而敛裾。

可见当时嬉游的光景了。这真是有趣的事，可惜我们现在早已无福消受了。

于是又记起《西洲曲》里的句子：

采莲南塘秋，莲花过人头；低头弄莲子，莲子清如水。

今晚若有采莲人，这儿的莲花也算得"过人头"了；只不见一些流水的影子，是不行的。这令我到底惦着江南了——这样想着，猛一抬头，不觉已是自己的门前；轻轻地推门进去，什么声息也没有，妻已睡熟好久了。

（2）课下选择不同体裁的文学作品进行朗读，练习把握朗读过程中的停连、重音、语气和节奏。建议选择唐诗、宋词、现代散文作为朗读训练材料。

（3）在声音训练中，可以练习"活舌操"。活舌操是锻炼舌肌的口腔操，是口语表达训练里的一个重要项目。

第二节　沟通的心理准备

● 任务目标

（1）战胜自己可能产生的羞怯心理。
（2）掌握心理调适的一般方法。
（3）增强人际沟通的自信心。

● 课堂训练

请两个同学上台讲述自己在以往演讲中的心理紧张情况，并说说自己是如何克服的。然后，请同学们讨论：如何克服当众讲话的紧张情绪？

训练解说

沟通中的紧张情绪有利有弊，适度的紧张能让我们更加重视，甚至还会发挥得更好。但绝大多数的紧张是弊大于利的，它常常让我们发挥失常，错失大好机会。在掌握如何克服紧张的方法之前，先了解引发紧张的原因，这有利于我们更好地调节紧张心理。

1. 引发紧张的一些原因

（1）经验不足会引发紧张

引发紧张最主要的一个原因就是经验不足，或者从来就没有任何的上台经验。欠缺经验，把握不了节奏，不会和台下互动，遇到突发情况不能沉着应对，这些都会引发紧张心理。

（2）过度担心自己会出错

有过上台演讲经历的人通常都有一个共同的心理，就是怕出错。如果你越是害怕出错，那你出错的可能性就会越大。这就是我们常说的越是怕什么，越来什么。当怕出错成为"过度担心"，必然引发紧张的情绪。

（3）因不熟悉而缺乏自信

当我们面对不熟悉的领域和演讲内容时，常常缺乏自信。好比上学时背诵一篇课文，如果你背得很熟，就可以很流利地背出来；可是如果你背得不熟，便容易紧张，有上句没下句的，越来越没有信心，最终可能背不下去了。

（4）外界压力会引发紧张

巨大的外界压力常常会给沟通者带来很大的心理负担，沟通者会胡思乱想，瞻前顾后，怕有负众望。例如，你的老师、同事、领导对你要沟通处理的一件事十分看重，给予了很大期望，在太在意结果的情况下，这往往会干扰到正常的思维和思绪，从而引发严重的紧张心理。

那如何来克服紧张的心理呢？下面介绍几种常用方法，但需要去实践、去积累经验，方可奏效。

2．克服紧张的常用方法

（1）放平心态，不怕出丑

出丑并非是坏事。出丑才会成长，成长的道路上免不了出丑。调整好心态，要有"出丑未必是坏事"的认知。一个人越是害怕出丑，就越容易出丑。当一个人敢于正视和直面出丑的时候，紧张心理就会减弱甚至消失。

（2）积极暗示，树立信心

自我暗示可分为积极的自我暗示和消极的自我暗示。消极的自我暗示包括不要紧张、不要出错、不要忘词等，这样更容易紧张、出错、忘词。所以，我们要使用积极的自我暗示，如镇定、冷静，相信自己有能力做好，从而树立信心。

（3）提纲挈领，不宜死记

就算是自己写的讲话稿，也不一定能完全背下来。切记不要死记硬背演讲内容，这样只会加强不要忘、不要出错的暗示，导致更加紧张。可以通过列提纲、记要点等方式来熟悉讲话内容，演讲时就可以灵活应变。

（4）调整呼吸，熟悉环境

临上场讲话之前，可以做做深呼吸，慢慢吸气再慢慢吐气，可以帮助缓解紧张心理。上台前，还可以适当运动一下，也有助于消除紧张。如果是前往不熟悉的场地，上台前最好先熟悉环境，上台排练一下，观察每一个角落，从而减轻紧张心理。

另外，减少"被关注"也可以缓解紧张。如你在作报告或演讲时，制作好PPT，讲话时，可以用激光笔指示相关内容，将观众的目光从你身上转移到PPT上，这样你就不会感到不自在了。

知识串讲

一、沟通中常见的不良心理

沟通中产生的心理现象很多，下面介绍其中常见的不良心理。

（1）羞怯心理。怯场的人往往注重别人对自己的评价，希望得到别人的认可，但又担心和怀疑自己的言行能否得到别人的承认。在人际沟通中，这类人往往表现不自然、腼腆，甚至怯场，讲话时会过度紧张。

（2）自卑心理。有的人因缺乏自信心，不懂扬长避短，无法发挥自己的优势和特长。自卑的浅层感受是别人看不起自己，而深层的原因是自己看不起自己。

（3）自负心理。自负的人在沟通中通常表现为妄自尊大、盛气凌人，只关心个人的需要，强调自己的感受，在人际沟通中表现为目中无人。

（4）猜疑心理。这类人经常使用不信任的眼光去审视对方和看待外界事物，看到别人在议论什么，就可能会认为人家是在议论自己，其实只是自寻烦恼。

（5）嫉妒心理。嫉妒往往会影响团结，损害友谊。看到别人事业上有了进步，或在某些方面超过了自己，就心生嫉妒，疏远别人。

（6）孤僻心理。这类人往往不敢正视自己的弱点，相反，对别人要求却极其严格，稍有自己不喜欢的地方就拒绝与之交往。他们常把自己的情感掩饰起来，试图与人保持严格的界限。

（7）虚荣心理。这类人常常与他人比穿着、相貌、收入等。当自己在某方面比别人优越时，就洋洋得意，瞧不起别人；当某方面比别人差时，往往自暴自弃，忽视自身价值。

二、如何做好心理准备

要想拥有良好的人际沟通能力，沟通者需要具备良好的心理素质。掌握人际沟通的心理知识，克服沟通交流中的不良心理，对于取得人际沟通的成功有着重要的意义，对成功建立、保持和发展良好的人际关系也至关重要。下面就如何克服人际沟通中的羞怯心理、消除自卑心理和控制猜疑心理作一简要介绍。

（一）克服羞怯心理

羞怯心理包括害羞和胆怯。害羞是交际过程的一种心理状态，例如，不敢注视对方，面红耳赤，手足无措。胆怯是沟通准备阶段的常见心理状态。羞怯在一定程度上也是缺乏自信的表现，在沟通中，体现为不敢与人交流或不善与人交流。

如果羞于与异性交流，就需要调整心态，正确认识异性间的交往，不必过分拘谨。主动与异性交流是克服害羞心理的第一步。勇敢行动，尝试与异性接触，并开口与异性说话，如常去一些社交场合，找机会与异性交谈等。如果性格不够开朗，就需多交朋友，多跟身边性格开朗、外向的朋友在一起，逐渐培养自己大胆、开朗的性格。

第一次登台演讲、第一次讲课、第一次当众发言……我们往往显得异常紧张，事先准备好的讲话、讲课内容，一到台上就乱套了，大脑神经活动暂时紊乱、记忆发生障碍、思维错乱等，都是怯场的表现。紧张心理是很普遍的一种生理反应，每个人在经历上台演讲、会议主持，面对多人说话，或是参加重要比赛时，都会或多或少出现紧张心理。即使是一个身经百战、技艺超群的人，也同样难逃其害。

如果你是因经验不足而怯场，就需要在日常生活中直接和间接地学习和练习，不要因为一两次的失败而退缩，要学会在失败中总结经验，去迎接下一次的成功；驾驭舞台的能力是一次次上台不断积累而成的。另外，我们还要正确看待怯场现象。心理学研究表明，潜意识通常接受的是肯定的信息，"别紧张""不要害怕"之类的自我暗示反而会刺激自己变得更紧张、更怯场，所以要多给自己传递肯定的信息。不要将紧张情绪看作怯场，而要看成是一个积极信号，是一种舞台兴奋，有助于自己集中注意力并充满激情。

（二）消除自卑心理

自卑是沟通者对自身能力、水平、品质等评价过低的自我意识，也是一种不自信的具体表现。由于缺乏自信，觉得自己一切都不如人，对自己的能力、知识、才华没有信心，不愿与人交流，逐渐变得自惭形秽、自我封闭、自我孤立、脱离群体。产生自卑心理的原因多种多样，就沟通中的自卑心理来说，可通过加强训练，增强沟通技能，从而树立自信心。

如果有点口吃或普通话不标准，不敢在众人面前说话，就需要加强练习，相信勤能补拙。如果性格内向、感情脆弱，就需要在自己的朋友圈中，慢慢学会感情排遣，培养多方面的兴趣爱好，把心理感受、生活中的喜怒哀乐与挚友交流，再慢慢扩大自己的交际圈，广交朋友。如果觉得自己技不如人、能力欠佳，就要努力去发现自己的长处，相信自己的能力，从完成身边的小事中获得成功感、成就感，并从中认识到自我价值，积少成多，逐渐培养自信；还要善于捕捉他人对自己正面的评价，以增强自我认识过程中的自信心理。

（三）控制猜疑心理

猜疑是一种主观臆断的、过分敏感的、以假设为出发点来看待和处理沟通对象言行的心理障碍。猜疑心理是人们对人际关系持有的不正确的价值观念引起的。猜疑心理是沟通交流的一大心理障碍，也是人际关系的大忌。

在生活中，有的人总是以一种怀疑的眼光去看人，对别人怀有强烈的戒备心理。在沟通中，猜疑、戒备心理的主要表现有：对沟通对象不信任、不真诚、不友好，甚至敌对，成了"以小人之心，度君子之腹"；信奉"害人之心不可有，防人之心不可无"，总担心别人暗算自己，处处提防他人；过分相信自己的直觉和想象，喜欢捕风捉影。

我们需要正确与人交往，与人为善，树立正确的价值观；要控制自己的情绪，遇到事情不应仅凭直觉行动，要三思而后行，不能用猜疑代替事实；要学会信任别人，主动与被猜疑者敞开心扉交流，以坦诚的心态、平等交流的方式主动与被猜疑者交流自己的困惑，以消除误解。同时，我们要保持心理健康，培养自己豁达的心胸。

🎯 拓展训练

（1）在日常学习和生活中，请尝试使用以下方法训练自己的自信心。

①与师长相遇时，微笑着迎着对方走过去。

②尽量去与人交谈，使用一种从容不迫的坚定语气表达自己的观点。

③目光注视着沟通对象的面部，让对方感到你在自信地注视着他。

④遇到反对意见时，尽量用幽默的方式来处理。

⑤拒绝他人时，用毫不含糊的语气说"不"。

⑥设法接触比自己强的人，学习他的优点。

（2）参加学校组织的演讲或评选类活动，观察主持人、参赛选手或候选人的表现，并尝试与他们进行交流，学习其成功的经验。

第三节　身体语言的训练

● 任务目标

（1）掌握并熟练运用目光语。

（2）掌握并熟练运用微笑语。

（3）储备几个常用的开放式手势语。

（4）有意识地规范自己的身势语。

● 课堂训练

现场训练，互相观摩。

1. 站姿训练

站姿应给人庄重大方、信心十足的印象，因而一要挺拔，二要轻松自然。

范例： 抬头，双目平视，嘴唇微闭，面带微笑；双肩放松，双臂自然下垂；挺胸收腹，直立站好，双腿可稍微分开，身体重心放于两腿中间。与人正式交谈时，身体直立并微微前倾。若在非正式场合，男士可双臂抱胸或双手插兜。站立时双腿不要弯曲，双手不要叉腰。女士可以一只脚略前，一只脚略后。

2. 坐姿训练

坐姿应给人安详、庄重的印象，因而一要优雅，二要气派。

范例： 走到座位前，转身后轻稳地从椅子左边入座。女士穿裙装入座时，应用手将裙稍稍拢一下，不要坐下后再站起来整理。双目平视，面带笑容，微收下颌。双肩平正放松；双臂弯曲将手放在膝上，或放在扶手上，掌心向下；双膝自然并拢，两膝间以一拳距离为宜；双腿平行或前后稍错开；双脚并拢或交叠（男士可略分开）。起立时，右脚向后收半步，从椅子左边站起。谈话时若有所侧重，此时上体与腿可同时转向一侧。久坐时男士可叠腿，但勿抖动。如果在长辈或上级面前，上身应微向前倾。坐时不能大腿分叉、瘫坐在椅子上摆弄手指或其他东西。

3. 步态训练

步态应具有动态美，因而要轻松敏捷、和谐稳健。

范例： 双目平视，微收下颌；双肩平稳，双臂自然摆动。挺胸收腹，重心稍向前倾。步伐自然有力，步幅适当，起脚要有节奏感。走路时讲究的礼节：两人同行，尊者在右；三人同行，尊者在中；男女同行，男在左，女在右（因为同行的礼仪以右为尊，且右侧者更安全）；上楼男在后，下楼女在后；与上级、长辈同行，不应超越，若须超越应致歉；若在狭窄通道、走廊与长辈或女士相遇，应站住让路。

📣 知识串讲

身体语言包括的内容很多，大致包括表情语、手势语、身势语、空间语、身体接触、服饰穿着等。下面，我们对常用身体语言的意义和运用方法进行简要介绍。

一、表情语及其运用

这里所说的表情主要指人的面部表情。表情语是通过面部表情来交流情感，传递信息的语言。表情语是体态语的重要组成部分，据国外学者的研究，在70万种人体语言中，表情语就有25万种，约占人体语言种类的35.7%，其中使用最广泛、表现力最丰富的是目光语和微笑语。

（一）目光语及其运用

1. 目光语的含义和功能

眼睛是心灵的窗户。目光语是运用眼睛的动作和眼神来传递信息和感情以实现交际的语言。美国诗人拉尔夫·沃尔多·爱默生（Ralph Waldo Emerson）曾这样说过："人的眼睛和舌头所说的话一样多，不需要字典，却能够从眼睛的语言中了解整个世界。"有心理学家得出这样的结论：人的视线活动概括了70%的体态语表达领域。

李瑟斯（Leathers）提出了目光在沟通方面的六个功能：说服他人，表现注意力、兴趣和激情，表达情感，调整交流过程，表示权力和身份，给别人留下印象[①]。下面主要介绍常用的三种功能。

（1）目光能塑造自我形象，能给人以鲜明的"第一印象"。目光炯炯，给人以健康、精力旺盛的印象；目光迟钝，给人以衰老、身体虚弱的印象；目光明澈，给人以坦诚的印象；目光浑浊，给人以糊涂的印象；目光闪烁，给人以神秘、心虚的印象；目光如炬，给人以威严正义的印象。《诗经》中的"美目盼兮""美目扬兮""美目清兮"，指的就是青年女子的目光语能给人以美丽、迷人的印象。

（2）目光"会说话"，能传达细微、复杂、强烈的思想感情。黑格尔在《美学》中说："不仅是身体的形状、面容、姿态和姿势，就是行动和事迹、语言和声音以及它们在不同生活情况中的千变万化，全部要由艺术化成眼睛，人们从这眼睛里就可以认识到内在的、无限的、自由的心灵。"目光语所传达的极为细微、深刻、美妙、复杂的思想感情，有时连具有丰富表现力的有声语言也无法超越，无法替代。优秀的表演艺术家都非常重视"眉目传神"，历来有"上台全凭眼""一眼有神，满场皆活"等说法。人物的喜、怒、哀、乐、娇、痴、呆、傻、嗔、怨、恨、羞、骄、横、媚、俏、昏、灵等各种复杂感情，常常都是靠眼睛来表达的。例如，横眉冷对、怒目圆睁是仇人相见的眼神；眉目传情、暗送秋波，是恋人交流感情的形式；眼神呆滞、愁眉紧锁，则是忧愁痛苦的表现。

（3）自然流露的目光语，能反映人物的遭遇、性格和深层心理。目光语的运用分为无意识和有意识两种。无意识的目光语，是内心世界的自然表露，从这一点看来，也是"目如其人"。鲁迅曾说过："要极省俭地画出一个人的特点，最好是画他的眼睛。"他笔下的祥林嫂初到鲁镇做工时，对她的描写是"只是顺着眼"，表现出其善良的性格。但是，经过夫死子亡之后，她已经完全麻木、绝望，并且濒临死亡，这时对她的描写是"只有那眼珠间或一轮，还可以表示她是一个活物"。从这里可以看出目光对表现人物性格及深层心态所起的重要作用。

2. 目光语的运用

凡富有经验的语言沟通者，总是能够恰如其分地、巧妙地运用目光语，并与

① 吕行.言语沟通学概论[M].北京：清华大学出版社，2009:77.

有声语言协调、配合，去表达千变万化的思想感情，调整沟通现场的氛围。除了目光语的传神（眼神的感情色彩）外，沟通中目光语的运用，还与沟通者眼睛注视的部位有关，与注视的时间长短有关，与注视的方式有关，与控制对方眼神的方法有关，等等。这几个方面处理得好，沟通效果就会很好，分述如下。

（1）目光的投向。目光注视的部位不同，表明双方关系的不同，传递的信息也不同。注视一般可分为三种：亲密注视（亲人、恋人之间），社交注视（茶话会、酒会、舞会等友谊集会）和公事注视（洽谈业务、贸易谈判、对外交往等），不同学者对不同注视的视线区域有不同的看法。有人认为，社交注视的视线区域为对方脸部的三角部位，即以两眼为上线，嘴为下线，也就是双眼和嘴之间的区域，而亲密注视的视线区域为对方两眼与胸部之间的三角形区域。也有人认为社交注视的视线区域为对方的两眼与腹部之间的三角形区域，而公事注视的视线区域为以两眼为底线、上至前额的三角形区域。我们认为，应根据沟通双方的具体情况而定，因为沟通中，目光语的运用不是单方面的，有时对视会使双方感到尴尬。为了避免对视，你可以看着对方的眉毛以上到发际之间的区域，除非对方离你很近，否则对方不会察觉到你不愿和他对视。

另外，不同民族注视的习惯也存在差异。南欧人常常把注视对方看成是冒犯的行为；日本人在谈话时注视的是对方的颈部，而不是面部。因此，在目光语交流中，一定要考虑文化差别这一因素。即使是同一民族也有差异，如"亲密注视"，注视妻子、儿女、兄弟姐妹的目光也有区别，这些都要灵活掌握。

（2）目光的频次。注视对方时间的长短和频次，也是很有讲究的。长久不注视对方，则会被认为是冷落对方，或者是对对方不感兴趣；长时间地盯着对方，会被认为是失礼的行为，或者是向对方挑衅。刚一注视就躲闪，则会被看作胆怯和心虚。

有研究表明，在沟通过程中，不喜欢对方，看对方的次数就会较少，因为看是一种表示喜欢的信号。当沟通者希望得到对方的赞同和关注时，看对方的次数就会较多。陌生人之间通常都是目光接触后立即移开视线。如果与陌生人目光接触后迟迟不移开视线，则包含着好奇、喜欢、感兴趣等含义。

（3）注视的方式。注视的方式能够确切地表明沟通者的态度。注视的方式一般可分为环顾、专注、虚视等。

环顾，即视线向前做有意识的自然流转，以照顾全视野内的沟通对象的注视方式。这种方式适用于有较多观众的场合，如学术报告、讲课、演讲等。视线笼罩全场，可以使每个观众都感觉到你在同他说话，从而满足他们的交际心理，提高对方倾听的兴致。此外，这种方法还可使你通过多角度的视线接触，比较全面地了解观众的反馈，以便随时调整自己的话题等。使用"环顾"时，要注意视线应有节奏地流转，应放慢流转速度，不可目空一切、盛气凌人。

专注，即目光注视着对方。如果是在交谈者较多的场合，则指的是把目光较长时间地停留在某一个人身上（然后再变换注视对象）的方法。在两个人的沟通交流中，注视可以完成感情和情绪的微妙交流。双方通过察言观色，有助于感受到对方的心理及其变化。对沟通者来说，专注特别适用于启发、引导、赞许、鼓励等感情类话题的交谈。此外，目光专注还表示对对方的尊重，对对方话语的重视等。目光专注的合理使用是交谈风度和涵养的重要体现。当然，如果要特意表达其他意思，可以故意不使用目光专注。例如，当发现对方有意地看看手表或游目四顾时，你应当"读懂"这一目光语，这可能是对方希望结束谈话的暗示，这时最好知趣地结束谈话。当然，目光专注不是要求沟通双方进行目光接触，对视是很尴尬的，你可以时不时地看着对方的眉毛以上到发际之间的部位，这样可以避免对视。需要指出的是，专注是指有感情地注视，目光自然柔和，而不是目光的固定，更不是"死盯"。

虚视，即目光似视非视的方法，通俗的说法就是"视而不见"。这种方法只适用于与众人进行沟通的场合，如大型课堂、演讲等。虚视不是目光飘忽不定，虚视也有中心区。中心区一般应为观众席的中部或后部。虚视时，讲演者的眼睑的调节肌得以松弛，容易达到虚视的效果。特别是当众讲话时，若需要思考，虚视就可以用于边思考边讲话，可以给观众以认真、努力和机敏的印象。对于怯场的人，虚视是最好的视线投射方式，因为"视而不见"是减轻说话人心理压力的最好的应急办法之一。

除了以上三种方法外，还有其他视线投射方式。当对对方非常重视，或者在谈论严肃的话题时，一般需正视；当对某人表示轻蔑或者反感时，可采用斜视；当对某人毫无兴趣，甚至厌恶时，可以采用耷拉眼皮的方式。这些都是很有讲究的。

（4）控制对方的眼神。运用目光语控制对方的眼神，是目光语运用的高境界。一般来说，处于沟通强势一方更易控制对方的眼神。例如，你作为一名教师，上课时，如果你是向对方讲解问题或传授知识，需要用图画、实物、手势、激光笔

沟通与写作：语言表达与沟通技能

等作为辅助，那么你应设法控制对方的眼神。当然，主要是靠你的注视使对方不便"走神"，让他觉得你时刻在"盯"着他、注视他，也可以用一支笔或激光笔指着多媒体课件、图画或实物，同时念出所指的部分。你注视对方是为了使对方聚精会神地接收你传递的信息，你设法控制对方的眼神也是出于同样的目的。

（二）微笑语及其运用

1. 微笑语的含义和功能

人的面部表情是非语言沟通的重要手段之一。人的面部表情可以说就是眼、眉、嘴和面部肌肉的变化形成的。眼神的语言我们称为目光语。眉、嘴和面部肌肉的变化多种多样，如愁眉苦脸、眉飞色舞、咬牙切齿、喜笑颜开、号啕大哭、嬉皮笑脸等。因篇幅有限，下面仅介绍微笑语。我们认为，微笑是沟通的润滑剂，对人际关系的良好发展、人际交往的愉快和谐有着非常重要的作用。

微笑语是指通过略带笑容而不发出声音的笑来传递信息的体态语言。微笑语是一种具有强烈感染力的体态语，也是一种跨文化的通用体态语。微笑的功能是多方面的。

（1）微笑有助于身心健康。常言道："笑一笑，十年少。"人们常说开怀大笑是最好的良药。有研究认为，笑可以增强人的免疫系统，改善呼吸，减轻压力，提高心率，增强疼痛耐受力，有助于人进入积极的情绪状态，锻炼肌肉，增强心理承受能力，以及带来其他的身体益处。笑有助于身心健康，延年益寿。微笑是健康长寿的途径，也是身体健康的标志。

不仅如此，微笑还可以美化人们的外形，陶冶人们的情操。因此，发自内心的微笑，还是美好心灵的外现。外国一位著名的政治家曾说："一个人的微笑价值百万美元。"据调查，很多政治家、外交家、演员、公关人员、运动员，他们能取得事业上的成功，除了因为他们有出众的才华，很重要的是他们那颇具魅力的微笑。

（2）微笑能改善沟通环境。沟通环境对沟通结果有着重大的影响。构成沟通环境的一个重要因素是人际关系。沟通交流中，人际关系并不都是很好的，有时对方很不欢迎、很不友善，关系很不融洽。遇到这种情况，沟通者可以主动用微笑语去加以改变。改变沟通环境，微笑语比有声语言更方便、更直观、更得体、更有效。

美国著名的心理学家和人际关系学家戴尔·卡耐基（Dale Carnegie）在谈到"处理人际关系的艺术"时提到：卡耐基要求几千名工作人员做这样一件事——对他们周围每天遇见的人都报以微笑，并将结果反馈回来。不久，卡耐基收到了纽约场外交易所斯坦哈特的来信，上面说："现在，当我出门上班时，我微笑着向公寓电梯司机打招呼，我微笑着向门卫打招呼；在地铁票台要求换零钱时，我向出纳员微笑；当我来到场外交易所，我向同事们微笑。我发现人们很快也对我微笑。我以愉快的态度对待前来找我发牢骚、诉苦的人，我微笑着倾听他们的诉说。这样一来，我发现调整工作容易得多了。微笑给我带来美元，每天都有很多。"斯坦哈特就是这样改变了所处的不良环境，与自己的部下友善融洽，和睦相处；微笑给他带来了愉快的工作环境，微笑也给他带来了经济效益。

（3）微笑能增强沟通亲和力。"相逢一笑"是常用的见面体态语。微笑是沟通交流的润滑剂，微笑能增强沟通亲和力，应当贯穿沟通的始终。当面对许多人时，最好在你和听话人交融的笑声中结束谈话，使你的笑貌在大家的脑海里最后再打上一个印记。当人们要表达某种思想感情，但是在特定的时间里，只可意会，难以言传，这时就可以用微笑来沟通双方的思想，完成沟通任务。

总之，微笑的魅力是多方面的，微笑能使"强硬的"变得温柔，"困难的"变得容易，"刁难的"变得通融，"对立的"变得和解，"疏远的"变得亲近，"友好的"变得更友好。微笑能弥补嫌隙，微笑能化解嗔怨，微笑能增进友谊微笑是沟通双方情感的桥梁。

2．微笑语的运用

在运用微笑语传情达意时，要做到以下几点。

（1）笑得自然。微笑是发自内心的，是美好心灵的外现。发自内心的笑才能笑得自然、笑得亲切、笑得美好、笑得得体。不能为笑而笑，无笑装笑。笑不由衷、巧言令色是很容易被识别出来的，因此，不论是哪一种笑，只有发自内心的笑、领会对方会心的笑，才能真正使对方的心弦产生共鸣。

（2）笑得真诚。微笑语既是自己愉快心情的外露，也是纯真之情的表现。它意味着："我喜欢你，你使我高兴，见到你很愉快。"真诚的微笑能为对方带去温暖，有时还可能引起对方的共鸣，共同陶醉在欢乐之中，加深双方的友情。

（3）笑得合适。微笑并不是不讲条件的，也并不是可以用于一切交际环境的。它的运用是很有讲究的。首先，场所要合适。在吊唁、葬礼、扫墓等场合，就绝对不能有一丝笑容，而应当表现出肃静、沉静、伤感。当你同对方谈一个严肃的话题，或者告知对方一个不幸的消息时，或者你的谈话使对方感到不快时，也不能微笑，或者应及时收起笑容。其次，程度要合适。微笑是一种礼节，是在向对方表示尊重，也是自己仪容的展现，但也需把握好度。笑得太放肆、太过分、太没有节制，就会有失身份，引起对方的反感。再次，对象要合适。对不同的交际对象，应使用不同含义的微笑，传达不同之情，表达不同之意。对恋人，微笑是在传递爱慕之情；对同事、朋友、顾客，微笑是在传达友好之意；对长辈，微笑表示尊敬；对晚辈，微笑表示慈爱；对敌对者的笑与上述微笑不同，是一种冷笑、讥笑，带有轻蔑、讥讽、鄙视等含义。

二、首语及其运用

（一）首语的含义

首语，就是通过头部动作所传递的信息，首语的表现力也是较强的。这里说的首语，是指头部的整体活动所传递的信息，包括点头、摇头、侧头、昂头、低头等，不包括头部所镶嵌的其他部位或器官的动作。

点头，可以表达这样一些意思：致意、同意、肯定、承认、赞同、感谢、应允、满意、认可、理解、顺从等。

摇头，可以表达这样一些意思：不满、怀疑、反对、否定、拒绝、不同意、不理解、无可奈何等。

歪头（侧头），可以表达这样一些意思：思考、天真，如小孩子在听大人谈话或思考一个问题时，喜欢歪着头，并配合托着面腮，咬着手指等动作。

昂头，可以表达这样一些意思：充满信心，胜券在握，踌躇满志，目中无人，骄傲自满；头一直往后仰，还可表示陶醉。

低头，可以表达这样一些意思：顺从、听话、委屈、无可奈何、另有想法等。

在首语方面，我国有很多相关成语，既是首语用法的总结，也是首语的解读和说明。例如，点头哈腰、昂首阔步、搔首弄姿、俯首低眉、俯首帖耳、摇头晃脑、探头探脑、缩头缩脑等。

（二）首语的运用

首语的运用，要做到以下三点。

一是头部动作要明显。动作清晰，尤其是当它发挥替代功能时，如点头或摇头时，动作幅度要稍大些，让对方看清，才能正确领会，正确解读；不能似是而非，造成误解。

二是可配合其他语言使用。如点头时配合一个"嗯"，就不至于被误会。也可以配合其他体态语使用。有些成语就体现了这一特点，如"点头哈腰""昂首阔步"等，都是配合了其他体态语。

三是注意民族习惯。如马来半岛的塞孟人表示同意是将头向前伸，土耳其人表示否定是把头抬起，特别是保加利亚和印度的某些地方的人，他们用点头表示否定，用摇头表示肯定，与我们恰好相反。同这些民族的人交际时，先要弄清他们的首语用法，以免引起误会。

三、手势语及其运用

（一）手势语的含义

手势语是人体上肢所传递的交际信息，也是一种表现力很强的体态语。它包括手指、手掌、手臂及双手发出的能够承载交际信息的各种动作，其中手指语、握手语、鼓掌语和挥手语的沟通功能尤其强。

手势语是多种多样的，它主要由做出手势的位置、手掌、拳头、手指与手型构成。下面分别列举一些手势语及其含义。

1. 手势位置

做出手势的位置大体可分为三个区域：上位、中位和下位。

（1）上位：肩部以上为上位，多用于表示希望、号召、鼓动、祝贺等。手势方向多向内、向上，手心也向上，其动作幅度较大。

（2）中位：腹部至肩部区域为中位，一般是社交活动与日常生活中做出手势的位置。如果是双手在这个区域运动，就含有很强的沟通交际色彩。其动作要领是单手或双手自然地向前或向两侧平伸，手心可以向上、向下，动作幅度适中。

（3）下位：腰部及以下为下位，一般表示憎恶、反对、鄙视、失望等。除表示无奈、生气等相对消极的意思外，一般不在这个区域做出手势。腰部以下一般视为手势语的禁区。

2. 手掌

（1）手心向上，胳膊微曲，手掌稍向前伸：表示贡献、请求、赞美、欢迎等意思。

（2）手心向下，胳膊微曲，手掌稍向前伸：表示抑制、否认、制止、不喜欢等意思。

（3）两手叠放：表示团结一致、联合、一事依赖于另一事或命运攸关、休戚与共等意思。

（4）两手分开：表示失败、失望、无奈、分离、空虚、消极等意思。

（5）手心向外的竖式手势：表示对抗、分隔、不相容的矛盾或互不同意对方的观点等意思。

3. 拳头

（1）握紧拳头：表示挑战、团结、一致对外、警告、示威等意思。

（2）举起双拳在空中晃动：表示号召人们起来斗争、奋斗等意思。

4. 手指

（1）伸出拇指：表示称赞、夸耀等意思。

（2）伸出小指：表示轻视、蔑视、挖苦人等意思。

（3）用手指指向某一事物或方向：向听者示意事物和方向。

（4）用手指的不同形状表示不同的数目。

值得注意的是，各民族都用手势语表示一定的意义，但是同一手势在不同民族中却可以表示不同的意思。即使是在同一民族中，由于地域习惯的不同，同一手势也可能会有不同的意义。在某些国家，左右手有严格的分工；右手干净，用以待客；左手接触脏物，不能拿东西给人。所以，我们在使用手势语时，要因人因地而异，以免犯了别人的禁忌。

（二）手势语的运用

在日常沟通中，手势语的运用范围很广，使用频率也相当高。例如，在街上"打的"时，用招手表示呼唤；当应答是否需要某件东西时，用摇手表示不需要或者谢绝；在会议中征求意见时，举手表示赞同或支持；当不能满足对方要求时，用搓手表示为难；用叉手表示自信心和优越感；用摊手表示坦诚或无可奈何；用拱手表示行礼或者道谢；用背手表示自由自在或正在思考等。

手势语十分丰富，能表示各种意义，它常常被用来弥补有声语言的不足，起到辅助或者强化作用。在特殊情况下，手势语可以代替言语而独立存在，例如，聋哑人之间以手势语代替言语来传递信息，其交际效果与口语交际没什么两样。

根据功能来看，手势语可分为情感型手势语、指示型手势语、象征性手势语、摹状性手势语及习惯性手势语等。手势语是人们内心活动的外化表现，恰当的手势语可以体现交际者的风度、仪表和文明程度。所以，运用手势语要遵循文雅、得体、一致的原则，避免指手画脚，避免养成不文明的手势语习惯。

四、身势语及其运用

（一）身势语的含义

身势语是通过静态和动态的身体姿势传递交际信息的一种手段。在当今社会，身势语不仅是修身养性的基本要求，而且还是沟通活动中用来展现仪表、传递信息

the重要体态语言。

静态的身势语包括立、俯、坐、蹲、卧；动态的身势语只有步姿。重要的身势语为立、坐、步，次要的身势语为俯、蹲、卧，不过后三种身势语在人际沟通中较少运用。

身势语在人际沟通中起着极其重要的作用。例如，同样是立姿，演说家讲演时，挺身直立，头稍微昂起，给人以风度翩翩、善于交际的印象；下级听取上级的指示时，低头、微微屈腰地站着，给人以谦虚、恭敬、顺从的印象。同样是坐姿，男性张开两腿而坐，显得自信、洒脱、豁达；女性膝盖并拢侧身而坐，显得庄重、矜持、有教养。可见，体姿不同，性别不同，传达的信息也不一样。

（二）身势语的运用

1. 坐姿语的运用

坐姿语是通过各种坐的姿势来传递信息的交际语言。我国古代非常讲究坐姿。"端坐""危坐""斜坐""跪坐""倚坐""盘坐"，讲的是坐的各种姿势，现代社交场合中有些坐姿已不再使用。"坐立不安""坐卧不宁""如坐针毡"是描述和形容坐者的心态；"陪坐""请坐""请上坐""排座次"等，是将坐直接与坐者的身份（主客）、地位（尊卑）、关系（师生）相联系。可见，坐本身就是在用不同的方式传递丰富的信息。无论是在过去讲究礼仪的时代，还是在今天讲究交际艺术的时代，都要特别注意坐姿。

坐姿的一般要求是：入座时，应当轻而稳，不要给人毛手毛脚、不稳重的印象；坐的姿势要端正、大方、自然；无论什么坐具，都不要坐得太满；上身要挺直，不要左右摇晃；腿的姿势要配合得当，一般不能跷二郎腿；交谈时，上身要稍许前倾，表示对对方的尊重和自己的专心。上身需后仰时，幅度不能太大，否则会给人困扰、无聊、想休息的印象。

坐姿有三种基本类型。

（1）正襟坐姿。即人们常说的"正襟危坐"，多用于外事谈判、严肃会议或主席台就座等场合。这种姿势的要求是精神集中、上身挺直、两手平放膝上或手按着手，双脚并拢或略微分开。女性可采用双膝并拢或脚踝交叉的姿势。这种坐姿传达的信息是庄重、尊重对方和公众。但要注意不可过于紧张，以免塑造呆板、僵直的形象。

（2）半正襟坐姿。这种坐姿介于正襟坐姿和轻松坐姿之间，适用于交谈、接待、座谈会、联谊会等场合。这种坐姿较轻松，如头部稍稍后仰，背靠椅背，手自然放在扶手上，一条腿可架在另一条腿上等。采取这种坐姿显得轻松、自在、不拘谨，可以营造和谐融洽的气氛，缩短交际双方的心理距离。但身子不能左右摇晃，腿不能不停地抖动。

（3）轻松坐姿。即非常自由自在、随便的坐姿。身子可以斜着，手可以交叉放在胸前或两手抱着后脑，可以跷二郎腿。这种坐姿一般只适用于非正式交际场合，而且交际双方或是老朋友、同学，或是邻居，常在一起的亲戚等，彼此非常熟悉，并且又不是正式交谈，只是在家中或宿舍随便聊天。

坐姿的运用，需考虑以下几种情况。

一是选用什么样的坐姿是受交际环境制约的。例如，国家领导人在接见外宾时，采用正襟坐姿；到灾区视察，在灾民家中嘘寒问暖时，采用半轻松坐姿；在家中休息时，采用轻松坐姿，所谓"坐有坐相"，很重要的一方面是指坐得"得体"。

二是在现实沟通中，往往几种坐姿结合起来运用，它们之间没有不可逾越的界线。如沟通双方在谈判开始时，气氛还不融洽，彼此还不了解，双方目的还不清楚，便采用正襟坐姿。等到谈判有了较大进展，气氛比较融洽，相互的了解逐步加深，各自目的已经达到时，就自然而然采用半轻松坐姿。一来正襟坐姿不能维持太久，二来是因为后面这种坐姿更适合变化后的交际环境。

三是要牢记：一个人的坐姿是他的素养和个性的显现。得体的坐姿可以塑造沟通者的良好形象，否则会使人反感。

2. 立姿语的运用

立姿语是指通过站立的姿态传递信息的身体语言。立姿语与坐姿语密切相关，正如"站有站相，坐有坐相"这一要求。立姿有"静立"、"侍立"（垂手）、"直立"（昂首）、"挺立"、"侧立"等。

性别不同，立姿的要求也有所不同。男士应尽量体现刚毅，立姿为两脚平行分开，大体与肩同宽，两手交叉，垂放于前胸，或自然下垂。女士应尽量体现优雅，其立姿为脚跟并拢，脚尖分开呈小八字形，双手交叉放于腹部。

立姿大致可分为庄重严肃型、恭谨谦虚型、傲慢自负型和无礼粗鄙型。

（1）庄重严肃型。腰板挺直，全身直立，精神振作，给人以庄重、严肃的印象。如就职演说、大会讲话、被人介绍、接受奖励等，一般都采用庄重严肃型立姿。

（2）恭谨谦虚型。略微低头，垂手含胸站立，给人以谦虚、诚恳、恭谨的印象。如三顾茅庐中，刘备见孔明草堂春睡，他不让叫醒孔明，自己就这样在旁边站

02

第二章　自我认知与沟通素养

立许久，关羽、张飞都急不可耐了。这恭谨的立姿语表现了刘备求贤若渴的态度，也让他赢得了孔明的忠心，直到"鞠躬尽瘁，死而后已"。又如，"程门立雪"（《宋史·杨时传》）这个典故：杨时在洛阳见程颐时，杨时已经40岁了。一天在程颐家见到程颐在椅子上坐着打盹，杨时一直恭谨地在门外站着，等到程颐醒来时，门外已经下了一尺深的雪。程颐是当时的大学者，这种立姿表现了杨时尊重师长，诚心求学。

（3）**傲慢自负型**。两手交叉在胸前，两脚向外分开，斜倚式站着，目光睥睨，给人以傲慢、自负、骄矜的印象，让人气愤。

（4）**无礼粗鄙型**。歪斜着身子，一腿在前，一腿在后，或交叠着双膝站着，抖动着脚尖，给人以无礼、粗鄙的印象，让人看了反感或厌恶，自然也就谈不上跟他交际了。

对一个有教养、有身份、善于交际的人来说，无论面对何种情况，都不应采用"傲慢自负型"和"无礼粗鄙型"立姿。

3. 步姿语的运用

通过行走的步态传递信息的身体语言称为步姿语。关于步姿，人们在日常生活中有各种说法，如"健步如飞""稳步前进""步履艰难""步履蹒跚""亦步亦趋""行色匆匆""踱来踱去"等。人们在社交场合采用什么步姿，也是很有讲究的。

根据人们行走时的步态，步姿大致可分为以下几种类型：庄重礼仪型、轻松自如型、稳健自得型、沉思踱步型。

（1）**庄重礼仪型**。行走时，上身挺直，步伐矫健，双膝弯曲度小，步子幅度、速度都适中，步伐和手的摆动有强烈的节奏感，眼睛正视前方。这种步姿所传递的信息是"庄重、热情、礼貌"。领导在检阅仪仗队、参加剪彩、登上主席台、作报告或颁奖等隆重场合，适合使用庄重礼仪型步姿。一般群众在接受检阅、领奖、被重要领导人接见时，也应使用这种步姿。

（2）**轻松自如型**。行走时，心情轻松，步子幅度不大不小，速度不快不慢，上身直立，两眼平视，两手自然摆动，或一手提包或托着大衣。这种步姿的语义是"轻松自如、安详平静"。适用于一般会面、前去访问、出席会议、走进社交场合等。这种步姿比较大方、随便，而又不失稳重，是使用频率很高的步姿。

（3）**稳健自得型**。行走时，步履稳健，昂首挺胸，步伐较缓，步幅较大。这种步姿的语义是"愉悦、自得、有自豪感"。如当实现了自己的某个理想或某个目标时，当重大谈判达成协议时，当演讲或表演获得极大成功时，人们常常自觉或不自觉地使用稳健自得的步姿，这样就表现出自己的兴奋、踌躇满志和志得意满。

（4）沉思踱步型。行走时，迈步速度时快时慢，快的时候，步子急促；慢的时候，俯视地面，步伐缓慢，或偶尔抬头回顾，或不时停下搓手。总的步态是"踱来踱去"。这种步姿的语义是"焦虑、心事重重、集中思考"。

五、空间语及其运用

（一）空间语的含义

空间语，是沟通者运用空间距离传递信息的一种途径，又称"空间距离""人际空间""近体度"等。每个人的身体都占据固定的空间，在日常沟通中，人们会在有意无意地保持适当的空间距离。沟通者对空间语的运用可表明双方关系、各自的地位、态度、情绪等。

每个人都有自己的"人际空间"，社会交往中也有各种成文或不成文的空间划定。大学生在日常学习生活中，已经在有意或无意地使用空间语了。例如，上课时，同学们可以相邻而坐，坐在一排。但上自习时，一般是隔行入座，这就是保持个人空间的典型做法。再如，恋人之间在一起时距离的远近常常是爱情成熟与否的标志，两人从面对面交谈，到并肩而坐或并肩而行，再到拥抱、接吻，从空间距离的由远而近表明爱情已趋成熟。

（二）空间语的运用

怎么把握和识别空间距离呢？下面介绍美国文化人类学家爱德华·特威切尔·霍尔（Edward Twitchell Hall）的相关研究成果。爱德华·特威切尔·霍尔认为每个人都有自己的空间需要，并分出四种距离：亲密距离、个人距离、社交距离和公众距离，每种距离都与双方的关系相称，他还把这种相称性以数字化的方式表示出来。

1. 亲密距离

亲密距离为0~45厘米。其近范围在15厘米之内，是人际交往的最小距离。此时交际者彼此间可能肌肤相触，互相感受到对方的体温、气味、气息。亲密距离的远范围是15~45厘米。双方的接触可能表现为挽臂执手或促膝谈心，体现出相互之间亲密友好的人际关系。亲密距离只适用于情感上高度亲密的人之间。

2. 个人距离

个人距离为46~122厘米。个人距离的近范围是46~76厘米，正好能亲切握手，友好交谈，这是与熟人交往的空间距离。陌生人进入这个空间会构成侵犯。个人距离的远范围是76～122厘米，任何朋友和熟人都可以自由地进入这个空间。人际交往中，亲密距离和个人距离通常都在非正式的社交情境中使用，在正式社交场合则使用社交距离。

3. 社交距离

社交距离为1.2～3.7米。社交距离超出了亲密距离或个人距离的人际关系，体现出一种社交性或礼节上的较正式关系。其近范围是1.2～2.1米，一般在工作环境和社交聚会中，人们都保持这种距离。社交距离的远范围是2.1～3.7米，体现了一种更加正式的交往关系。例如，国家领导人或企业代表之间的谈判、职场招聘时的面试、大学生的论文答辩等场合，往往双方之间会隔一张桌子，以保持一定的距离，增加庄重的气氛。

4. 公众距离

公众距离一般在3.7米以上。这是公开演说时演说者与观众保持的距离。其近范围是3.7～7.6米，远范围为7.6米以上，这是一个几乎能容纳所有人的距离。在公众距离这一空间的交往，大多是当众演讲，当演讲者想与某个特定的观众交流时，他往往需要走下讲台，使两人的距离缩短至个人距离或社交距离才能实现有效交际。

【扫描看资料】
（客套用语）

人际沟通时，空间距离的远近是沟通双方是否亲近、是否友好的重要标志，也是区别不同类型交际的重要依据。因此，人们在沟通交流中，选择正确的距离是非常重要的。

【扫描看资料】
（社交礼仪的养成）

除了以上讲述的表情语、手势语、首语、身势语、空间语外，还有身体接触（如握手礼、拥抱礼、吻手礼等）、服饰穿着等，请扫码查看拓展资料。

🔾 拓展训练

（1）请查阅并学习手指语、握手语、鼓掌语、挥手语等体态语言的相关资料。

（2）请查阅并学习服饰穿着方面的相关礼仪知识。

第三章
日常交际与沟通方法

日常交际是每个人生活中不可或缺的重要组成部分。称呼、招呼、介绍、交谈、赞美、批评、电话沟通等，都是日常交际中的家常便饭，若能掌握其中的沟通方法，家常便饭也是生活美味。

第一节 相互介绍

● 任务目标

● 课堂训练

（1）多年来，你在不同场合已作过很多次的自我介绍。以后，你还将在社团面试、考研面试、求职面试、公务接待等场合进行无数次的自我介绍，请根据不同场合设计不同风格的介绍内容和介绍方式。假如今天是大学开学的第一天，全班同学依次进行自我介绍，现在轮到你作自我介绍，请介绍一下你自己。

训练解说

在很多人看来，这种自我介绍就是介绍姓名、家乡和兴趣等。其实，自我介绍的范围弹性很大。对于刚刚进入大学的大一新生来说，在面对自己的新同学时，如果只说自己的姓名、兴趣、爱好，可能没多少人会记住你。如果在自我介绍时，侧重介绍一下自己的家乡，那么至少可以吸引和你来一个地方的同学，帮你迅速找到新朋友。例如，"各位同学：大家好！我是来自天津的×××，天津人会说快板，下面我就给大家来一段。"说完之后，就即兴表演了一段快板，活跃了气氛，大家也记住了你。

（2）你所在的学生社团为了增强成员的宣传意识和提高成员的写作能力，拟举办一场新闻写作专题培训。社团负责人邀请到学校宣传部一位老师前来授课，作为此次培训的主持人，请你在培训正式开始之前介绍一下这位老师。

训练解说

在介绍嘉宾前，需要提前做一番功课，了解嘉宾的姓名、职务、职称、研究领域、成果等，并与培训目的相结合，以体现培训嘉宾与培训内容的契合度。

（3）请回答"×××校长"与"校长×××"、"王××老师"和"教师王××"有何区别。

训练解说

称呼语一般是在职称职务前加姓氏，不能将职称职务放在前面。一般在新闻报道、正式公文等领域用第三人称叙述时，采用"校长×××"格式。称呼老师时，面称使用"王老师"，背称可使用"王××老师"，在叙述、说明、报道时则采用"教师王××"。

（4）在校园的道路上，你与老师、学长、同学等迎面相遇时，如何打招呼？

训练解说

这个训练项目主要是训练学生在人际沟通中如何采用礼貌、尊重、得体的称呼和招呼方式。

在校园里的相遇，根据不同交流对象可采用不同的交流方式。如与同学相遇，应该自然、亲切，打个照面，微笑示意即可；与师长相遇，则应体现礼貌、尊敬。有些同学见到老师或领导，心里就紧张。在相距10米左右看见老师了，可能先低下头或转移目光，看天看地就不敢看对方，等到相距五六米的时候，再把视线转移到老师身上，跟老师打招呼时，更紧张。

可以试试这样做：与师长相遇时，合理采用目光语，表情自然或略带微笑，相距四五米的时候，稍微放慢脚步但不宜停下脚步，然后看着老师，说一声"老师好！"老师回应一声"你好！"一般来说，互相问好后，基本就"擦肩而过"了。如果选择立定后，再向老师恭恭敬敬地问好，老师可能也会停下脚步，这种情况下可能就会多交流几句，若无可聊的内容，就会十分尴尬。

我们常能见到这种情形，有些人在和陌生人、师长或者异性交流时，因紧张而不敢注视对方，不是低头盯着地面，就是抬头看天。合理使用目光语，可以增强自信，克服羞怯心理。在沟通中，羞怯一方总会躲避目光的对视。当然，若目光对视让你觉得很尴尬，你可以看着对方的眉毛以上到发际之间的区域，除非对方离你很近，否则对方不会察觉到你不愿和他对视。这样可以在一定程度上克服不敢注视别人的羞怯心理。

知识串讲

日常交际是每个人生活中不可或缺的重要组成部分。美国心理学家亚伯拉罕·哈罗德·马斯洛（Abraham Harold Maslow）曾把人的各种需要归纳为生理需要、安全需要、社交需要、尊重需要和自我实现需要五个层次。社交需要处于第三层次。交际是人的最基本的需要，因为一方面人是群体动物，有着强烈的归属感，渴望有所归属，渴望成为社会群体的一员，渴望与他人交际，这就是社会学中所阐释的所谓人的"社会化"；另一方面，人又是有感情的、有理性的高级动物，人的需要不仅包括物质需要，更包括精神需要，而精神需要又是人类特有的，越是人类特有的就越是高级的。如果一个人不与别人交际，就会在心理或生理上造成很大的危害。

人际交往，礼貌当先；与人交谈，称谓当先。

一、称呼用语及其使用

称呼，也叫称谓，指的是人们在日常沟通中所采用的彼此之间的称谓用语。人际沟通从称呼开始，称呼亲朋好友、同学同事或其他有关人员时使用规范性礼貌用语，既能表示友好尊重，又能恰当地体现出沟通者之间的关系、亲疏远近。在人际沟通中，沟通者选择的称呼，反映着自身的教养、对对方尊敬的程度；称呼得体可使对方感到亲切，获得心理上的满足，使沟通顺畅，交往成功。可见，正确地掌握和运用称呼的语言艺术，是人际交往成功不可缺少的礼仪因素。

（一）社会交际称谓词语

1. 礼俗性亲属称谓语

礼俗性亲属称谓是一种广泛的非亲属的亲属称谓。为了表示礼节和亲切，人们常借用亲属的称谓来称呼对方。如邻里乡亲之间，虽然没有亲属或亲戚关系，但人们总是按性别和年龄，分别称呼对方为王大爷、李大叔、赵大伯、王奶奶、李大婶、赵大妈、王哥、张姐等。小孩子称不认识的妇女为姨、阿姨，问路人称陌生的老人为老大爷、大娘、大婶、大叔等。有些地方在称呼对方时往往在对方的名字后加上一个亲属的称谓，如源哥、梅姐、玲妹等，这样显得更亲切。

2. 现代社交称谓语

（1）对有名望、有地位老者的称谓语

可以采用"姓+老"，如"张老、王老、徐老、郭老"等；也可以采用"姓+名首字+老"，如称呼"吕叔湘"为"吕叔老"；还可以采用"姓+先生"，如"张先生、王先生"等。

（2）对社会长者的称谓语

可采用"姓+亲属称谓"，如"王大爷、刘大伯、李奶奶、张大妈、陈大婶、赵阿姨"等。要注意的是，当"大爷"用作社会称谓语时，有三种含义：一是对老年男性长辈的尊称，一般是指60岁以上的老年男性，不论年龄大小，一律与父亲同辈分，此时读为"dà ye"；二是指社会地位较高或傲慢自恃的男性，旧社会中常用，此时读为"dà yé"；三是作为自以为是的称呼，此时读为"dà yé"。

（3）一般社会交际的称谓语

姓+先生（男性、女性知识分子均可）：曾先生、杨先生。

姓+太太，姓+女士：黄太太、刘女士。

姓+职务或职称：王部长、李院长、张书记、冯教授、刘工程师（刘工）。

姓+老师（学校教师或艺术家）：王老师、周老师、苏老师。

姓+师傅（多用于工人、厨师）：李师傅、王师傅。

老+姓+同志，大（小）+姓+同志（用于同事）：老刘同志、老王同志、小吴同志。

职业+同志：司机同志、警察同志、售货员同志。

职务（面称时有时不加姓）：局长、书记、处长、科长、主任。

通用称谓（在不知对方姓名的情况下打招呼）：同志、老师、先生、阿姨、叔叔、大娘、大哥、大姐、老弟。

有很多场合也可用姓名来称呼，关系亲密的人可称其名字，家人、好友之间可用昵称。称呼姓名时，如果姓名是三个字的，可以直接称其名字；如果姓名是两个字的，就需要一起说出姓和名。

以上称谓中，有些称谓反映了宗法社会家庭关系，每一种称谓都代表一种社会名分。有些新的称谓则是促进社会团结和谐的有利因素，有助于社会成为一个团结和睦的大家庭，使人际关系友好和谐。

（二）社交称呼的原则

社交称呼中需要注意的是，其原则一般是就高不就低。在中国，当你用职务称呼别人时，一般是就高不就低，如某人是副科长、副书记、副教授、副校长，面称对方时，一般需要把"副"字去掉，从语言节奏来看也顺口。

称呼别人不是为了满足自己，而是为了满足别人。有一定职务或职称的人，把别人用职务、职称称呼他，看作是对方表达尊重的一种方式，而乐于接受。但是，在亲朋好友的日常沟通中，而非公务活动中，如果采用职务、职称称呼形式，反而是一种故意疏远的体现或者成了一种调侃，所以，在称呼时需要分清场合、分清对象。

二、招呼用语及其使用

见面打招呼是人际沟通的基本礼节。打招呼的方式有语言方式、非语言方式、语言和非语言相结合的方式。不同文化背景下人与人之间打招呼的方式存在一定差异。下面主要介绍中国式打招呼。

（一）常见的招呼用语

过去，由于物质条件不好，"吃饭了吗？"这种招呼语是对对方的一种关心。现在，随着我国人民生活水平的提高，温饱问题已经得以解决，"吃饭了吗"这句招呼语基本上没有了原来的意思。加上，"吃饭了吗？"有很强的时间限制，不是随时随地都能使用的招呼语。因此，"忙什么呢？""干啥去？""你去哪儿呀？"等招呼语逐渐被使用开来。这些招呼用语并不是真正想了解什么，只是打招呼和问候的一种方式，并不在乎对方怎么回答。这类招呼语一般用于熟人之间。在与不太熟悉的人见面时若要相互问候，一般用"你好"或"您好"，这种招呼语简洁明了、通用性强，同时又是对他人的一种祝福。

在一些特定的场合，如离得比较远不适合讲话，就需要辅以非语言手段，中国人常常举起右臂，手掌向着对方摆动几下或举一下即可。经常见面的同事、邻居，或者是关系比较一般的人之间，可以采取相互点头致意的方式来代替称呼语。

（二）打招呼的礼节

（1）谁先打招呼？在中国，少与长、学生与老师、下级与上级之间，应该由前者主动打招呼，以示尊敬。

（2）只要照面就要打招呼，以表示亲切、友好，这是一个人内在修养程度高的重要标志。打招呼时要符合说话对象的身份和年龄。

（3）保持微笑，自然地看着对方并专注地聆听对方的回答。

（4）公共场合打招呼不宜聊个不停，以免影响他人。

（5）如果打招呼后需行握手礼，也需注意礼节。上下级、长幼之间，上级、长辈先伸手；下级、晚辈先问候，然后上前握手，态度要谦恭。

（6）如果对方先打招呼，要认真回谢对方，如"你好""谢谢"等。

三、介绍的语言艺术

在人际沟通中，介绍是与他人增进了解、建立联系、寻求帮助和支持的一种最基本、最常规的方式，是人与人相互沟通的出发点。在很多社交场合，我们需要自我介绍、他人介绍或集体介绍。在人的一生中，我们会在不同场合面向不同人群进行自我介绍。例如，新生入学，你在班级第一次班会上要进行自我介绍；想加入某个学生社团时，你要进行自我介绍；求职应聘时，你需要一个有针对性的自我介绍。有时候，你还可能作为第三方，引见、介绍彼此不认识的双方，即介绍他人。

由于介绍的场合、对象不同，介绍的形式和内容也不尽相同，介绍形式可分为自我介绍、介绍他人两种。

（一）自我介绍

在日常生活中，我们要进行各种各样的自我介绍。自我介绍应注意以下四方面内容：自我介绍的时机和时长、自我介绍的目的、自我介绍的内容和自我介绍的方式。

首先，善于把握介绍的时机和控制介绍的时长。在对方有空闲又有兴趣时进行自我介绍，这样就不会打扰对方，对方也能认真听你的介绍并记住你。介绍时要言简意赅，以半分钟左右为佳，不宜超过一分钟（特殊情况除外，如求职面试）。

其次，明确自我介绍的目的。根据沟通目的决定哪些内容需要重点介绍，哪些内容可以不介绍。如时间允许，最好先打好腹稿，在心中演练一遍，以突出介绍重点和层次。

再次，组织好自我介绍的内容。根据沟通场合决定是作详细介绍还是简单介绍，自我介绍可分为应酬式、工作式、社交式、礼仪式和问答式等，我们要根据不同的场合组织自我介绍的内容。

最后，合理使用自我介绍的方式。除了运用语言进行介绍外，为了节省时间或增强效果，自我介绍时，还可利用名片、介绍信加以辅助。

在自我介绍中，介绍内容和介绍方式同等重要。有时候，人们不在意你说了什么，而看重你是怎么说的。因此，在作自我介绍的时候，要注意语气、语调、神情的使用，以获得对方的好感。下面根据不同的场合讲解不同的自我介绍。

1. 应酬式

应酬式适用于一般性的公共场合和社交场合，或者是面对泛泛之交和不愿深交的人，这种自我介绍最为简洁，往往只包括姓名、身份等基本信息。

示例：××老师，您好！我是来自天津大学的王××，您叫我小王就好了。

2. 工作式

工作式适用于工作场合，介绍的内容可包括姓名、单位及任职部门、职务或从事的具体工作等。

示例：您好！我叫王××，是××大学××学院××专业的一名本科生，在做关于环保的社会实践活动，您能帮我填写一份调查问卷吗？

3. 社交式

社交式适用于社交活动，通过自我介绍给人一种信任感，使对方产生接近、结识你的欲望，并表示希望与沟通对象进一步交流。介绍内容大体应包括姓名、工作、籍贯、兴趣及与沟通对象的某些相近的联系。

示例：各位同学，大家好！我叫王××，四川人，很高兴与大家成为同班同学。我喜欢广交朋友，来到××大学，希望我能成为大家的好朋友！

4. 礼仪式

礼仪式适用于讲座、报告、演讲、庆典、仪式等正式或隆重的场合。介绍内容应包括姓名、单位、身份、职务等，同时还应加入一些适当的谦辞、敬辞。

示例：各位来宾、同学们，大家好！我叫×××，是××大学××学院的团委书记，我代表××学院热烈欢迎大家光临我们的展示会，希望大家……

5. 问答式

问答式适用于应试、应聘和一些公务交往。问答式的自我介绍，应该是有问必答，问什么答什么。

示例：

面试老师：同学，你好！请简单作一个自我介绍。

面试同学：各位老师，您好！我叫×××，是××大学××专业的应届毕业生，获得了本校免试攻读硕士研究生的资格。很荣幸能有机会到贵校参加这次面试，我大学期间……

下面介绍两种常用的自我介绍方法。

（1）自我介绍的五要素法

自我介绍中包括以下五个要素：姓什么，叫什么，字怎么写，有何意义，祝福语。

这种介绍方式属于社交式自我介绍，为了让对方记住你的姓名，你可以巧解姓名。姓名是父母起的，但我们可以给自己的姓名赋予一定的意义，以名言志。为了与别人相识，可以在介绍的最后加上一两句祝福语，也可以借座右铭抒情、励志等。

（2）自我介绍的工作关联法

这种介绍方式的适用范围较广。介绍的内容包括姓名、单位、特长、与大家的关系等，使用这种介绍方式的目的是与更多的人产生有益的联系。

示例：您好！我叫×××，是××的同事（朋友），也是老乡，我在××大学

××学院工作，跟您一样，教沟通与写作的，以后还请多多指教。

从内容上来看，一个比较好的自我介绍，应包含以下三方面内容：一是现实的我，给对方留下印象，以"表达期待"来组织材料；二是未来的我，面向未来讲"理想的我"，或者一种承诺；三是回应关切，明确介绍的目的，一定要回应对方的关切。

进行自我介绍时，应先向对方点头致意，得到回应后再向对方介绍自己。介绍中，要善于用眼神表达自己的友善、关心以及沟通的渴望。介绍完成后，互相握手致意。如果介绍时辅以名片的递换，还需注意递名片、接名片的方式。不要将名片放在裤子口袋里，如果让人看见会觉得你不尊重他。向对方双手递送自己的名片时，名片文字应正对对方；接收别人的名片时，双手接过后最好浏览一遍，还可略加赞许，记下职务，以便称呼。看过名片后要小心放好，可放在名片夹里或上衣口袋里，不要在手里摆弄或随手往桌上一放。

（二）介绍他人

在人际沟通中，不仅需要自我介绍，在一些场合中，还需要介绍他人。介绍他人，又叫第三方介绍或居间介绍，就是当双方互不认识时，由第三方出来替双方作介绍。介绍他人时，谁当介绍人，介绍的方式和内容、介绍的顺序，都是有讲究的。

1. 谁当介绍人

在社交场合中，没有介绍人，双方互不认识，大眼瞪小眼，便会很尴尬。谁当介绍人呢？不同场合的情况是不一样的。

在一般性的公务活动中，谁来当介绍人呢？主要是以下几种人。

其一，专业人士。办公室主任、领导秘书、公关人员等，他们都是单位里专门负责对外接待工作的人员。

其二，对口人员。即客人要拜访的部门的有关人员，如客人是销售经理，则可以由本单位的销售经理负责介绍，根据介绍人与被介绍人的规格对等接待。

其三，本单位地位、身份最高者。这是一种特殊情况。来了贵宾的话，一般应该由东道主一方职务最高者出面介绍，礼仪上把它称为规格对等。实际上，这就是对客人的一种尊重和重视。

2. 介绍的方式和内容

介绍他人时，根据沟通场合的不同，介绍的方式和内容也有区别。介绍他人时，应以尊重的口吻恰当地称呼他人。如果某人有职务或职称（如处长、教授等），则称呼其职务、职称更显尊重。同时，应该礼貌地以手示意（掌心向上），而不要用手指去指人。内容上，一般只介绍双方的姓名、单位、职务。在介绍这些时一定要放慢语速，口齿清楚，以免给双方造成误会。有时为了推荐一方给另一方，介绍时可以说明被推荐方与自己的关系，或强调其才能、成果，便于新结识的双方相互了解与信任。当然，不要过分颂扬他人，以免被推荐方尴尬或给人留下"吹嘘""拍马屁"的不良印象。

3. 介绍的顺序

中国和以英语为主的西方国家在介绍他人的顺序上存在一定的差异①。西方国家介绍他人的顺序一般是：将男子介绍给女子；将同性别中年轻者介绍给年长者；将未婚女子介绍给已婚女子；将同性别中地位低者介绍给地位高者；将儿童介绍给成年人。我们国家现在介绍他人的顺序则基本相反，不分男女，通常按下列顺序介绍：将年长者介绍给年轻者；将长辈介绍给晚辈；将职位高者介绍给职位低者。两个群体相互介绍时，一般只介绍带队的、职务高的，随行人员则笼统介绍。如果将一对夫妇介绍给他人，西方国家习惯先介绍丈夫，后介绍妻子；在中国则先介绍与在场人有关的一方，然后再介绍其配偶。按照礼仪，为他人作介绍时应遵守"尊者优先"的原则，即把尊者介绍给他人。其实，不论中西方有何差异，介绍他人的一个窍门是：先称呼谁，谁即为"尊"，应把他人介绍给该人，如"张先生，这是舍弟×××。"

在介绍他人时，介绍者与被介绍者都要注意一些细节。介绍者为被介绍者作介绍之前，要先征求双方的意见。介绍完毕后，介绍人和被介绍人都应该微笑点头致意，以示尊重和礼貌，条件允许的话应依照合乎礼仪的顺序握手，并彼此问候对方，如"你好""很高兴认识你""久仰大名""幸会幸会"或"谢谢"等，必要时还可以进一步作自我介绍。

介绍他人中有一种比较特殊的形式，即"集体介绍"，多用于活动主持人向参与者介绍活动的主角。如在演讲、报告、比赛、会议中，往往需要主持人将主角介绍给广大参加者。如果被介绍的不止两方，并且每方人数都很多，需要对被介绍的各方进行位次排列。排列的方式是：①以其负责人身份为准；

【扫码看资料】
（座次安排）

②以其单位规模或级别为准；③以抵达时间的先后顺序为准；④以座次顺序为准；

---

① 刘艳春.语言交际概论[M].北京：北京大学出版社，2007：168. 不少教材和网络资料没有严格区别东西方国家的差异，我们认为不妥。本书采用刘艳春的说法。

⑤以距离介绍者的远近为准；⑥以到场人数的多少为准。

🔴 拓展训练

（1）请查阅资料，看看《西游记》中唐僧每到一地是如何作自我介绍的，并总结出自我介绍的通用方法。

（2）回想一下，你每门课第一次上课时，任课教师是如何自我介绍的。

第二节 有效交谈

● 任务目标

（1）掌握交谈的语言艺术。

（2）学会使用赞美的语言艺术。

（3）理解并掌握批评的语言艺术。

● 课堂训练

（1）在一个班集体中，同学们来自五湖四海，大家性格各不相同，特别在同一个寝室生活的几个同学，更是朝夕相处。请描述一下你室友们的性格和特点以及你是如何与他们相处的。

◆ 训练解说 ◆

我们要学会用欣赏的眼光去看待周围的同学，并发现他人身上的优点和长处，在适当的时机、适当的场合对你的同学进行赞美，可以增进双方的友谊。同时，也应学习他人的优点。在练习时，需要总结出室友之间相处的方法和原则，如真心、交心、倾心；换位思考，相互理解与尊重；主动积极；开放与包容等。

在集体生活中，免不了与他人产生摩擦；在与朋友交往中，免不了意见或思想上的争辩；在寻找志同道合的朋友的过程中，免不了对朋友的缺点的包容或提出建议。

朋友间相处久了，或许朋友身上的某些缺点就显现出来了，需指出朋友的缺点时，不仅要使用委婉的言辞，还要注意指出的方式，不宜当众揭短，让朋友在众人面前难堪。恰当的语言表达方式对于发展和维系友谊至关重要，不要因为朋友之间感情深厚就不讲究批评的语言艺术。

（2）大学生活中，"卧谈会"是必不可少的调味品，请谈谈你们寝室卧谈会的情况。

训练解说

大学生的卧谈会涉及方方面面的内容，也是同一个寝室的同学增进了解、建立深厚友谊的一种沟通渠道。在卧谈会中，话题的选择很重要。同学们可以回忆以前的卧谈会一般由谁发起的，一般哪类室友起到主导作用，每次卧谈会室友的参与度如何等，通过思考这些问题来领会交谈的一些技巧。

（3）分析下列材料，请阐述案例中小王赞美他人失败的原因。

某公司的员工小王，一次在街上见到自己的同事小张及其夫人，小张长得老相，而其夫人却保养得很好，显得十分年轻。因为小王是第一次见到小张的夫人，为了留下良好的印象，便想美言几句，于是小王对其夫人赞美一番："张夫人好年轻呀，看上去比小张小20岁，要是别人，准以为你们是父女……"话未说完，小张就说："你胡说什么呀！"顿足而去。

训练解说

赞美他人时，不能以贬损第三方来凸显对方的优点或"美"之所在。

（4）阅读下列两段材料，谈谈如何有针对性地赞美他人。

①有一次，汉高祖刘邦与韩信谈论诸将才能高下。刘邦问道："你看我能指挥多少兵马?"韩信回答："陛下至多能指挥十万兵马。"刘邦又问："那你能指挥多少兵马呢?"韩信自豪地回答："多多益善。"刘邦笑道："既然你带兵的本领比我大，却为什么被我控制呢?"韩信很诚实地说："陛下不善于指挥兵，但善于驾驭将，这就是我被陛下控制的原因。"刘邦自己也曾说过，在指挥百万军队方面，他不如韩信，做不到战无不胜，攻无不克。这是他做了皇帝以后对自己的评价。韩信的赞美，首先肯定了刘邦控制大臣为他效命的能力，但又指明了他在带兵作战方面与自己相比有不足之处，正与刘邦的自我评价相吻合。话说得很实在、很坦诚，刘邦不但不怒，反而很满意。此时，韩信与刘

邦关系已很紧张，如果他违心地恭维刘邦调兵遣将无所不能，恐怕刘邦不愿意听，甚至会怀疑他在吹捧、麻痹自己。

②有个笑话，某君是拍马屁的专家，连阎王都知道他的大名。死后阎王见到他，拍案大怒："我最恨你这种马屁精。"马屁精忙叩头回道："虽然世人都爱被拍马屁，但阎大王您公正廉明，谁敢拍您的马屁。"阎王听了，连说："对啊对啊，量你也不敢拍我的马屁。"

◆◆◆ 训练解说

其一，两个人或两件事相比较，在夸奖对方的同时，让他意识到自己的优点和存在的差距，使对方对你的赞美深信不疑。其二，其实每个人都是愿意听好听的，只要你恭维得有分寸，不流于谄媚，不伤人格，定会博人欢心。

（5）在公众场合中，假如有人故意当众揭你的短处或暴露你的隐私，你会怎么处理？

◆◆◆ 训练解说

你会选择怒目而视、出言反驳，结果弄得面红耳赤，还是当众解释，结果欲盖弥彰，抑或是采用其他方式处理？在特定的交际场合，据理力争未必是最佳选择，沉默常常比论理更有说服力。恰当运用沉默的方式有时可以取得较好的效果，不理不睬的沉默可让人摆脱无聊的纠缠，冷漠的沉默能使犯错误者认错并改正。沉默是金，有时沉默不语能够出奇制胜。当然，这不是说要一味沉默不语，而是要掌握时机，该说话的时候就不要沉默。例如，领导遇到尴尬情况了，就需要你站出来为领导打圆场；同事有矛盾了，需要你开口化干戈为玉帛；等等。

（6）假如你是领导，发现秘书写的总结材料有不妥之处，该如何批评？

◆◆◆ 训练解说

建议采用欲批先扬的方式。可以说："总的来说，这份总结写得不错，思路清晰，重点突出，有几处写得很有见地，看来你下了不少功夫，只是有几个地方提法不妥，麻烦你再修改一下。你的文笔不错，过去几次写总结也是越修改越好，相信你这次也一定能改出一篇好总结来的。"如果领导这样说，其秘书会感到领导对自己很公正、很器重，充满期望和信任，对自己以前的工作也充满肯定，因而就会很卖力地修改此次总结。

知识串讲

一、交谈的语言艺术

交谈是人们日常交往的基本方式之一，它可以促进人们交流思想、交融感情、交换信息。日常生活中的交谈虽然目的性不是很强，交谈的方式也较为随意，但是所谈的内容应尽量具备一定的目的性，如果东拉西扯、废话连篇，这样既浪费自己时间，又耽误对方时间。即便是随性而起的交谈，也应达到增进彼此了解、增进友谊、交换双方对某些事的看法等目的。学习并掌握一些日常交谈的策略，有助于提高生活质量、和谐人际关系。

（一）交谈策略

下面先介绍提高交谈质量的一些策略。

1. 语言策略

语言是交谈的载体，交谈过程即语言的运用过程。语言运用是否准确、恰当，直接影响着交谈能否顺利进行，因此在交谈中尤其要注意语言的运用。交谈时起码的一点是要让对方听清自己在说什么，这就要求发音标准、吐字清晰。尽量不用方言、土语，多使用普通话（特殊场合除外，如老乡会）。说话过程中还应做到话语含义明确，避免因模棱两可产生不必要的误会。

2. 积极倾听

交谈属于互动交流的行为，除了要善于表达自己的思想、看法和意见等，还要主动、积极地倾听对方讲话。否则，只有信息的输出，而无信息的输入，对自身的信息交流不利，应该多听听别人的意见和想法，以丰富自己、充实自己。在倾听的过程中，不妨以"嗯""是""对""没错""真是这样""我有同感"等以呼应。必要，还应在自己讲话时，适当引述对方刚刚发表的见解，或者直接向对方请教。

3. 以心交心

以心交心，就是以自己的真诚来换取对方的真诚。在交谈中，适时、适量传递自身的信息，以自我袒露的方式拉近双方的心理距离，让双方的关系变得更加亲近。不想袒露自我却想让对方袒露内心世界通常是不可能的，但是袒露不是毫无保留地敞开心扉，说出心中的所有想法或秘密。因此，以心交心时，需适度适量。首先，自身资料性的信息可以袒露，如自己的工作、近况、有趣的经历等。根据交谈对象决定是否深入袒露其他信息，如自己对某一事情的立场、态度、看法等，如果情况允许，可以深入交流，以增加交谈的互信度。

4．巧妙回避

交谈中，一般以你问我答的形式循环交流信息。有时面对别人的提问不能回答或不打算回答时，干脆用"外交辞令"说"无可奉告"，固然能行，但有明显不敬意味，有可能使对方无地自容。机敏的回答可以是"无效回答"，虽然彬彬有礼回答对方，但实际上并没有让对方知道什么消息，这就是巧妙回避。例如，工作后，过年回到家乡，总有些人喜欢打听别人的工资待遇，回答工资高，容易引起别人嫉妒；回答工资低，又怕别人瞧不起。对方问："你一个月挣多少钱？"可回答"一般水平吧"或"还凑合"。面对这种照顾对方情绪的"所答非所问"，对方如果识相，定会知难而退。

（二）交谈礼节

为保证交谈的过程愉快，取得良好的沟通效果，还需要注意一些基本的交谈礼节。

1．选择好话题，求和谐避争辩

日常交谈选择的话题应符合双方的思想境界、个性特征和兴趣爱好，以便为交谈创造一个良好的氛围。有些话题，不同的人可能会有不同的意见，在日常交谈中，不能把交谈当成辩论，以免伤了和气。

2．举止大方，礼貌待人

多用目光语与对方进行交流，面带微笑，肢体动作文明礼貌。当与人交谈时，随便打断别人的讲话，或任意发表自己的评论，都会被认为是没有教养或不礼貌的行为。

3．双向沟通，不要独白

要注意双向交流，并且在可能的前提下，尽量使交谈围绕交谈对象进行，无论如何都不要独白，自己侃侃而谈，"独霸天下"，只管自己尽兴，而始终不给他人张口的机会。

4．学会适当沉默，谨防言多必失

交谈中，适当保持沉默，从而避免失言，正所谓"话不投机半句多"。如果在交谈中，你意识到自己的言语伤害到他人了，应立即致歉。交谈中论及第三方时，一定要注意自己的言语，切勿背后说人坏话。

二、赞美的语言艺术

在日常生活中，我们如何去赞美他人是一门艺术，如何去批评他人也是一门艺术。从心理学角度来说，赞美是一种容易引起对方好感的人际沟通形式，也是一种有效的沟通技巧，能有效地缩短人与人之间的心理距离。赞美是一件好事，但绝不是一件易事。赞美是一门学问，赞美时要能够抓住被赞美的人或者事物的实质，语言到位，一语中的，要让被赞美者听了舒服、畅快。赞美别人时如不审时度势，不掌握一定的赞美技巧，即使你是真诚的，也可能把好事变成坏事。

由于受到中国传统文化的影响，在现实生活中，很多人信奉"忠言逆耳利于行"，因此，很多人不习惯赞美别人，更不知道如何去赞美别人。下面我们推荐一些赞美的方法。

（一）赞美的前提

要赞美他人，首先要发现他人的"美"之所在，这也是实施赞美的前提。要善于发现他人的"美"，就需要做到以下几点。

（1）学会体谅。体谅能让交际者理解本来不能理解的人和事，能让交际者拥有一颗博爱之心，发现人间更多的真、善、美，发现他人更多的优点和可爱之处。

（2）学会宽容。宽容在给人提供改正错误机会的同时，也在给人创造施展才华的空间。这样，交际者会发现一个犯错误的人原来也有如此多的优点值得我们去欣赏和学习。

（3）常怀欣赏之心。有什么样的心，就有什么样的眼睛，交际者常怀欣赏、友爱之心，就会发现他人更多的优点；常怀挑剔、敌对之心，就会更多地注意他人的不足。

（二）赞美的言辞

1. 真心实意，恰如其分

赞美是对别人发自内心深处的欣赏然后回馈给对方的过程。赞美要真心实意，情真意切。言不由衷、巧言令色、虚情假意或张冠李戴等无事实依据的赞美会让人感到莫名其妙，让人觉得你油嘴滑舌、阿谀奉承，简直就是一个"马屁精"，以至于让对方怀疑你的赞美动机。

真诚的赞美还体现在措辞的分寸上。赞美之词要准确、具体，恰如其分，确有其事，不夸大，不拔高。例如，你见到一位体态略显臃肿的小姐时，却偏要对她说："你真是美极了！"对方立刻就会认定你所说的是虚伪之至的违心之言。这样不仅不能使对方满意、接受，而且常常会让对方怀疑你的动机，甚至产生反感和戒备心理。但如果你着眼于她的其他方面，如服饰、谈吐、举止，发现她这些方面的出众之处并真诚地赞美，那她一定会高兴地接受。

2. 注重细节，表扬具体

被赞美的人不仅需要赞美之词，而且想知道自己哪一点得到了别人的赏识，所以，赞美要从细节出发，尽量做到具体。对比下列赞美之词。

你这段时间状态不错嘛！

你提的意见非常好，很有参考价值！

你最近进步很大！

这些都是空洞的夸奖。可以换一种说法，将赞美之词具体化。

这段时间，你们小组的创意比较多，每次讨论你都会首先说出来，引导大家集思广益，状态不错！

太好了！如何克服思维定势正是我们现在碰到的最大困难，你这个意见正好给了我们一个新的发展方向。

你连续两个月100%完成了预定任务，在业绩把控上进步很大！

再如，在课堂训练中，学生上台发言、展示完后，然后老师进行有针对性的点评，有的老师为了节省时间，可能会说："刚才这位同学的发言很好，因为时间关系，好的方面我就不多说了，我就不足之处说说我的看法。"其实，学生不仅想知道自己哪些方面存在不足，还想知道自己哪些方面做得好，以便继续发扬。所以，不能"好的方面我就不多说了"，而是要好好说、说具体。

3. 留心观察，深入赞美

赞美宜深入，不宜表面化。要让自己的赞美更深入，平时就要留心观察被赞美者。一般来说，人的优点按影响可分为三类：一是人所共知、有口皆碑的优点，二是不太明显、不太巩固的优点，三是处于萌芽状态的优点。对于第一类优点，我们不妨同声赞扬一番，否则对方可能会以为你不同意这种大众评价，但赞美这类优点最好用些比较新鲜的意见或表达方式。如果想要和对方建立更深一层的关系，就要挖掘得更深入一些，最好能准确细致地说出他的第二类甚至第三类优点。

（三）赞美的方式

1. 常赞小事，建议赞事不赞人

我们周围绝大多数都是平平凡凡的普通人，过着简简单单的日子，做着平平淡淡的小事。因此，赞美别人需从微不足道的小事入手，从小事着手不失时机地夸奖别人，如对方正在努力做的事、对方的身体及其服饰打扮、房屋的各种设计或装饰、有关对方的家人等。这样不仅会给别人带来意外的惊喜，而且极易让别人对你产生友好、亲近、敬佩的感觉，从而加深彼此的了解。

就事论事，不要直接赞美某个人，而应该赞美他的具体行为。如果你的赞美毫无根据，只是说"你真是太棒啦"或者"我对你佩服得五体投地啊"，恐怕没有谁会认为你这是在赞美。赞美绝不是阿谀奉承，一定要赞美事情本身。

2. 因人而异，避免赞美一般化

赞美要因人而异，人与人是不同的，年龄、性别、职业、长相等各不相同，因人而异、突出个性的赞美比一般化的赞美更能取得良好的效果。赞美他人是对他人的肯定，更是对他人魅力的一种欣赏。比如说，人人都渴望被别人赞美，但男性和女性的需要是不同的，成年人和小孩的需要也是不同的。男性相对更注重脸面、地位，女性则相对男性更注重容貌、衣着。

在现代社会，人们不仅在乎别人对自身魅力的欣赏，而且还在乎别人对自己能力的肯定，他们希望社会能认同自己，肯定自己的能力，也希望在他人眼中自己是能够独当一面、把事情处理得完美无瑕、有能力的。比如你可以赞美他人事业成功，踏实肯干，头脑灵活，或者是风度翩翩、仪表堂堂、气质出众、活泼可爱。从被赞美对象的特点和个性出发真诚地表达自己的欣赏会比用一些通用的赞美之词更令对方感到欣慰和愉快。

3. 自谦赞人，虚心请教显真诚

谦虚是一种难能可贵的美德。谦虚不是一味地贬损自己而抬高别人。如何做到自谦以赞人呢？比如说，你可以虚心请教。当一个人的优势或优点已为众人所知晓后，你再去赞美或者恭维几句，他都听"腻"了，对你的赞美之词也没什么感觉，这时，你不如虚心向他讨教一番，他定会耐心地向你传授经验或相关诀窍。

真诚地自曝劣势，凸显对方优势，这也是一种赞美。如在某个方面，你自愧不如别人时，谦虚的赞美将是最好的选择。如果一味地颂扬、赞美，反倒有嫉妒之嫌，所以，还不如承认、尊重并欣赏别人的优势，会使你拥有更多的朋友，更多的收获。

4. 借花献佛，背后多说人好话

世上背后道人闲话的人不少，背后说人好话就成了一种境界。有时候赞美的言辞由自己说出来，有点不好意思，也怕不真切，反倒有恭维、奉承之嫌。此时，就可以用"借花献佛"的方式，将第三方对对方的赞美之词援引过来。人们通常认为

第三方所说的话比较公正、客观，因此，以第三方的口吻间接赞美对方，更能博得对方的好感和信任。

如果我们当面赞美别人，对方容易认为我们是在奉承他、讨好他。当我们的好话是在背后说时，别人反而会认为我们是真诚、真心地赞美他，才会领情，并感激我们。这样还可以避免当面"拍马屁"之嫌。可见，背后说别人的好话，比当面恭维、赞赏别人的效果要好得多。不用担心，我们在背后说他人的好话，很容易就会传到对方耳朵里去的。所以，当你在用第三方的赞美之词赞美他人时，也应该多多在背后说别人的好话，让别人借你的花献他的佛。

（四）赞美的时机

1. 合乎时宜

赞美的效果在于相机行事，适可而止。错过时机或时机不对，有时赞美甚至会得到相反的效果。例如，看到别人穿着新鞋子，却说她上礼拜穿的坡跟鞋实在好看，你想这时她心中会高兴吗？又如，当别人计划做一件有意义的事时，开头的赞扬能激励他下定决心，过程中的赞扬有益于对方再接再厉，结尾的赞扬则可以肯定成绩，指出进一步努力的方向，从而达到适时适宜的效果。

2. 雪中送炭

俗话说："患难见真情。"最需要赞美的是那些因才华被埋没而产生自卑感或身处逆境的人。他们平时很难听到一声赞美的话语，一旦被人当众真诚地赞美，便有可能振作精神。因此，最有效的赞美不是"锦上添花"，而是"雪中送炭"。此外，赞美并不一定是见人便说"好""很棒""了不起"等，有时，投以赞许的目光、夸奖的手势、友好的微笑也能收到意想不到的效果。

另外，值得一提的是，由于中西方文化差异，中国人赞美他人以及接受他人赞美的方式方法与西方人存在较大差异。在中西方文化交流中，赞美的语言艺术应从民族文化背景出发，应该入乡随俗。

三、批评的语言艺术

我们需要真诚的赞美，也需要善意的批评，不一定非得是"忠言逆耳利于行"的逆耳之言。赞美是鼓励，批评是督促，二者缺一不可。父母从不批评孩子，是溺爱；教师从不批评学生，是不负责任；朋友之间只有恭维，从不批评，是酒肉朋友。人生活在团体中，批评人、被人批评都是难免的。批评也是一门艺术，少运用且善于运用批评才是上策。

赞美是没有级差的，人人可以用赞美，人人可以被赞美；而批评的适用范围相对较小，一般用于长辈对晚辈、上级对下级、老师对学生，朋友之间也可以互相批评，但反过来的情况相对较少。

（一）批评的态度

1. 克制情绪，态度温和

批评的前提是错误的事实确凿，责任清楚，有理有据。对方确实有错，导致你心中不满、愤怒、埋怨、忿恨，也最好先克制一下情绪，保持心平气和，做到诚恳、认真、冷静，不能急躁，要使用温和的语言交流，避免恶语相向。在气头上，人往往容易说出过分的话、难听的话，此时，不妨自己先冷静一下，再考虑是否有批评的必要。

人非圣贤，孰能无过？做人要拥有一颗宽容的心，得饶人处且饶人。不要苛求别人，学会宽容才会让我们的心胸开阔。但是，什么事都宽容，不指出其错误之处，就没有"过而能改"了，所以该批评时还得批评，只不过要讲究批评的方式方法。

2. 尊重人格，严禁侮辱

每个人在人格上都是平等的，不要因为社会地位的不平等而不尊重对方的人格。在平等的气氛中进行的批评才容易被接受。如果批评者摆出一副居高临下、盛气凌人的姿态，说不服就靠压服，这是不行的。另外，在用词方面，绝不可侮辱被批评者的人格，使对方尊严扫地的后果将是出现对立，逼而不从，压而不服，激起反抗情绪。

如果不尊重对方的人格，其实批评者也已经犯"错"了，"态度不好"也是一种错，也得改改自己的错误。只有对别人尊重，才会赢得别人对你的尊重。

（二）批评的方式

请看下面两个对话片段。

对话一："你怎么把房间弄得乱七八糟的？"

对话二："我真不希望看见房间被弄得这么乱。"

有没有感觉第二句话没有第一句话那么具有攻击性？如果你是当事人，第一句话会把你惹怒，第二句则会让你为自己弄乱房间的行为感到愧疚。不难发现，使用"你"字开头的语句容易激起他人的防卫，因为这意味着说话者在毫不留情地进行批评，即便这种批评是对的，大多数人也无法接受。使用"我"字开头的语句提供一种比较精确、不那么挑拨的方式来表达不满。这是一种更能保住对方面子、不撕破脸皮的做法。所以，批评时少使用"你"字开头的语句，多使用"我"字开头的语句。可见，批评的时候，还要讲究方式方法，下面介绍常见的一些批评方式。

1. 因人而异

批评他人要注意根据不同对象采取不同的批评方法和批评言辞。对年轻人的批评要语重心长，关心爱护，寄予希望。对中年人的批评要旁敲侧击，点到为止。对长者的批评要委婉含蓄，巧妙提醒。对不讲道理、不听劝说的人，批评就要义正词严、理直气壮。除了年龄因素外，对不同性格的人也应该使用不同的方法，即因人而异。例如，对于性格内向一点的人，批评时点到为止；对于性格外向一点的人，可以把批评的话说重一点。

2. 欲批先扬

著名教育家陈鹤琴说："无论什么人，受激励而改过，是很容易的，受责骂而改过，是不大容易的，而小孩子尤其喜欢听好话，不喜欢听恶言。"对于心细、敏感、自尊心强、能知错就改的被批评者，批评者稍稍发出指责信号，略作点拨，他们就会立即知错、改错。而对于那些自尊心受到严重挫伤、丧失上进心、破罐子破摔的人，批评根本起不了任何作用，用表扬代替批评，不失为一种良策。使用这种方法，要注意一分为二地分析问题，表扬时要恰如其分，既不夸大其词，又不轻描淡写。在前面"课堂训练"中的"假如你是领导，发现秘书写的总结材料有不妥之处，该如何批评"一题，就可以采用欲批先扬的方法。

3. 暗示批评

在日常生活中，有时候直言的批评不但无法达到让他人知错改错的目的，而且有碍于人际关系，严重时甚至会毁掉一个人。这时候就需要我们运用暗示的方法进行批评，让他人既能意识到自己的错误或不足，同时又能理解你善意批评的意图，使他对你心存感激。

例如，有一个同学文章写得很好，遗憾的是字写得很不好。为了鼓励这个同学克服这一不足，语文老师在一次批改作文时，用一个名人逸闻对他进行了暗示。语文老师的评语为："著名诗人柳亚子先生善吟诗作文，堪称文坛大师，他的书法也是龙飞凤舞、流畅奔放，但却很潦草，往往不被人所认识。柳亚子先生的挚友辛壶在批评柳亚子先生字迹潦草时，说他是意到笔不到。"这个同学马上意识到老师是暗示自己的字写得不好，表示一定要加强练习，把字写好，同时继续保持了对写作的热情。

4. 巧用幽默

被批评者的心理常处于紧张、压抑的状态，他们或表现为焦虑、恐惧，或表现为对立、抗拒，或表现为沮丧、泄气。这些不正常的心理状态是双方交流思想感情的心理障碍。在批评过程中，应巧用幽默的语言，使用含有哲理的故事、双关语、形象的比喻等，以半开玩笑半认真的方式提出，以缓解批评带给对方的紧张情绪，启发被批评者思考，促进相互之间的感情交流，为批评营造一个轻松愉快的氛围。

在前面"课堂训练"中的"在公众场合中，假如有人故意当众揭你的短处或暴露你的隐私，你会怎么处理"一题，就可以巧用幽默来处理。

5. 变换语气

少用祈使句，不要把自己置身于事外，就多使用带"我"字的语句，用"我"和"你"来建立双方的联系。请比较下列语句。

你看你，怎么搞的！

什么也别说，我才不听你的所谓的理由和解释！

好好的一件事，让你办成这个样子！

说你不行，结果你就是不行！

适当加入"我"字，变换一下语气，效果会明显不一样。

工作是不是遇到了困难，需要我帮忙吗？

说说你的想法，你认为怎么解决好，我的建议是……

你应该及时找我一下。

我也经历过类似的事情，我相信你的能力和水平，你可以……

🔶 拓展训练

（1）在大学期间，同学们将参加各种各样的课外活动，有些比赛活动有评委点评环节，请留意评委是如何点评的。

（2）请观察来自方言区的同学在日常学习或生活中是否会使用家乡话进行沟通交流。如果有其他地区的同学或老师在场，同一个方言区的同学经常使用家乡话交流，你如何看待这一交谈形式？

第三节　电话沟通

● 任务目标

（1）了解因公、因私拨打电话沟通的注意事项。

（2）掌握接听来电的处理方法。

● 课堂训练

电话沟通模拟练习。

教师根据学生所学专业，设定模拟练习的招聘单位和招聘具体岗位。要求参加课堂训练的同学互相背对对方。由一名同学扮演某公司人力资源部门的工作人员，一名同学扮演应届毕业生，模拟求职面试中的一次电话沟通。

任务一：由招聘人员向应聘者拨打电话，通知面试相关事宜。

任务二：由应聘者向招聘单位拨打电话，询问招聘岗位的相关信息。

训练解说

如果你试着蒙住两个人的眼睛，让他们进行沟通交流，你会发现他们可能交流不到一两分钟便无话可说了。不是一起开口说话，就是彼此沉默不语，总是无法顺利地进行交谈，这一现象在电话沟通中也很常见。电话沟通（可视电话除外）无法直接观察到对方的情绪变化和面部表情。所以，从某些方面来说，电话沟通要比面对面沟通困难一些。

⚑ 知识串讲

电话被现代人公认为便利的通信工具，电话沟通成为现代沟通的重要渠道之一。在日常工作中，电话沟通的用语很关键，它直接影响着一个人或一个部门的声誉；我们通过电话沟通也能粗略判断对方的人品、性格。因此，正确、礼貌地接打电话是非常有必要的。

一、拨打电话

（一）通话前的准备

通话之前，最好把对方的姓名、电话号码、通话要点等通话内容考虑好，如果是重要的电话，最好列出一张清单，明确谈话的内容和目的，做到心中有数，有的放矢，避免丢三落四、词不达意，也不要结结巴巴地通话。电话旁边应常备记事簿、笔等，以便随时记录。

如果需要商谈的内容较多，可以先将谈话的相关资料通过邮件或传真发送给对方，让对方详尽考虑，以便在电话交谈时简明扼要，更有针对性，也能节省通话时间。

如果使用单位的固定电话沟通，应选择相对安静的时候通话；如果使用移动电话沟通，则应选择在安静的环境中进行，不宜在大街上、公交车上、商场等嘈杂的地方与人通话。

（二）通话时间

1. 拨打时间

因公通电话，不要选择下班之后的时间；因私通电话，则尽量不要占用对方的上班时间。选择通话时间时要学会换位思考，不要只图自己方便。若非特殊情况，不要在节假日、用餐时间和休息时间给对方打电话。半夜或清晨拨打对方的电话，很容易引起对方的反感。拨打国际电话前，首先要考虑与对方所在国家的时差。

2. 通话时长

在正常情况下，打一次电话的时间最好不要超过三分钟，这在国际上被称为"打电话的三分钟原则"。根据事先列出的要点，拨通电话后做简单的问候就进入正题，抓住主题，言简意赅，在很短的时间内表达清楚自己的意思，切忌长时间占用电话，影响正常的通话，特别是因公电话沟通。

通话时长一般由拨打电话的一方来控制。如果谈话内容较多，应该先询问对方有没有时间，方便不方便长时间进行通话；如果对方不方便，就应另约时间。

（三）电话交谈

1. 拨打电话的第一句话

注意使用文明礼貌用语，态度热情诚恳。电话接通后，首先主动报出自己的单位或姓名，以便让对方大致了解来电者是什么人，来电是为了什么事情。这些基本的介绍有助于双方沟通的顺利开始。开口就打听自己需要了解的事情或咄咄逼人的态度是令人反感的。

如果是因私通话，接通后，应先征询通话另一方现在是否方便接听电话。如拨打者可礼貌地说："王老师，您好！我是您的学生某某某，请问现在说话方便吗？"或"王老师，不好意思打扰您，请问现在和您说话方便吗？"如果通话对象正在开会、接待外宾或者有急事正要出门，则应该晚一点儿再打过去。否则，对方在繁忙之中很难心平气和地接电话。

如果是因公通话，接通后，应采用规范化的接听语。如："您好！这是××公司，我是××。"这样的第一句话，不仅体现了礼貌和尊重，而且可以免去对方对来电者的询问。

2. 用有声语言传递无声的表情

我们常常会看到有些人在打电话时，仍然眉飞色舞、手舞足蹈、指手画脚，这是人际沟通中的伴随现象，但是电话接听者看不见。

打电话时的语速要比平时慢些，吐字力求清楚，说话条理力求清晰。除了使用有声语言表达清楚话语内容外，我们还要善于运用有声语言传递无声的表情。从某种意义上说，声音是人的第二外貌，在通电话的最初几秒钟内就可以"闻其声如见其人"，就可以给对方留下一个印象。尽管接听者看不见你，但你的心情、态度能从你的声音中反映出来，对方会根据你的语气、声音来描绘你的形象。如果你说话时面带微笑，那么电波就会把微笑传递给对方。如果你愁眉苦脸，电话中的声音也不可能热情友善。例如，"喂"只有一种读音，但可以有不同的语调。我们在电话沟通中要特别注意"喂"的语调和感情。

声音不仅可以传递你的心情，还可以传递你说话时的身体姿势和肢体动作的相关信息。通话过程中要集中精力，千万不能边吃东西边通话，也不要一边打电话一边同旁人聊天，或者一边打电话一边做其他的事，给对方心不在焉的感觉。通话时，不要趴着、仰着、斜靠着或者双腿高架着，要姿势端正，使你的呼吸均匀，语气自然、柔和。即使对方看不见，也要设想对方就在眼前，尽可能注意自己的姿势。

无论是因私通话还是因公通话，你都应随时保持声音的活力、热情、真诚和友善。在通话过程中，不可避免地会遇到一些不招人喜欢的人或事，应该注意避免表现出个人的情绪，始终保持心胸豁达和良好的个人修养。否则，可能引发对方更为强烈的反感。

二、接听来电

（一）及时接听电话

据欧美行为学家的统计，人的耐性是7秒，7秒之后人就很容易变得浮躁。因此，最多只能让来电者等候7秒，否则对方很容易产生挂断或以后再打的想法。最好在电话铃声响三声之内接听，如果让来电者等待过久，则应说："对不起，让您久等了。"

接听电话也要注意环境。如果接听来电时所处的环境声音嘈杂，则应该向对方致歉，并征求对方的意见，重新更换通话地点，或者留下电话号码稍后回拨。

（二）接听电话的第一句话

很多人拿起电话往往张口就问："喂，找谁，干嘛？"这是很不礼貌的。在电话接通之后，接电话者应该主动向对方问好，若是公务电话应立刻报出本公司或部门的名称，如："您好，这里是××公司……"

接听电话的第一句话至关重要。不管来电者是不是熟悉的人，应以积极、热情、乐于助人的态度来接听对方的电话。为了给对方留下良好的印象，接听电话之前，必须调节好呼吸，控制好语气、音量，采用中等语速。如果在繁忙的工作中接听电话，在接听之前，可以先松一口气，清清嗓子，再用明亮的声音向对方说："喂，您好！这里是××公司。"如果来电者抢先自报家门，你也应该很客气地问声"您好"。

（三）用礼貌来维护自我形象和单位形象

在礼貌问候之后，要表示愿意为对方效劳，接下来就是认真倾听对方的电话内容，不要轻易打断对方说话。别人打电话找你，你应该尽可能地亲自去接，就算手里有很忙的事，也要把它放下。

在公务通话中，运用友善的语气和礼貌用语，不仅可以塑造并维护自我形象，还可以维护所在单位的对外形象。所以，我们在通话中应该自始至终使用亲切平和的声音平等地对待来电者。

拨错号码是常有的事，接到拨错号码的电话，我们不能带着讨厌情绪说"你打错了"，然后重重地挂上电话，而应语气平和地告诉对方："不好意思，你打错了，这是××单位。"

（四）巧用复诵和应答

虽然电话沟通要尽量控制通话时间，但必要时仍需复诵来电要点。电话沟通只是单纯的语言沟通，缺少了面对面沟通的非语言手段，就很容易造成信息传递和理解的偏差。所以，在必要时可以复诵来电要点，如对重要事项及电话号码进行复诵，通过复诵，可以使电话内容得到非常准确的传达，避免因为信息传达偏差而导致的误会。例如，应该对相关事情涉及的时间、地点、联系人姓名、联系电话、电子信箱等方面的信息进行核查、校对，尽可能地避免信息接收错误。

另外，由于电话沟通纯粹是语言沟通，为了保证通话的流畅，我们还要善于应答或附和。如果接听者在一段时间内不发出任何声音，对方可能会怀疑你没有专心听，或者怀疑电话出了"问题"，所以接听者应在说话的间隙，插上 "嗯" "好的" "不错" "是的" 之类的应答用语，以促成通话的顺利进行。

（五）代接代传电话

在办公电话接听中，如果对方找的不是你，可为对方代找他人。如果需要转达有关事项，你一定要对重要事项进行必要的记录，如人物、时间、地点、电话号码等，记录完重要的事项后，还要向对方重复一遍，以确认记录无误，同时将自己的姓名告诉对方，请对方放心。代接的电话一定要及时转告，不要耽误。如果对方没有委托，别问长问短或打破砂锅问到底。另外，对来电者不了解的情况下，不要轻易将同事或朋友家中的电话或移动电话告诉别人。

三、结束通话

我们打电话时，经常出现通话双方互相说好几遍"再见"，然后才挂断电话的情绪，挂断电话后，也不知道究竟是谁先挂断的。结束通话时，谁先挂断呢？从交际礼仪出发，有一个规范的做法：地位高者先挂电话。具体来说，就是上下级或长辈与晚辈之间通话时，应由上级或长辈先挂断电话；男士与女士通话由女士先挂断电话。例如，你与老师通话，应让老师先挂断电话；你与领导通话，应让领导先挂断电话。工作后，如果是客户来电话，应该让客户先挂断电话。在同辈交际中，一般来说，谁先拨打谁先挂断。挂断电话的声音不要太响，以免产生粗鲁无礼之感。

拓展训练

你认为"电话沟通"应注意哪些问题？

第四章
个人展示与沟通方式

　　演讲能力是影响一个人事业发展的重要因素，其重要性毋庸赘言。公众演说是展示个人才华的重要方式。无论是命题演讲，还是即兴发言，抑或是成果展示，掌握一定的演讲技巧，就能更有效地建立并扩大影响力，助力成功。

第一节 命题演讲

● 任务目标

（1）了解演讲的语言特点。
（2）掌握演讲稿的撰写技巧和语言使用技巧。
（3）掌握并熟练运用演讲的非语言技巧。
（4）掌握一些演讲中临场应变的处理技巧。

● 课堂训练

（1）请同学们使用不同的语速和语气演讲以下两个例子。

例一：什么叫正气呢？正气就是所谓浩然之气，即孟子所说的"为气也，至大至刚""塞于天地之间"。我们还可以把这种正气看作是中华民族之魂。

例二：青年朋友们，爱我们的国家吧，爱我们的民族吧，同心协力，把我们民族的正气，把我们中华民族奋发图强的爱国主义精神极大地发扬起来！

训练解说

以上两段演讲词选自李燕杰的《国家、民族与正气》，例一出现在全文的中间，例二在文末。很显然，它们不能用一样的语速来讲，前一段语速相对来说要慢，因为这是给听众从容讲解什么是"正气"；后一段则要快，因为是在号召、激励青年朋友们发扬正气，具有极强的鼓动性，语速慢了，就会减弱它的力度。

如何根据演讲内容来把握语速的快慢呢？就内容来说，表现深思、非常失望、过于哀痛的内容要用慢速；交代情节、插叙故事、引证词等时，要用中速；抒发激情、鼓舞志气、号召行动、抨击责问等，要用快速。就句式来说，陈述句、被动句、松弛句，要用慢速；反问句、感叹句、紧张句，语速要快。全篇的语速基调到底如何确定，哪儿当快速，哪儿当慢速，要在演讲时处理好。语速的变化还不能太突然，要有过渡，只能逐渐加快或减慢；否则，就会给听众造成突兀的感觉，使他们理解和感受起来发生困难。

（2）假如你被选为开学典礼新生发言的代表，请撰写一份发言稿并进行课堂发言练习。

　　扫码阅读这篇新生代表发言稿，并体会其中的结构。可根据自身情况改写后进行发言练习。

【扫码看案例】
（新生代表发言稿）

⚑ 知识串讲

04

第四章　个人展示与沟通方式

一、演讲的含义和种类

（一）演讲的含义

　　演讲，又称讲演、演说，演讲可分为狭义演讲和广义演讲。狭义演讲是指在人数较多的场合，运用口语、体态语，郑重地陈述观点或意见，并予以论证，以达到宣传思想、鼓动群众、抒发感情的目的的一种带有艺术性的口语表达形式。从广义上讲，大会上的讲话、座谈会发言、小组讨论发言、讲课、竞选、答辩会、举行新闻发布会等都可视为广义演讲。

（二）演讲的种类

　　按不同划分标准，可将演讲分为不同的类型。按内容划分，可分为政治思想演讲、科学技术演讲、政策法规演讲、经济文化演讲、宗教礼仪演讲等；按功能划分，可分为说服性演讲、说明性演讲、娱乐性演讲、激励性演讲等；按形式划分，可分为命题演讲和即兴演讲。

　　命题演讲，是指根据指定的题目或限定的主题，事先做好充分准备的演讲，一般都是提前拟定演讲稿，并经过精心设计和反复演练的。命题演讲不仅有文字底稿，而且表现出更加严谨、稳定、针对性强的特点。根据演讲者的演讲方式，还可把命题演讲分为照稿演讲和记忆演讲。

　　即兴演讲，是指在事先无准备的情况下，自发或被要求立即进行的当众讲话，是一种不凭借讲稿来表情达意的口语交际活动。

二、演讲的语言特点

　　演讲语言是指演讲者面对观众进行说理、宣传、号召、鼓动时所使用的交际语言。它以人民群众的口头语言为基础，融入适当的文言词句和书面语言；经过演讲者的加工提炼，将口头语言规范化、精炼化，用来为达到一定的目的而论说、解释、宣传、鼓动等，发挥着极强的社会作用。演讲语言可以事先准备好，还可以预先试讲，从这一点说，它与书面语有天然的联系，发挥了书面语的基础作用，但关键又在于"讲"，所以还要求它符合口语表达的特点与需要。

（一）上口入耳，通俗易懂

书面语和口语的不同之处在于：前者诉之视觉，可以仔细察看、辨认、思索；后者诉之听觉，只能在听清、听懂之后才能理解。通俗易懂为演讲语言的一个特点，这就要求用听众熟悉、能马上理解的语言，把要讲述的内容用浅显易懂的话语表达出来，避免采用生涩、艰深、冷僻的词语，避免引用不好理解的古文和诗词，避免使用过多的专业术语和学术名词。总之，语言要明朗化、浅易化、大众化。著名的演讲家都是非常注意这个特点的。

（二）多用短句，简短有力

就文体来说，演讲属于论说文体，虽然也讲事实，也有描述、抒情，但那些只是手段，议论才是总体特点和要求。它总要阐明自己的主张、见解与态度，或者申诉，或者解说，或者动员，或者鼓励，总之，都是在说理。

演讲是用口语面对面地说理，不能像书面语那样写几万字乃至几十万字；也不能像书面语那样采用论证严密、附加成分多的长单句或分句多的长复句。如果句子太长，严密倒是严密，但是听众的听力跟不上，不容易连起来理解，不易掌握句子的整个意思。正因为此，带来了口语的另一个特点：简短有力。

下面是节选自2018年清华大学博士生梁植在《我是演说家》舞台上演讲的《我的偶像：中国原子弹之父邓稼先》。

我们一起先来想三个问题：如果说你一不小心，用不到三年的时间，从美国的名校拿回一个博士学位。你的导师跟你说："你很有才啊，我觉得你要只要跟着我混，我带着你（做科研），给你最好的待遇，你留在美国，我能让你成为世界一流的科学家。"这个时候你们会怎么选择？

可能，做科研对你来讲太遥远，因为咱们都不是"学霸"。那么如果你的男朋友或女朋友，他（她）有一天回家告诉你，"亲爱的，我要调动工作了，但是去哪儿，做什么和去多久，我都不能说。"这个时候你要怎么办？

好，如果说有一项事业，因为你的努力，让中国在这个领域拔地而起，提高中国的话语权。你觉得你应该获得这个国家怎么样的奖励？

我的偶像用他一生这样地回答了这三个问题。

26岁，他用不到三年的时间拿到美国的博士学位。在拿到博士学位的第9天，回到了1950年的中国。

34岁，他回家告诉妻子说："我要调动工作了，我明天走。"

妻子问他："你要去哪儿？你要去做什么？你要做多久？"

他的回答是一样的："不能说，不能说，不能说！"

从此他从他的妻子、两个孩子和所有熟悉他的人中消失了。

整整28年，回来的时候，他是直肠癌晚期的病人。

61岁，作为中国第一颗原子弹和第一颗氢弹的理论设计的总负责人，他一共获得了国家奖金特别奖20元，其中原子弹10元，氢弹10元。是，我的偶像叫邓稼先。

这篇演讲稿巧用设问，扣人心弦，带领听众感受邓稼先的人生。句子简短有力，没有冗长的附加成分和修饰成分，口语色彩浓郁，节奏感强，有利于听众理解。

（三）以理服人，以情动人

演讲要能说服人、启迪人，还要能感染人、打动人。要使听众听了你的演讲激动、兴奋和产生共鸣。听众不仅心服，而且心动；不仅认识有所提高，而且还愿意拿出行动来，这就不是客观、冷静、慢条斯理的分析论证所能做到的了。不但要以理服人，更要以情动人，方能做到情真意切。情真，是演讲的内容和表达都有真挚的感情；意切，是表达的旨意切合内容、切合时代、切合听众的接受要求。

如马丁·路德·金（Martin Luther King）的《我有一个梦想》中的一段演讲词。

回到密西西比去吧！回到阿拉巴马去吧！回到南卡罗来纳去吧！回到乔治亚去吧！回到路易丝安纳去吧！既然知道这种境况能够而且必定改变，那么就回到我们北方城市中的陋巷和贫民窟去吧！我们决不可以在绝望的深渊中纵乐。

今天，我对大家说，我的朋友们，纵使我们面临着今天和明天的种种艰难困苦，我仍然有个梦想，这是一个深深植根于美国之梦的梦想。

我梦想着，有那么一天，我们这个民族将会奋起反抗，并且一直坚持实现它的信条的真谛——"我们认为所有的人生来平等是不言自明的真理"。

我梦想着，有那么一天，甚至现在仍为不平等的灼热和压迫的高温所炙烤着的密西西比，也能变为自由与和平的绿洲。

我梦想着，有那么一天，我的四个孩子，能够生活在不以他们的肤色，而是以他们的品性来判断他们的价值的国度里。

我梦想着，有那么一天，就在邪恶的种族主义者，仍然对黑人活动横加干涉的阿拉巴马州，就在其统治者拒不取消种族歧视政策的阿拉巴马州，黑人儿童将能够与白人儿童如兄弟姐妹一般携起手来。

我梦想着，有那么一天，沟壑填满，山岭削平，崎岖地带铲为平川，坎坷地段夷为平地，圣光大放光彩，芸芸众生共睹光华！

这就是我们的希望！这是我们返回南方时所怀的信念！

这是近百年来，世界上著名的演讲家之一——美国黑人领袖马丁·路德·金1963 年8 月23 日在林肯纪念堂的演讲。他讲到高潮的时候，一连用了几次"我梦想着"，深情、正面、具体地表示了对自由的渴望，语言气势磅礴，一泻千里。他作为民权运动的领袖，这些话完全发自肺腑，说出了千百万黑人的心声，使得在场的观众有的喝彩、有的呐喊、有的痛哭。

三、演讲准备

（一）知己知彼

1. 做好心理准备

演讲前，首先要了解自己，在自己的水平、能力范围内进行选题和选材，做到心中有数。演讲不能忽视心理准备，自信心是演讲者的重要心理支柱。要树立自信心，首先要克服怯场和紧张的心理。克服怯场心理的主要方法就是多说多练，熟练了，自信心就强了，怯场和紧张感自然就消失了。

调整好心态，不要对自己期望太高，看重过程，重在参与。明白做一个十全十美的演讲是不现实的，丢下思想包袱，失败也无所谓，只有经过一次又一次的历练，才能不断提高自己的演讲能力和水平。

2. 熟悉听众构成

演讲是一对多的单向沟通形式，演讲成功与否不仅取决于演讲者的演讲内容和演讲形式，还取决于听众的反馈，所以演讲要讲求针对性，这就要求演讲者充分把握听众的情况。如了解听众的人数、年龄、性别、身份、文化程度、职业等信息，以听众的需求和期待为出发点，选择适合听众的演讲内容和演讲方式，不能曲高和寡、我行我素。撰写演讲稿之前，充分把握听众的情况，才能准确定位演讲者与听众的关系。不同的身份、关系和场合，演讲稿的措辞、语气和风格是不同的。

（二）准备讲稿

演讲稿是演讲者事先准备的，用来在大会上或其他公共场合发表个人的观点、见解或主张的文字底稿。下面简要介绍演讲稿的构思和写作技巧。

1. 审题并确立主旨

在演讲活动中，有活动的大主题，也有演讲内容自身的小主题，如主题演讲比赛、各类先进评选展示，要求演讲者按照规定的主题或评选内容进行演讲。审题是为了把握活动主题本身，也是一个选择角度和确立主旨的过程。一个思想平庸、缺乏主见的人，不可能有出色的演讲，只有那些思想精辟、见解独到的演讲者，才能对观众产生巨大的影响力、说服力和感召力。所以，确立主旨要在规定的主题范围内，并在结合自身实际的前提下，追求角度新颖，既要凸显自身优势，又要满足观众需要。

2. 构思并遴选素材

确立主旨后，就要对演讲稿进行构思。即对演讲稿的整体框架进行构思，分别设计好开场白、主体和结尾部分，每一部分都有不同的写法。开场白的开场方式有开门见山、设置悬念、介绍情况、创设情境等。主体部分是演讲的核心内容，结构布局有以下几种方式：按时间发展为序，按叙事情节为序，按因果关系为序，按事理逻辑为序，按观点和材料的逻辑关系为序（并列式、总分式、综合式）等。结尾部分可根据开头部分的开场方式采用对应的结尾方法，也可不必首尾呼应，而是采用讲述人生哲理、鼓舞、激励、展望未来等写法，给听众留下思考的空间。

事实胜于雄辩，因此遴选素材尤为重要，材料是观点最有力的支撑。一般根据能否恰当地表现主题和主旨，能否满足听众的预期，是否真实、典型，是否具体、新颖等几个方面来对材料进行筛选和组合。

3. 分层次撰写演讲稿

撰写演讲稿要处理好内容的层次、节奏和衔接等问题。层次感体现在内容的环环相扣上，每一部分内容相对独立，要让听众听出层次感。在节奏安排方面，要注意整个演讲过程的跌宕起伏、张弛有度。一般来说，一部分内容体现一个小的主题思想，每部分作为一个节奏单位。例如，一场10分钟的演讲，开场白可用时1分钟左右，主体部分可设置三四个层次，每个层次两三分钟，最后辅以半分钟以内的结尾语。在语言表达方面，撰写演讲稿要注意语言的口语化，做到上口入耳。写演讲稿时，句子应以短句为主，不宜太长，句子的修饰成分不宜过多；用词要避免因发音相同或相近而产生歧义。

4. 朗读式修改演讲稿

写好演讲稿初稿后，要反复修改。修改演讲稿最直接、最方便的方法就是朗读，边朗读边修改。朗读时，容易发现条理不清晰、不通顺或拗口的地方，这些地方就是需要认真修改的地方。修改时，还需结合演讲时间要求对演讲稿的字数进行控制。字数控制以演讲语速为准。一般来说，每分钟200字左右的语速，有利于说话者进行表达，也有利于听众理解。语速控制要顾及听众的感受，说得太快，听众跟不上说话者的思路；说得太慢，听众会觉得无聊、乏味。如果是学术演讲，可适当放慢语速，给听众留点思考、理解的时间。

（三）排练试讲

"台上一分钟，台下十年功。"要想有最佳的演讲效果，台下的勤学苦练必不可少。演讲时，演讲者普遍会有所恐惧，通过排练可以减轻因怯场产生的心理压力。

当你做到知己知彼，选好题目，写好演讲稿后，最后一个重要环节就是把演讲稿用最有效的演讲方式和表达技巧传递给听众。无论你使用哪种形式演讲，反复地记忆、演练能使演讲达到熟能生巧的程度，才能保证良好的效果。

一般情况下，演讲排练可分为以下几步。

第一步是自己大声练习，反复给自己演讲，目的是熟悉内容。尽量做到脱稿演讲，将演讲稿烂熟于心，要讲述出来而不是念稿。

第二步是在有条件的情况下，把自己的演讲录下来，最好是录像，这样可以自我检查有哪些方面需要反复练习，在声音或肢体语言方面是否需要改进。

第三步是在你的家人或朋友面前演练，观察他们的反应，然后调整，他们也会从听众的角度给你提出改进的建议。

第四步是有条件的话，到演讲现场试讲，对演讲环境有切身的体验。

要想打动观众、说服观众，首先得打动自己。排练时也需要全情投入，没有热情、没有激情的演讲，听众会觉得索然无味。演讲时，要投入热情，演讲者的情感随着演讲内容的起伏而起伏，才能带动听众的情绪，才能让听众感同身受。

四、演讲之"讲"

演讲的"讲"就是用有声语言来表达，有声语言包括常规语言和副语言。常规语言是指我们平时交谈时运用的分音节语言，副语言则是重音、语调、笑声、咳嗽等语言形式。演讲时需要综合使用常规语言和副语言。

（一）发音准确，吐词清晰

演讲者必须做到发音准确、吐词清晰。准确、清晰是对演讲者最基本的口语表达要求。有一条公认的原则，或者说是一致的要求：一个演讲者无论讲什么内容（政治、军事、教育、艺术、学术等），都要使听众听得懂他要表达的意思，做不到这一点，其他的准备、努力、心血都是徒劳。

发音准确是指不念错字；吐词清晰是指把词语准确地念出来，让听众听得清清楚楚。不能过快或过慢，不能结结巴巴、丢三落四，不能破坏语句的内在结构和语义联系，要使听众感到很流畅。有的人演讲起来口齿不清晰，嘴里像含着一个冰糖葫芦，这些都是表达上的毛病，应该在平时或演讲时努力改正。

（二）语速得当，语气适宜

演讲不同于一般交谈，也不是朗读、朗诵，它既有讲，又有演。当然，讲是主要的，是第一位的。要使准备好的内容得到生动有力的表达，具有艺术魅力，吸引听众，就需要语速得当，恰当地运用语调、语气，增强口语的美感。

语速，即说话的速度。要处理好语速，需要注意两点。

一是以听众的理解来控制语速。就整体而言，语速不可过快，也不可过慢。过快，像打机关枪似的，只管自己噼里啪啦地说出一连串的词语，不管听众是否能听清、能听懂，这样是达不到好效果的。听众捕捉词语都来不及，哪里还有思考的余地，听一阵子，他们就反感了，倦怠了。过慢，词和词之间、句和句之间，拉得格外长，听众容易等得不耐烦，听一会儿他们就会无精打采，或者干脆不听了。所以，就整体来说，语速要适中，以听得清为原则。

二是以内容为转移来把控语速。要根据思想情感表达的需要，做出恰当的语速处理。当快则快，当慢则慢，适当变化，讲究节奏适宜。这样做本身就是语言艺术性的体现。

重读和停顿在演讲中也至关重要。如何停顿、何时停顿，对大多数演讲新手来说，都是一大挑战。等到在演讲时更加镇定、自信、游刃有余后，你会发现停顿非常有用。你可以用它来提示某个意群的结束，给听众一点时间消化你的观点，或给你的表述带来戏剧性的效果。重读和停顿在第二章已有讲述，此不赘述。

（三）语言朴实，句式灵活

语言朴实、句式灵活是演讲对词句的要求。演讲语言是一种独白式的、有一定话题的交际口语，语言应该力求自然、朴实、通俗。在某企业年终召开的表彰大会上，一位领导登台讲话时说："在大家热烈的掌声和欢快的乐曲声中，我愉快地走上讲台，心潮翻腾，情难自禁……"几句话就引起了一阵讪笑，原因就是词句不够自然和朴素。

演讲的句式要灵活多变。总体来看，演讲的句式以短句为主，句式比较整齐，句型多样，句式运用比较灵活。例如，电影艺术家、喜剧大师查理·卓别林（Charlie Chaplin）在《为自由而战斗》的演讲词中，有这样一段话。

哈娜，你听见我在说什么吗？不管你在哪里，你抬起头来看呐！抬起头来看呐，哈娜，乌云正在消散，阳光照射进来！我们正在离开黑暗，进入光明！我们正在进入一个新的世界——一个可爱的世界。那里的人将克服他们的贪婪、他们的仇恨、他们的残忍。抬起头来看呐，哈娜，人的灵魂已长了翅膀，他们终于要振翅飞翔了。他们飞到了霓虹里——飞到了希望的光影里。抬起头来看呀，哈娜！抬起头来看呀！

这段演讲词以短句为主，长短句交错；句类上以陈述句为主，疑问句、感叹句和祈使句俱备；句型也多种多样，有主谓句、非主谓句。主谓句中，有一般主谓句，有带宾主谓句，有省略句；非主谓句中，有无主句，有独词句等。通过这些变化多样的语言，演讲者把寻觅和平与自由的意志和愿望倾诉出来，而且倾诉得那么动人，那么有魅力。

五、演讲之"演"

演讲的"演"含有表演的意思，就是在演讲中通过非语言手段的运用来表演。本书第二章已经较为详细地讲解了非语言手段的运用。在此，再针对"演讲"进行适当补充。

（一）合理使用肢体动作

手势、动作、身体的姿势，都属于肢体动作。手势多少会因个人习惯的不同而不同，西方文化偏向于多用手势。演讲中，手势主要起加强作用，所以使用的时候要与演讲中有意强调的内容结合起来，不要乱用，一定要自然。手势要多样化，不能总是用一种手势，以免显得单调、乏味。手势不能多用，太多的手势会干扰听众获取信息。

使用开放式动作。面带微笑、舒展双臂、手心朝上等动作，都属于开放式体态语。开放式体态语会让你看上去更加精力充沛，更具信任感。当你使用手势时，让手掌自然打开，把手掌保持在身体的两侧，要做手势时，略微抬起，手心向上（也可朝向侧面），从胸前向外舒展开去，随着讲话的节奏感来使用手势。注意，不要把你的手插在口袋里，不要把你的手臂交叉在胸前，也不要紧握你的拳头。如果你无意识地用手去触摸自己的脸、耳朵、眼睛，或抓耳挠腮，这会显示出你的不安和焦虑。

合理使用空间语。在演讲时，有时你要决定是站在话筒后面讲，还是手持话筒；是走到听众中间讲，还是就在台上来回走动，这主要是看听众的文化习惯，了解他们是属于身体接触多、接触少还是不接触的文化群体。也要看场地的大小和听众的人数，在学术会议上来回走动是很不合适的。听众人数很多，场地很大时，也不适合走动，但听众少和场地小时，走动会缩小与听众的心理距离，加强互动，效果会很好。

自信来自身势语。身势语可分为坐姿语和立姿语。不同的身势语给听众不同的感受：挺胸抬头的姿势给人以自信、乐观、精力充沛的印象；耷拉着肩膀，低垂着头，给人以无精打采、萎靡不振的印象。

体态语在演讲中的作用是非常突出的，辅助作用也很大，但是事情都会过犹不及。体态语过多，手舞足蹈，眉飞色舞，或在台上走来走去，或者身躯前仰后合，不管配合是否恰当，都是不可取的。一是会使听众感到疲劳，影响其倾听和思考；二是会给听众造成演讲者不庄严、不稳重、不老练、毛手毛脚的印象，觉得演讲者风度不佳、气场不足；三是体态语一多，就会重复，反而会妨碍运用有声语言准确表达意思。

（二）与观众的眼触多多益善

眼触是演讲中最重要的非语言传播部分。你在演讲中是否看着观众，表示你是否对他们感兴趣。是否能抓住观众的注意力，是否能观察到他们的反应，要通过眼触来获得。观众也会根据你的眼触行为判断你是否可信，是否有能力和水平。有研究表明，如果你在演讲中只有50%的时间面对观众，观众会认为你不友好，没有经验，知识浅薄，甚至不够诚实。演讲中，尽可能所有的时间都面对观众，眼触多多益善。在演讲开始时，还有开讲之前，就要与观众通过眼触建立联系，表示对观众的兴趣和尊重。在整个开场白的过程中，不要看你的稿子，保持你与观众的眼触，打好开场。面对观众，要看着观众的眼睛，从一个人转向另一个人而不是从他们的头上望去，让在座的每一个观众都得到你的眼触，都感觉到你在与他们对话。

除了眼触的多少外，还要讲究目光语的运用。

（三）面部表情与内容相匹配

平时生活中，大家可能有这种切身感受：有的人一上台，大家就感到很亲切，很期待听听他要讲什么；而有的人一上台，大家就感到压抑，巴不得他赶快下去。这就是亲和力的表现，亲和力往往通过一个人的面部表情展示出来。所以，在公众前演讲，最忌讳的就是面无表情。

面部表情是实现表情达意、感染他人的一种信息传递手段。面部表情能以最灵敏的形式，把具有各种复杂变化的内心世界，如喜悦、快乐、坚定、愤怒、悲伤、惊讶、痛苦、恐惧、失望、焦虑、疑惑、不满等思想感情充分表现出来。

在演讲中，面部表情要与演讲的内容相符，喜怒哀乐应随着内容的变化而变化。讲述一个严肃的话题，面部表情要严肃；表达幽默或正面信息时，要面带微笑。你的面部表情能显示出你是否对你的观众感兴趣，是否尊重他们，是否对你自己演讲的题目重视和投入，是否友好和精力充沛。

一起来练习几个面部表情。

喜悦：面部肌肉放松，嘴角向上，眼神明亮。

快乐：面部肌肉放松，嘴唇打开，双眼眯缝。

坚定：面部肌肉收缩，嘴唇微闭，目光炯炯。

愤怒：面部肌肉收缩，嘴角向下，怒目圆睁。

悲伤：面部肌肉放松，嘴唇微开，眉目低垂。

惊讶：面部肌肉收缩，嘴唇打开，眉目骤张。

（四）发挥声音的表现力

有声语言比书面语言表达的内容更为丰富，因为它表达的不仅仅是思想，还表达思想所产生的情绪与感情，所以演讲时，要充分发挥声音的表现力。

声音部分包括音量、音调、语速、发音的连贯性和清晰度。

音量是你声音的大小或强弱。你可以调整你的音量用来强调演讲中的某一部分内容，有时声音故意减弱也是为了吸引听众的注意力。如果你使用话筒，要注意调整好音量，音量过大会使听众感到不舒服。

音调是指声音的高低。一般来说，声音的高低是身体的自然条件决定的，女性的音调一般比男性的高。演讲者要根据演讲内容适当调节自己的音调，尤其是在表达情感时，高音调能吸引听众。如果你的音调没有高低起伏，演讲就会显得平淡，甚至枯燥。但在设计音调的变化时，也不要过分牵强，那样就会显得很不自然。

语速是指讲话的快慢。一般来说，演讲者在一分钟内说200字左右。讲话的快慢也给演讲带来不同的效果：太快了，听众可能听不清楚；太慢了，他们会不耐烦，还会以为演讲者思维迟钝。但有时演讲者可能故意加快或减慢语速，以此来强调演讲的内容。要在适当的时候使用停顿，如你问听众一个不需要他们回答，但需要他们思考一下的问题，你就得使用停顿给他们时间思考。

最后是发音的连贯性和清晰度。除了做到字正腔圆、发音清晰外，还要克服"口头禅"。有人说话时一个"然后"连着一个"然后"，一个"这个"连着一个"这个"，这都是不良的口语习惯。有的演讲者发音含糊不清，字与字之间拖泥带水，有人讲话有地方口音，有人讲话慢吞吞或拉长声音，这些都会影响演讲者在听众中的形象和可信度。

（五）根据场合讲究着装

演讲者的服饰、发型、妆容等也是重要的体态语言。"人靠衣装马靠鞍"不是没有道理的，特别是关键场合的得体着装，很有可能就是你成功的第一步。

【扫码看资料】
（着装）

在不同的演讲场合，着装的要求也不一样。一般来说，在正式场合中，着装要正式，以表示对观众和场合的尊重和重视，也表示自己的可信度。在其他场合中，着装也要以美观大方、贴近生活为原则。服饰应该同身份相称，即与演讲者的年龄、性别以及演讲的场合相符。

六、演讲的应变技巧

在演讲中，除了要做好充分的准备、掌握语言和非语言技巧以外，还需要掌握一些舞台上的应变技巧。

（一）坦然面对忘词

演讲时，因紧张一时忘词了该怎么办？忘了就忘了，听众不知道你忘了什么词，自己灵活调整即可。为了增强应变能力，最好要对全文框架进行整体把握，对每段的开头要十分熟悉，这样，如果在演讲中间某处忘词了，就直接跳到下一段，千万不要紧张。

有些演讲是半脱稿形式，虽不会发生忘词现象，但要保持与观众的眼触足够多，避免照本宣读。

（二）照顾听众情绪

当众演讲时，听众的反应是否积极是衡量演讲是否成功的标准之一。在演讲过程中，要注重与听众进行眼神交流，以获取听众的反馈，照顾听众的情绪。当谈论到某一话题，发现听众不感兴趣，难以引起共鸣时，那就少说为妙，适时放弃既定内容，延伸到另一个话题，重新组织语言，吸引听众，调动听众的积极性，才能取得演讲的成功。如果可能，在设计演讲稿时，可设计一套备用方案，或者多备一些材料，以备应急之用。

（三）灵活把握时间

命题演讲一般有时间限制，特别是演讲比赛对时间要求很严格。在演讲中，演讲者会根据听众的情绪、反应等来调整演讲的重点，有时可能超常发挥，导致准备的内容无法在规定时间内讲完，这就需要进行快速缩讲。如何缩讲呢？一是提前缩讲，将未讲完的内容进行略讲，点到为止。二是临近结束时，用一两句话概括未完的内容。快速缩讲的应变公式=结合场景+用一句话概括未完内容+谢谢大家。例如，一位学生在演讲《大学生脚下的路》时，本来还有一大段未讲完，这时限时铃声响了，他便从容说道："铃声再一次警示我们大学生，时不我待，抓住机遇，迎接挑战，大学生的路就在脚下。谢谢大家！"

（四）机智应对提问

在一般性发言、作报告或演讲比赛中，可能有听众或评委提问环节，应答需要临场应变能力。

如果有些问题一时难以回答，不妨谦虚作答，可说："您提的这个问题是一个很好的问题，我对这个问题的研究不多，不敢妄言，我回去再好好研究研究。"

如果有评委不同意你的观点，对你发难，最好不要在台上直接与台下的评委论辩，在舞台压力下，自圆其说有一定难度。你可以说："谢谢您的意见，我的看法也许不太成熟，您是这方面的专家，会后再向您讨教。"

（五）从容处理意外

即使准备了充分的演讲稿，排练也很熟练了，演讲的时候还是会出现很多意想不到的情况，我们要有心理准备，以便从容应对。例如，演讲的时候，扩音器突然没声了，话筒没电了，PPT屏幕突然黑屏了等，这些客观因素导致演讲意外中断时，在工作人员处理的过程中，不能把自己"晾"在台上，这时就需要演讲者具备较强的应变能力。处理这些意外时，一是保持良好的心态，二是及时向听众致歉，三是感谢工作人员的及时处理和听众的耐心等待。

沟通与写作：语言表达与沟通技能

（1）请以"我的大学生涯规划"为主题，撰写演讲稿，并在课余时间进行演练，课堂训练时，做一次4分钟的命题演讲。

（2）在网上搜集国内大学校长在毕业典礼上的一些讲话稿，总结这类演讲稿的写法，并挑选一两篇进行演练。

【扫码看案例】
（毕业典礼讲话）

（3）观摩中央广播电视总台举办的《主持人大赛》的视频片段。

第二节　即兴发言

● 任务目标

（1）了解几个万能发言模式，并能够灵活运用。

（2）掌握即兴发言的表达技巧。

（3）掌握即兴发言思维训练的一般方法。

● 课堂训练

请同学上台进行即兴发言训练，每题限时3分钟。

（1）假如你被选举为学院学生会主席，请你针对全院同学或学生会的同学作就职演讲。

（2）高中同学聚会，作为主要组织者，请你在聚餐晚会开始前作一个发言。

（3）请以"大学生如何面对就业压力"为题，进行即兴演讲。

（4）请谈谈学习这门课程的收获和体会，并为教师改进上课内容和方式提供建议。

（5）你认为自己在大学里取得了哪些收获？

（6）你认为自己在学校里属于好学生吗？为什么？

（7）对于任课老师拖堂这一现象，你是怎么看待的？

🚩 知识串讲

一、即兴发言障碍的表现

除了命题演讲之外，在公众面前讲话均可视为即兴发言，也叫即席讲话。即兴发言，是一种在特定情景下事先没有做好充分的材料和心理准备的临场说话。即兴发言对一个人的思维能力和口语表达能力要求很高，不仅要反应敏捷、迅速构思，还要克服紧张心理。

即兴发言障碍有多种表现。例如，有些人登台发言总是心跳加速、语无伦次、大脑空白，或者在下面想得很好，结果一上台就头脑短路、手抖脚抖声音也颤抖。有些人随机接受采访时，无话可说，嗯啊嗯啊讲不出几句话。有些人平时说话还可以，但一上台讲话就"哑火"。有些人倒不是紧张，而是上台讲话乱七八糟讲了一通，就是讲不到点子上。有的人东扯一句西扯一句，讲了上一句，不知道怎么接下一句，毫无逻辑可言。

这些即兴发言障碍，有的是因为"不敢"当众即兴发言，即兴发言最大的障碍不是听众，自己缺乏自信心才是即兴发言的最大障碍。有的是因为"不会"即兴发言，缺乏即兴发言的一般性技巧。

在许多公众场合，不管是在学校还是在工作单位，无论是领导干部还是普通大众，都经常会碰到需要即兴发言的情况。即兴发言展现的不仅是个人魅力，如何做到临场不乱，从容不迫，沉着应对，充满自信地尽情发挥，侃侃而谈呢？掌握即兴发言的一些基本技巧是很有必要的。下面推荐一些即兴发言的表达技巧，学习后，还得善于抓住锻炼的机会，不论是在学校还是工作单位，当众讲话的锻炼机会还是很多的，你得抓住这些机会，不要给自己找逃避的借口。

二、活用万能发言模式

（一）感谢+回顾+愿景

"感谢+回顾+愿景"这种发言模式，比较适合会议上的即兴发言，如总结会、座谈会、意见征求会、同学聚会、各种工作例会等。怎么活用这个发言模式呢？

第一，感谢。一发言就表示感谢。大家回忆一下，不少明星上台领奖，发表获奖感言时，是不是先感谢一通？更有甚者，梁朝伟有一年拿了金像奖男主角，他上台就说了两个字"谢谢"，然后就下台去了。我们发言时，都要感谢谁呢？建议从两个方面考虑：一是根据时间线索，感谢曾经给予帮助的有关人员；二是根据现场情况，有条理地感谢在场和不在场的有关人士。

例如，你获得了全校征文比赛一等奖，颁奖典礼上，主持人把你留在台上，请你讲讲获奖感言。你就可以先表示感谢。

老师们、同学们：大家好！能获得今年比赛的一等奖，我首先想表达我的感谢。感谢主持人给我这个发言的机会，感谢征文比赛主办方的精心组织，感谢评委们为评审参赛作品付出的辛劳，还要感谢在场的所有人，我们一起参与、一起交流，共同见证了××征文比赛的成长！

如果是在其他场合，你就根据实际情况，用很礼貌、很诚恳的态度来表示感谢。如感谢活动主持人给你这次发言的机会、感谢×××的诚挚邀请和盛情款待、感谢各位亲朋好友的光临、感谢各位嘉宾在百忙之中能够前来参加活动、感谢领导的指导和同事的帮助等。如果要分出层次来，你还可以用"非常感谢""十分感谢""特别感谢"来加以区分。

第二，回顾。回顾什么呢？感谢之后，就要想"我是谁""我向谁讲""讲什么"。其实，这就是三个定位，即定位自己的角色、定位讲话的对象，以及定位讲话的内容。这样，你回顾的内容就很有针对性，听众也能产生共鸣。

回顾就是讲过去你和大家共同经历的一些事。使用"曾经……""还记得……""想当初……"之类的过渡句来回顾往事，如回顾参加活动的历程、回顾上大学以来的一些成绩、回顾刚加盟公司时的情景、回顾公司过去一年的发展、回顾大家相识的经过等。通过回顾自己和大多数听众亲身经历的故事，紧扣现场主题，定能打动不少听众。而且，你讲述与自己有关的经历时，一般不会出现"忘词"的情况。例如，你作为单位新员工获得最佳新人奖发言时，就可以这样讲。

还记得半年前，刚加入咱们这个团队时，我对……还不太了解，工作上处处碰壁，畏首畏尾的，是×××（领导）及时给予我指导，多次……让我比较快地适应了岗位工作的需要；还有×××、×××（同事）等经常鼓励我，帮助我修改……方案，才使得我没有掉队。今天，虽然取得了一点成绩，获得了这个奖，我觉得这都是你们的功劳……

第三，愿景。回顾完过去，自然过渡到憧憬未来，也就是表达你的畅想、打算、决心、祝愿等，如下。

我相信，在大家的共同努力下，我们一定能……

我向大家保证，在以后的工作中，我一定要……

最后，我祝愿这个品牌活动越办越好，越来越多的人从中受益……

展望未来、表达祝愿后，自然就结尾了。总体来看，"感谢+回顾+愿景"这个模式很有逻辑性，也有利于结尾，干净利落！

这个模式的应用范围很广，比如说，在大学同学毕业十年聚会的晚宴上，你作为组织者，在宴会开始时，总得讲两句。下面尝试运用这个模式来讲几句。

各位恩师、各位同学：大家好！毕业十年再聚首，首先我代表全班同学，非常感谢各位老师今天抽出宝贵时间出席我们班的同学聚会，感谢你们精心的栽培和悉心的教导；同时，也要感谢同学们的积极响应和鼎力支持！比如，××同学负责联络工作，××同学负责预订场地，××同学负责采购……记得×年的那个金秋，我们全班×人有缘成为同窗，那时候，大家都很稚嫩，课堂上聆听恩师们的教诲，课下同学们的打打闹闹……毕业时，我们约定十年再聚首，转眼间十年过去了……最后，祝愿我们同学情谊、师生情谊地久天长，祝愿老师们身体健康，让我们一起举起酒杯，干杯！

（二）过去+现在+未来

对于不善言辞、不知道如何组织语言进行即兴发言的人来说，使用"过去+现在+未来"讲话模式，就能有话可说，并且还能说得很有逻辑性，这一模式被很多人奉为万能讲话模式。在很多场合发言，都可以用这个模式去提升讲话能力。下面举例说明。

某个刚入职一两年的员工，在优秀员工表彰大会上发表获奖感言，他是这样即兴发言的。

各位领导、同事们：大家好！（开场问候）

记得一年前我刚进入公司的时候，我还是一个什么都不懂的新人，不懂得用传真机，不懂得用Excel做表格，不懂得用Photoshop。但是我很幸运，遇到了一个愿意教下属的上司，他教会了我用传真机，教会了我用Excel，教会了我用Photoshop。还有很多同事都帮助了我很多。是你们让我快速成长起来。（说过去）

今天，能获得优秀员工的荣誉，我觉得这是我的领导的功劳，没有他就没有今天的我，同时，也离不开在座各位同事的包容与支持！所以在这里，容我对你们说声"谢谢"。（说现在）

希望在以后的日子里，我能够继续跟大家并肩作战，共同成长！最后祝愿大家

在工作和生活中能够心想事成、梦想成真！（说未来）

前面讲了在大学同学毕业十年聚会晚宴上的讲话可以使用"感谢+回顾+愿景"模式，其实同样也可以使用"过去+现在+未来"模式。例如，高中同学聚会，你作为组织者，需要在聚餐晚会上作一个即兴发言。

各位老同学：大家好！（说一些随意一点儿的客套话）

我们的同学聚餐马上开始，我先讲两句哈。上高中时，我是一个调皮捣蛋的"学渣"，比如我拔过××同学自行车的气门芯，××同学也因为我的"晚起晚归"睡不好觉（笑着说出来）。现在回想起来，觉得很对不起大家啊！但是大家对我很包容，现在想来，惭愧惭愧，等会儿多敬大家几杯赔罪哈！（说过去）

时间过得真快，一晃十年过去了，今天我们重新聚在一起，大家都有了很大的变化，有的当老板了，有的当领导了，有的当爸了，有的已经是两个孩子的妈了。总之，大家现在都很好，小日子过得都很幸福。（说现在）

我希望，以后大家还能经常联系，把我们的友情延续下去。大家举起酒杯，干一个！（说未来）

上面这两个例子看起来比较简单，大大方方发言，应该都能处理好。如果遇到不熟悉的领域，需要即兴发言时，也可以活用这个模式。

例如，在大学期间，你们专业邀请了一位专家来进行一场小型学术报告会。报告会结束后，预留了半个小时进行提问、交流等，主持人组织大家积极提问、互动，但是大家听完报告会后，暂时没有问题可以咨询，这下有点冷场，把专家晾在台上。主持人就开始寻找即兴发言的同学，用目光示意你，"要不你来讲两句。"你也没法回绝，你就可以大大方方站起来，作如下发言。

×教授：您好！刚才听了您的讲座，我受益匪浅！（客套两句）

原来，我对您讲的这个问题，一点研究都没有，对习以为常的××现象没有一点点思考。（说过去）

听了您的分析、讲解后，茅塞顿开，深受启发，觉得这个研究方向很有趣，很有研究价值！（说现在）

冒昧请教一下，如果我们要参与这方面的研究，需要学习哪些基本的理论和研究方法呢？谢谢！（说未来）

你这样一说，虽然没有直接对报告内容提出什么疑问，但是解决了冷场的问题，报告主讲人也可以借机回答你的问题。如果主讲人作完报告后，没有人参与互

04

第四章　个人展示与沟通方式

动，场面就不太好啦！

（三）"三点式"讲话模式

有一个很有意思的现象：不管是有底稿的讲话，还是即兴讲话，不少领导讲话总喜欢讲"三点意见"、说"三点希望"、提"三点要求"、提"三点建议"等。另外，这几年非常流行的一句话，就是"重要的事情说三遍"，为什么不是说两遍、四遍、五遍呢？

且不说数字"三"的文化含义，由"三"组成的汉语词语比比皆是，如三伏、三更、三军、三纲等。其实，"三点式"讲话模式背后隐藏着一个人的逻辑思考能力。要讲好三点，可不是那么简单的，如针对某个问题，你来试试讲三点意见或提三个建议。你可能刚好讲了三点就表达完了，也可能是讲完两点后就没话可说了，或者你讲了三点以后，发现还没有讲清楚，"三点"不够讲。用"三点"刚好讲完的，可能是少数。所以我们说，说讲三点就刚好用三点恰到好处地讲完的人一般具有对信息进行快速分类、归纳、整理的能力。

为什么讲"三点"就比讲"两点""四点""五点"的效果要好呢？

讲"三点"，有利于达到记忆效果。我们的大脑在进行短时记忆或者工作记忆时，是有一定限度的，这个区间有7±2一说，也有5±2一说。对于普通人来说，9个信息组块基本就是短时记忆的极限了。当我们把信息组块为3个时，可以极大地降低记忆难度，例如，我们在收到6位的手机验证码时，大多数人可能会3位3位地进行短时记忆。

讲"三点"，听众更愿意倾听。假如你在做某公司产品的兼职促销员，你把促销产品的说明书、产品介绍认真地熟悉一遍后，发现这款新产品具有很多优势，一共有10多个优点。如果你为客户介绍产品时，你跟客户说，这款产品有15个优点，分别是……你还没说完，客户多半会摆摆手，叫你不用说了。但如果你先了解客户的需求，然后有针对性地讲出三大优势，客户就会愿意去听你的介绍了。

讲"三点"，各点可以相互支撑且有说服力。假如就某个问题，我想说服你，但是我只说了两点理由，你会不会觉得理由有点不充分？如果我说了三个理由，你可能就会觉得比较可信了。太少的话，不充分，不稳妥；太多的话，又有点杂乱，逻辑关系不好处理。"三点"或"三个方面"，不管是并列关系也好，递进关系也罢，都比较好。如果是"两点"，就很难说是"层层深入"。

讲"三点"，有助于把复杂的事情简单化、条理化。能够把复杂的事情简单化、条理化是一种能力！只有具备严密的逻辑，才可用"三点"来清晰表达。常使用"三点式"讲话模式的人，在长期的工作实践和思考中，往往容易形成自己的逻辑表达模式。如果你觉得自己讲话的逻辑还不清晰，就可以尝试运用这一模式来训练，也许能在短期内让你的讲话逻辑变得更清晰。

这一逻辑结构怎么来表达呢？

在语言上，就可以用"一、二、三""第一、第二、第三""首先、其次、最后"等序次语来帮助我们形成强有力的逻辑表达结构，也能帮助听众听出层次来。

例如，有顾客问你，你们公司的产品和其他公司的产品相比，有哪些优势？

你可能会这样回答：我们公司的产品，在价格方面就很有优势，消费者挺喜欢购买的，可以说是物美价廉，在质量上就更不用说了，我们的产品在×年获得了×××认证，用过的人都知道，而且我们的售后服务也做得很完善，您可以放心购买我们的产品。

这样的回答，信息比较全，每一句话都没有错，但就是无法在顾客的脑海中留下比较清晰的印象，也就不易打动他。如果归纳为"三点"，就可以这么回答。

和其他公司的产品相比，我们的产品具有三大优势：第一是价格优势……第二是质量优势……第三是售后服务优势……

两者一对比，高下立判。所以，我们可以培养自己采用"三点式"讲话模式的习惯，将内容的逻辑性大幅提高。

在内容上，要处理好"三点"之间的逻辑结构和逻辑关系。例如，对某课程的教学进行评价，要谈"三点意见"的话，可以从教学内容、教学方式、教学效果三方面进行评价，因为内容和方式为一个事物的两个方面，效果与前两者构成因果关系。再如，在开学典礼上对学生提出"三点希望"，可以从如何做人、做事、做学问三方面寄予希望，这三点构成递进关系。提出"三点要求"或"三点建议"等也是如此，要处理好三者之间的关系。

（四）问题+原因+方案

在与领导谈话、意见征求会、专题讨论会等场合，一般会对工作中存在的问题进行讨论，找出问题的症结所在，以便推动工作的进一步开展。既然是以找出问题为出发点，以解决问题为落脚点的会议，那么在这类会议上，就可以采用"问题+原因+方案"的即兴发言模式。

问题，就是从表象入手，有条理地列举一些学习或工作中存在的问题。在无准备的情况下，一般发现的问题都是零散的、不成系统的。我们在查找问题的时候，可以将发现的问题进行分类，如哪些是主要问题、哪些是次要问题。根据发言时间的长短来决定主要说出哪些问题。对同类的问题，需要进行归类，不宜一口气列举十多个问题，将问题归纳为三四类即可。同时，也为下一步分析原因做好铺垫。

原因，就是针对前面提出的问题，分析并阐述其原因。如何快速地分析原因呢？最便捷的方式就是从客观层面和主观层面入手进行分析，也可以从共性和个性方面找原因，还可以从多数人和少数人角度分析其原因等。

方案，就是在查找问题并分析原因的基础上，有针对性地提出解决方案。开意见征求会、工作推动会等，领导最怕的是与会人员说出一大堆问题，但提不出建设性的意见或处理方案来，把问题甩给领导，不帮领导出谋划策。更有甚者，把意见征求会开成了"吐槽会"。

"问题+原因+方案"这个发言模式怎么来使用呢？我们举例来说明。

某校召开学风建设座谈会，采用这个模式，就可以这样发言。

据我初步了解，当前大学生存在如下学风问题：第一，学习目的不够明确；第二，缺乏严谨的学习态度和良好的学习习惯；第三，学习氛围不佳。

我认为出现这些问题的原因在于：第一，学生的成才观和价值观存在问题是其思想根源，这有社会因素的影响，也有学生自身认识的偏差；第二，学生的自我管理和自律意识不强，缺乏积极的引导；第三，大环境对营造学习氛围十分重要，目前的教育方式方法存在弊端。（从主客观上找原因）

为了解决这些问题，实施"三全育人""五育并举"是十分重要的。如何做到并做好全员育人、全程育人、全方位育人呢？一是需要改进思想政治教育，如×××（具体的改进措施）；二是需要创新育人方式方法，拓展育人渠道，如×××（提出一两个方法）；三是加强组织保障，如×××（组织建设、制度建设等）。

再如，某校为了提升学生毕业论文的质量，专门召开学生毕业论文质量提升讨论会。提升毕业论文质量涉及方方面面的问题，如果将问题罗列出来，能列出几十种问题。这时候，就需要对问题进行合理归类，这类会议的即兴发言，可能"问题"说得多，"原因"分析得少，但仍需要提出改进"方案"。

根据我平时指导和评阅学生毕业论文的情况来看，我认为目前毕业论文存在如下问题。第一是形式方面的问题，如语言规范、格式规范、结构安排等方面……第二是内容方面的问题，如选题……研究方法……理论基础及其运用……第三是毕业

论文指导和管理上的问题。（分类陈述问题）

出现这些问题的原因是多方面的。（可略而不提）我认为，要提高毕业论文质量，可以从以下几方面入手。第一，以人才培养目标为导向，加强……第二，加强学生学术道德规范教育，加强学生科技论文写作教学……第三，指导教师和教学管理人员要……

从整体来看，以上发言运用了"问题+原因+方案"模式；从局部来看，又灵活运用了"三点式"发言模式。也就是说，在即兴发言时，还可以综合运用前面介绍的发言模式。

以上介绍的即兴发言模式，不宜生搬硬套，要根据场合灵活变通。需要说明的是，对于初学者来说，遵循一定的讲话模式还是很有必要的，至少可以训练自己"敢说"，至于如何做到言之有物，如何让内容具体而充实，还需要勤于实践、善于思考。

三、即兴发言也需要准备

工作中，在开会时被领导临时要求讲两句是常有的事情，多数人没有即兴发言的能力，即使从开会伊始就做好"被动发言"的准备，开会过程中被领导叫起来"讲两句"的时候，还是会表现得不知所措、支支吾吾。

即兴发言能力虽然不是多数岗位需要的业务能力，但即兴发言却是办公人员脱颖而出的绝好机会。埋头苦干的工作，领导可能看不见，辛辛苦苦写的材料，领导可能不知道，但在会场上，你站起来发言，领导无论如何也得耐着性子听下去。如果言之无物、结结巴巴只能得到负分，而声音洪亮、发言流畅会赢得加分。

那如何在短时间内现场组织好自己的即兴发言，达到"至少不减分、争取要加分"的效果呢？"功夫在诗外"，即兴发言也是需要准备的。

（一）时刻做好发言心理准备

所谓即兴发言，就是你不知道何时会发言、谁让你发言。会议开到一半，说不定会议主持人突然就把发言的话头交给你，非说让你也谈谈看法。虽然主持人是即兴叫你发言的，但你不应是毫无准备的。

开会当然不能只是带着耳朵去听，所以，你应当在会议开始时就考虑到有发言的可能性，尤其是一些小范围的学习交流会、座谈会、意见征求会、部门员工会等，在这些场合，大家会各抒己见，讨论很热烈，主持会议的领导很可能会注意那些没发言的少数人，并点名要求躲避发言的人员谈谈想法或体会。所以，开会时，

04

第四章　个人展示与沟通方式

你不能把自己摆在纯听众的位置上，会议开始时，就要做好发言的心理准备。

（二）善于临场整合发言素材

发言类会议，不仅要考虑自己该如何发言，还需要倾听别人的发言，将别人的发言融入自己的发言。怎么做好临场发言素材的整合呢？一方面，要认真听取别人的发言，在笔记本上记下别人发言的关键字词或语句，为自己之后的即兴发言积累素材；另一方面，要快速整合大家的意见，把握大趋势和共性问题，在此基础上构思自己的发言，梳理出一二三来，或者听完别人的发言后，获得一定启发，看看在别人发言的基础上是否可以延伸开去、深化下去，或者通过别人发言的启发去谈论相关问题，将问题或看法引向深入。通过这样的临场准备，别人的发言就成了你发言的基础和素材。

当然，即使没有得到即兴发言的机会，这也是一种锻炼，一定要坚持下去，说不一定哪一次就来了机会，就能好好表现一番，让人刮目相看。除了临场整合发言素材以外，还要在平时注重积累，用知识、见识来武装自己，讲起话来才能镇定自若，有话可说，也会体会到"知识就是力量"。

（三）做好承前启后表明态度

即兴发言怎么开头为好？

首先，轮到你发言时，建议你一开口就要表明立场和态度。一开口的态度会奠定你发言的基调。你可以对前面的发言赞扬或附和一番，然后引出你的看法，这种承前启后的发言方式，效果肯定会很好。前面发言的人会感激你，因为他们的发言被后面的人采用并肯定了。

如果你没有认真听取别人的发言，只是琢磨自己该如何发言，效果是不会好的。另外，你的发言是自以为是、咄咄逼人，还是恭敬有礼、谦虚谨慎，也往往取决于发言开头的表态部分。

（四）有逻辑地表达你的想法

听了别人的一番讨论后，你会发现，你想讲的某些想法，已经被别人先说了，轮到你讲时，如果去掉雷同的部分，你提前想好的内容已经显得支离破碎，怎么重新组织语言有逻辑地表达你的想法呢？可以尝试采用"感谢+认同+自谦"模式来表达。

首先是感谢，就是用感谢开场。感谢领导或主持人给你发言的机会，感谢主办方创造这么好的交流平台，感谢刚才与会人员的发言，自己受益良多，等等。这样的开头，不仅没有"难度"，而且还能赢得大家的好感，觉得你很有礼貌。

其次是认同，就是在"承前"时，对前面的发言表示赞同，肯定他们的发言或做法。例如，可以夸奖某个人，"前面几位同志的发言，见解独到，生动形象，我听了很受启发，尤其是×××讲到的……×××建议的……都说得十分到位，深有同感"；或者称赞一下组织，"今天讨论的这个问题，××部门高度重视，第一时间组织大家研讨，大家集思广益，提出了很多具有可行性的想法，我的认识也得到了进一步深化"。总之，你在中间或者靠后的位置发言的话，表达你对前面发言的认同，可以表明你很合群，会为你赢得更广泛的群众基础。当然，不能"人云亦云"，还是要合理地讲出自己的想法。

最后是自谦，就是对自己所讲的想法、建议等自谦一下，塑造一个谦虚谨慎的形象。如果开场不久，你"不幸"被叫到第一个发言，无法"承前"的话，在开头就可以说"下面我抛砖引玉，请大家批评"这类的话。如果你在后面发言，"承前"表达认同之后，在发言结束时，做好"自谦"或"启后"，可以说"以上就是我对这个问题的粗浅看法，不妥之处，还请大家批评指正"，或者"好了，我就简单说这些，供大家参考。我相信，其他同事还有高见，就不占用时间了，谢谢大家"。

（五）要让即兴发言有含金量

如果发言没有实质性的内容，前后一大堆客套话，也会显得发言没有水平，所以，发言的重点还是在内容上，我们要掌握一定的技巧，让自己的即兴发言有含金量。

怎么提高即兴发言的含金量，给别人留下良好的印象呢? 我们不妨学习一下领导讲话的艺术。上至国家领导人，下到单位部门领导，平时琢磨琢磨领导干部讲话的模式和呈现形式，借为己用。例如，我们看看领导讲话稿或者党政机关公文中的数括词语。党中央提出的"四个全面"就是对"全面建成小康社会""全面依法治国""全面从严治党""全面深化改革"四个短语的概括，将"丝绸之路经济带"和"21世纪海上丝绸之路"概括为"一带一路"，类似的还有"两个一百年""四个自信""五位一体""两免一补""三农""四风"等，这些数括词语具有高度的概括性，既便于表达，又便于记忆。

如果我们即兴发言时，善于总结、提炼，也能给听众留下深刻的印象。 从内容上说，如果我们从多个方面发表我们的看法，不进行提炼，讲完之后，别人很难记住相关内容。所以，我们需要从形式方面来增强表达效果，增强语言的表现力。例如，在一个工作经验交流会上，领导让你谈谈"如何才能有创造性地开展当前工作"，这个话题难度很大，我们不能漫无边际地瞎扯，就可以概括为如下内容。

我认为，要想创造性地开展××工作，就要做到"三个处理好"。

一是处理好守正与创新的关系……

二是处理好制度制定与落实的关系……

三是处理好考核与激励的关系……

这样，从三个方面来谈自己的意见，给领导和其他听众的感觉如何？那就是：一是讲话内容的逻辑性强；二是表述清晰，简洁好记，印象肯定很深刻。即使内容讲得不太好，别人只记住你提出来的"三个处理好"，那也算没白讲！

再如，你是某单位新入职员工，经过入职培训，单位召开培训结业座谈会，你也可以用数括词语来发言。

各位领导、同事：大家好！我是……刚入职，就能得到这样系统的培训，在此，感谢……、感谢……刚才，××在发言中谈到……我深有体会。通过培训，我掌握了……为尽快适应岗位的需要，我将在接下来的工作中，努力做到"三个学习"。

一是要向领导学习，多与领导沟通……

二是要向同事学习，多向同事请教……

三是继续向书本学习，不断更新知识……

不管"……"部分的内容是什么，只要你把握住大框架，发言的效果不敢说有多好，总体应该还是过得去的。要想讲出货真价实的东西，还需要我们提高思想认识和增加阅历。

最后，我们对"即兴发言也需要准备"这部分作个小结。不善即兴发言的人要想做好即兴发言，可以这样训练自己：首先，时刻做好发言的心理准备，开会别干别的事情，用笔帮助记忆，整理别人的发言；其次，轮到自己发言时，临阵不乱，简单使用"套话"来做好承前启后，表明自己的态度；最后，把自己想说的和临场整理的内容梳理一下，有逻辑地表达出你的想法，力争在发言中，突出一两个独到的见解或想法。一个完整、流畅的即兴发言就完成了！

四、即兴发言思维训练

即兴发言，不仅需要有良好的口语表达能力，还需要具备良好的思维能力，才能做到言之有物。语言既是思维的工具，又是思维的成果。思维和表达存在着相辅相成、互相作用的关系。口语表达是将头脑中无声的内部语言向外部的有声语言转化的过程。思维的发展丰富了语言的表现力，语言的发展会加强思维的周密程度，促进思维能力的提高。要想提高口语表达能力，还得加强思维训练。

1. 快速思维

严格来说，快速思维不是一种思维方式，而是指思维反应敏捷的一种能力。即兴发言完全不同于书面表达，是一种随想随说的表达方式，因此就特别要求思维具有敏捷性和灵活性。

下面练习三道题，读完题目后，立即作答。

（1）如果你是一名教师，在第一次上课时要点名，在点名的过程中，突然发现有一个学生的名字中有一个不认识的字，你将怎么办？

（2）如果你是一名教师，在点名时，把某个学生的姓名念错了，同学们哄堂大笑，这时候，你怎么办？

（3）上课时，教师就地取材，随意举出教室里的几件实物，如讲台、时钟、桌子、椅子、教材、笔、窗帘等，请同学将这些实物连缀成篇，编织成一个故事。

2. 发散思维

发散思维，又称辐射思维、放射思维，是指由一点向四周辐射的开放性的思考方式。对一个问题，可以从多个角度进行思考，寻求答案。要想掌握发散思维，需要储备广博的知识。广博的知识是思维和口语表达的基础，唯有学习，没有捷径。

请利用发散思维回答以下问题。

请以"奥运会"为话题，作一次3分钟的即兴演讲。

话题是"奥运会"，太宽泛了，没有关于奥运会的常识性了解，很难利用发散思维进行表达，所以只有广泛学习各方面知识，扩大自己的知识面，才能使自己头脑中的库存丰富起来。再来做个练习。

请一个同学上台，尽量多地说出"书"的各种用途。（限时2分钟）

3. 聚敛思维

聚敛思维就是由四周向一点集中的思考方式，即针对众多的问题进行集中思考，与发散思维方向相反，在某种意义上，这也是训练归纳概括能力的一种方式。

在目前的公务员申论考试中，有些题型是专门用来测查考生的"综合分析能力"的，这是最基础的题型、旨在考查考生对给定材料的全部或部分的内容、观点

第四章 个人展示与沟通方式

或问题进行分析和归纳，多角度地思考材料内容，作出合理推断或评价的能力。

常见的归纳分析题有4种类型：（1）归纳概括主要内容；（2）归纳概括主要问题；（3）归纳概括部分内容；（4）归纳概括语段。做一些公务员考试模拟题，可以训练自己的聚敛思维能力。另外，在初高中的语文课程学习中，对课文中心思想的归纳概括，也是一种运用聚敛思维的体现。

4. 逆向思维

逆向思维就是反过来思考问题。当大家都朝着一个固定的思维方向思考问题时，你却朝相反的方向思考，这样的思维方式就叫逆向思维。人们习惯于沿着事物发展的正方向去思考问题并寻求解决办法。其实，对于某些问题，尤其是一些特殊问题，从结论往回推，倒过来思考，反过来想或许会使问题简单化。运用逆向思维经常需要打破常规思维方式、打破思维定势，从反方向进行思考，拥有这种思维往往可以发现新问题、产生新观点。人们常说，发现问题比解决问题更重要。很多时候，有逆向思维的人更容易发现不一样的问题。

逆向是与正向比较而言的，正向是指常规的、常识的、公认的或习惯的想法与做法。逆向思维则恰恰相反，是对传统、惯例、常识的反叛，是对常规的挑战。它能够克服思维定势，破除由经验和习惯造成的僵化的认识模式。

怎么运用逆向思维呢？要敢于"反其道而思之"。例如，司马光砸缸的故事就是运用逆向思维的典型。有人落水，常规的思维模式是"救人离水"，而司马光面对紧急险情，运用了逆向思维，果断地用石头把缸砸破，"让水离人"，救了小伙伴的性命。

运用逆向思维最简单的方式就是变肯定为否定，变否定为肯定，如下面这个游戏，来尝试一下，活跃课堂氛围。

游戏目的：根据"口令"做出相反的动作，训练思维的逆向性及思维的敏捷性。

游戏玩法：老师说"起立"，同学们就要坐着不动；老师说"举左手"，大家就要举右手；老师说"向右转"，大家就要向左转……总而言之，大家的动作要和老师的口令"反着来"才行。谁做错了就算输。

拓展训练

（1）假如在上课时，有个专家来听课。课间，这个专家走到你身边，请你谈谈上这门课的收获或体会，请尝试用"三点式"发言模式进行即兴回答。

（2）假如你所在的学校正在进行教学工作改革，校方召集各方面人员分别召开教学改革工作座谈会，如果请你出席"学生座谈会专场"，请构思一下你的发言。

第三节　成果展示

● 任务目标

（1）掌握评选展示的一般方法。

（2）掌握成果展示的语言表达技巧。

● 课堂训练

小张在大三时参与了一项大学生创新训练项目，研究时间过半，指导教师要求小张去他办公室当面汇报一下项目进展情况。如果你是小张，请讲一讲你将从哪些方面向老师进行汇报。

训练解说

在平时的学习中，如果有指导教师参与指导的论文写作或研究项目，我们就要定期向指导教师汇报工作进展情况，以便及时得到老师的指导。如果是研究项目的汇报，可以从研究方法、研究结果、面临的问题、下一步研究计划等方面进行汇报。

如果你是在读研究生，也需要定期向导师汇报自己的学习情况和研究情况。学习方面，简要地汇报自己查阅了哪些文献、阅读了哪些专著，可以不用把自己学习的具体内容一一汇报，重点汇报自己在学习中遇到的问题，自己有什么想法，有哪些不懂的地方，需要及时请教导师，导师会对你下一步的学习计划进行指导。研究方面，主要汇报研究内容、主要观点或结论，或者是实验进展、实验数据、自己的初步分析等，重点提出研究中遇到的瓶颈，以便得到导师的指点。

⚑ 知识串讲

成果展示，是向特定对象展示我们学习、工作中所取得的成绩和成果的一种常见形式。成果展示有多种目的，如评选各类先进个人和先进集体，汇报学习和工作中的好经验、好做法，汇报科学研究成果等。下面选取大学生活中常见的成果展示进行讲解。

一、评奖评优成果展示

（一）各类先进个人展示

在学期间，很多同学要参评各类先进个人，如三好学生、优秀学生干部、先进党员等，在竞选先进个人时，不少学校要求学生进行公开展示。

【扫码看视频】
（事迹材料的撰写）

下面以评选三好学生为例进行简要讲解。如今，"三好学生"的"三"不是实指，而是表示各方面都很优秀。虽然是对全面发展的学生进行评选、表彰，但竞选展示时，不能面面俱到，要有所侧重。

第一，用故事来体现品德高尚。高校中，竞选三好学生，一般把学习成绩作为首要条件，成绩排名靠前的同学才有资格参评。在竞选展示中，候选人也主要针对学习成绩来展示，其实，这还有不少改进之处。思想品德往往被忽略掉，或者被认为没有什么值得说的，这是不对的。那怎么来展示品德修养呢？不要空洞无物，不宜"自我鉴定"，可以谈理想，讲一个自己奋斗的小故事；也可以谈谈学习思想政治理论的方式方法，如关注时事、明辨是非等；还可以讲自己为人处世的一些做法来体现品德高尚。

第二，讲出好成绩背后的做法。成绩是评选三好学生的重要指标。评选时，重点不是说明具体分值和排名，而是要讲述自己的学习目标、学习兴趣、学习方法等，以此来说明取得好成绩背后的原因。竞选展示不只是为了竞选结果，也是一个相互学习、相互交流的过程。

第三，体美劳可以综合陈述。如果把体、美、劳三部分分别说出来，可能会导致各部分不均衡，也不易讲得深入，这时就可以从全面发展的角度来综合陈述。

例如，在做好学习的同时，积极组织、参与课外活动，投身文体活动，加强体育锻炼，观看艺术展演，参与社会实践等。这三方面，可以根据自身实际，选择其中一个作为重点来讲述。

值得注意的是，在竞选中，不要为了凸显自己的优秀而忽略了成长环境。在展示自己优秀的时候，不忘表示对班集体的肯定、对老师教导的感谢、对同学互帮互助的认可。

（二）先进集体评选展示

在学期间，学生班级、社团、团支部、党支部等都会参评各类先进集体，在评选展示中，可以根据评选条件和评选要求有针对性地准备。

【扫码看案例】
（演讲稿——班风展示）

1. 紧扣评选主题

先进集体的类型和评选条件是展示准备的重要参考，一定要围绕评选主题准备展示材料，做到主题鲜明、特色突出。例如，参评"五四红旗示范团支部"时，就需要把握好示范性团支部的建设要求，可以从思想政治学习、团组织建设、团日活动、志愿活动等方面进行凝炼，分清基础性团组织建设工作和特色工作，要重点突出团建特色，如理论学习有方法、结合专业开展特色团日活动和社会实践活动等，从"人无我有"的角度去挖掘特色和亮点。

2. 塑造集体形象

先进集体的评选，除了要有好的班子建设外，还需要从整体的角度去展示集体的形象。如一个班级的班风好，学风优良、学习风气浓厚，需要从整体的角度来说明，不能出现"拖后腿"的现象。可以从班徽班训班规、分工负责、各尽其能、团队协作等方面展示集体风采。价值追求、文化认同、协作精神、凝聚力等都是塑造集体形象的要素。

3. 选好典型材料

具体材料是突显典型性和先进性的原始材料，收集材料时，要"求全"，但遴选时要有所取舍，不能"求全"，越想面面俱到，越容易没有重点，就不能突出特色。具体做法是，先把收集的材料排列出来，然后进行分类，分类不要太多，三个或四个即可。分类的过程就是遴选、分析、归纳的过程。遴选时要"求精"，善于取舍，舍弃那些说服力、代表性不强的材料；分析时要"求深"，深入分析材料蕴含的本质；归纳概括时要"求准"，准确区分材料的共性和个性。

例如，有的集体在专业学习、课外活动、社会实践、文艺体育等方面都很突出，如果进行全方位展示，有时候会觉得很零散，没有特色。而通过与其他集体的初步对比，选择一个更有代表性的角度来组织材料，就会独树一帜。

二、社会实践成果汇报

理论联系实际是党的优良传统和作风，教育与生产劳动和社会实践相结合是党的教育方针的重要内容，理论教育和实践教育相结合是大学生思想政治教育的根本原则。大学生参加社会实践，可以了解社会、认识国情、增长才干、奉献社会、锻炼毅力、培养品格。长期以来，在团中央、教育部的领导下，各个学校都在组织学生全面深入开展"三下乡"和"四进社区"实践活动。实践结束后，实践成果的汇报展示也是实践育人的重要环节之一。

1. 讲好故事

社会实践成果展示就是把实践过程和实践效果讲述出来，利用讲故事的方式生动地向观众展示实践情况。"故事"具有天生的结构模型、场景感、画面感、生动性。怎么讲好实践故事呢？当然是选择发生在实践过程中的真实故事，故事要聚焦某些"镜头"，对实践中的某些具体环节进行特写，把实践中一个个感人、动人的场面故事化。

讲好故事，需要把时间、地点、人物、起因、经过、结果等具体化，重现场景。重现场景的一个技巧就是表达具体化、描述具体化，这样才能让听众根据你描述的画面进入故事情节。在讲故事的同时，辅以一定的实践照片，进一步增强现场感，将观众成功带入你所要讲的故事里去，就能让观众产生情感认同，从而取得感同身受的效果。

2. 声情并茂

感动自己的故事才可能感动别人。感动自己，就需要达到声情并茂的状态。有专家统计过，当众演讲的成功，50%取决于内容，50%取决于激情，这也说明声情并茂对成功演讲的重要性。激情从何而来？主要在于展示演讲时如何"演"。因此，在展示的时候，不仅要讲好，更要"演"好，这可以通过声音、表情和身体语言来体现，通过控制节奏，也能制造气氛。

例如，在支教实践活动中，为了展现孩子们对知识的渴望，可以采用一些带有"渴望"的特写照片，用话语去描述孩子的眼神、表情，同时自己也加以模仿，达到绘声绘色的效果。在动人、感人的环节，需要放慢语速，降低音量，让听众去体会，一般容易获得很好的效果。

3. 图文并茂

只用苍白的语言去叙说实践中的所见所闻，听众听起来会比较抽象，如能结合一下音视频资料，就能图文并茂。在社会实践过程中，我们要善于捕捉不同主题、不同角度的场景，并通过照片、视频等形式记录下来，这是比语言更有说服力的材料，有时一张好照片能胜过千言万语。

图文并茂的展示，不仅涉及演讲时的有声语言，还涉及配合讲演的PPT演示文档，我们将在后面专门介绍。

4. 巧谈收获

在展示社会实践收获的时候，很多人习惯于讲述自己通过实践后获得的个人体会。其实，这只是一个方面，只是把自己了解社会、认识国情、增长才干、奉献社会的感受讲出来；其实，还可以以服务对象的"收获"来展示另一方面。在"三下乡"（文化、科技、卫生）、"四进社区"（科教、文体、法律、卫生）、大学生支教等社会实践活动中，可以通过服务对象的反馈、感受等来体现实践的价值和意义。例如，支教结束后，学生们写的感谢信、留言等，甚至学生们的听课笔记等，都是很有说服力的材料。

三、科研项目成果汇报

大学期间，有些同学会参加课外科技活动，参与一些科技项目的研究，在项目的中期审查和结项时，都要进行科研项目进度和成果汇报。在大学毕业前，要进行的毕业论文答辩，也属于研究成果汇报的类型。

1. 要找准创新性

创新点是科研项目和毕业论文汇报中都要重点说明的内容。项目的特色及创新之处，是指项目的研究在理论上、实验上、技术上与同类研究相比，有什么不同之处，有哪些创新的地方。在进行研究成果汇报时，必须至少说明一个创新点。创新的类型有问题创新、理论创新、方法创新、结论创新、数据创新、政策建议创新等。

怎么来体现创新呢？在展示时，陈述你研究的这个论题，前人已经取得了哪些成果，哪些问题已基本解决了，还存在哪些争议，而你的研究在前人的基础上解决了什么问题。说清楚你在研究中采用了什么方法，获得了什么新的、最主要的材料，得出了什么新的结论。

2. 揭示研究价值

揭示研究价值，就是说明项目研究或论文选题具有研究的意义，而研究意义的本质就是对创新的论证。研究意义可以分为理论意义与实践意义，项目选题的研究意义决定着项目立项的价值。在汇报时，要针对现实或历史中的问题或矛盾，结合学界已有的研究，阐述自己研究的重要性、必要性和可行性，还可对研究成果进行评价与展望。

3. 把握展示重点

如果是科研项目报告，不同阶段的要求和展示重点是不同的。

科研项目开题报告时，应该重点陈述研究背景、选题依据、研究目标、研究目的、研究方法、技术路线、拟解决的关键理论或技术问题、预期成果、研究团队组成、科研经费预算和研究进度安排等。

科研项目中期审查汇报的内容，重点应该是研究课题的进展情况、有无取得阶段性科研成果、在研究中遇到了哪些新问题、如何开展下一步研究工作、是否需要调整研究方案，以及科研经费执行情况等。

科研项目结题报告时，应该重点汇报取得的研究结果、研究发现、研究结论，研究过程中取得的主要经验和教训，存在的主要问题和有待进一步研究的问题，研究成果的使用去向或社会效益，科研经费执行情况等。

如果是毕业论文答辩，答辩委员会的老师会提前阅读学生提交的毕业论文，在答辩时，学生应该用简洁的语言概述研究情况，不必对细节展开陈述。答辩中有问有答，还有辩，所以在陈述后，主要听取答辩委员的提问，并当场进行回答。研究方法的可行性、研究数据的说服力、研究结论的可信度、研究的创新性、论文中错误的观点等，都是答辩委员提出问题常常使用的角度，答辩前，应对这些问题的答案了然于胸。回答提问应有针对性，阐述要简明清晰。如有拿不准或回答不上的问题，不要进行辩解，可以请答辩委员给予一定的提示，或以诚恳的态度请教答辩委员。

4. 讲好收获体会

对大学生来说，参加科研项目和完成毕业论文（设计）是人才培养的重要环节，研究成果不是唯一的评价标准，其培养过程对大学生的成长也十分重要，所以，学生科研项目成果汇报和毕业论文答辩时，往往要求陈述相关收获或体会。在讲收获体会时，不要泛泛而谈，可以从具体的某些环节入手来表达，如在老师的指导下，学会了快速查阅文献的方法，学会了论文的写作规范和引用规范，或者说从指导教师身上学会了做学问的态度。

除了讲收获和体会外，不要对缺点和不足避而不谈。在充分展示自己项目研究成果的同时，说出研究中的薄弱环节、研究的局限性等，是一种比较明智的做法，胜过被评委指出相关问题。

四、制作PPT演示文档

成果展示时，如果使用PPT演示文档进行辅助展示，可以取得图文并茂的效果。在展示中，把事情说得越具体，且有图片、图形或数据的支撑，你的展示就会越生动。例如，一个大学生社会实践队在汇报实践成果时，只是口头上说去哪个地方进行了支教活动，没有图片展示，观众很难想象支教地区的现实状况，但如果用照片、小视频等来辅助展示，会让观众有画面感。具体、准确的描述更容易让人信任你所做的事情，也容易让你表达的内容有镜头感，易于将观众带入特定的情境中。

一份精美的PPT演示文档，可以从视觉上弥补展示演讲的"空洞感"。PPT仅仅是一种辅助表达的工具，其目的是让观众能够快速地抓住表达的要点和重点。PPT主要从视觉角度来展现演讲内容，制作时，要思路清晰、逻辑明确、重点突出，兼顾内容美和形式美。

（一）PPT的内容美

1. 内容的清晰呈现

我们根据演讲稿的WORD文档制作PPT时，要将内容可视化、条理化，做到呈现整体逻辑、展现讲述思路、理清结构层次。

【扫码看视频】
（展示PPT的制作）

（1）呈现整体逻辑。PPT要有封面页和封底页，第二页最好设置一个目录页，用于呈现整体内容，并标明内容之间的逻辑关系。

（2）展现讲述思路。用声音讲述时，其内在的思路难以直观呈现，这时就可以借助PPT来揭示不同内容之间的衔接关系，体现出思路来。在PPT中，可以用箭头、连线等组成流程图，也可以利用上下、左右的动画显示来体现先后顺序，还可以利用PPT上下页的切换来表示过渡或者内容的前后衔接。

（3）理清结构层次。在制作PPT时，建议使用"一、""（一）""1.""（1）"等层级序号来体现各级标题的逻辑关系。在字体和字号的选择上，每个层级的字体、字号要统一，让PPT中的纲目清晰明了。

2. 关键内容的提取

PPT不是演讲内容的全部呈现，在制作、加工PPT时，需要根据展示目的来提炼出关键词。

（1）提炼关键词。关键词可以用来提示演讲者，演讲者看着一个一个的关键词，就可以把整个演讲串联起来，还可以根据关键词来讲故事。关键词也可以用来拟定各级标题，反映观点和认识，并以此来吸引观众。在排版上，要想办法突出关键词，如加粗、加下划线、变颜色等。

在制作PPT时，要弄清楚PPT是给谁看的，主要还是给观众看的。观众一边听演讲，一边观看PPT，同时使用听觉和视觉接收信息，观众的忍耐是有限度的，所以PPT上的文字不宜太多，尽量让PPT看起来简洁，这就离不开对关键词的提炼。

（2）选取重点内容。如果是用于演讲的，PPT上的重点内容可以是章节标题、关键词、图片数据等。如果是用于授课的，要重点呈现目录、概念、关系等，一般文字较多、信息较全。如果用于科研汇报、学术讲座等，可以采用问题、观点、图表等来呈现重点信息。如果是用于工作进展汇报，数据图表、趋势图、关键词就是选取的重点。

（二）PPT的形式美

一份精美的PPT，会给观众带来视觉的享受。下面从六个方面简要谈谈PPT排版设计的原则。

（1）排版设计原则之版式。在版式的选择上，我们需要了解投影机和投影幕的比例，以便确定PPT的页面设置比例选择4∶3还是16∶9。

（2）排版设计原则之字体。PPT上的中文，建议选用"黑体"或"微软雅黑"，西文选用"Times New Roman"，字号一般要大于20号，不同层次内容的字号要有所区别，不同层级的字号不超过三种。

（3）排版设计原则之颜色。PPT本身可以有背景颜色，所以要处理好"主色""辅色""点缀色"的搭配。在主色调的选取上，要符合内容的整体风格。利用好不同颜色的象征意义，如用绿色代表健康、用红色凸显喜庆、用蓝色表示科技等。

（4）排版设计原则之对齐。这主要是指PPT上的文字、图片、数据等的排列方式。一般来说，有对齐分布、居中分布、平均分布等，做到美观大方即可。

（5）排版设计原则之留白。PPT上的内容，不能编排得太满，要适当留白。留白有多种作用，它可以让观众的视线聚焦，可以让观众的大脑有时间思考，可以让观众的眼睛适度休息。怎么来留白呢？可以通过设置左右边距、使用小段落、调整行距等来留白。

（6）排版设计原则之对比。PPT上的内容是从讲稿中挑选出来的重点内容，在这些内容中还有重点，即重中之重，所以我们可以通过更改字体或字号、变换文字颜色等手段来突出不同重点。

在做好PPT排版设计的同时，尽量做到图文并茂，适当使用动画效果，但不宜使用声音效果。设计完成后，有时间再进行精雕细琢，综合考虑字体、字号、颜色、页面等整体效果，消灭错别字和标点误用等。PPT文档在不同电脑中的显示效果可能不一致，所以在展示演讲前，最好检查一遍放映效果。

🎯 拓展训练

你们班级是一个积极向上的班级，班级同学在学校各大学生社团担任学生干部，组织开展了很多课外活动，班级还具有良好的学风和班风，学习成绩在同专业中占有绝对优势，你作为班长，请带领全班同学积极申报"××大学先进班集体"，准备5分钟的评选展示，并在全班试讲。

04

第四章　个人展示与沟通方式

第五章
集体交流与沟通效果

在学习生活和职场中，汇报工作、组织会议和团队沟通是使用频率非常高的群体交流手段。掌握汇报工作的方式方法，了解组织会议的基本流程，掌握会议主持技巧，重视自我沟通，学习团队内外部的沟通方式，必能助力职场发展。

第一节 汇报工作

● 任务目标

（1）掌握汇报工作的共性技巧。
（2）养成及时汇报工作的习惯。

● 课堂训练

　　年底，学院辅导员要求各个学生社团负责人汇报一下本学期学生活动的开展情况，并就下学期即将开展的活动进行简要说明。汇报时，需要制作PPT演示文稿。如果你是学院学生会主席，请撰写一份汇报提纲，并制作一份配合汇报使用的PPT。

◆◆◆ 训练解说

　　汇报本学期学生活动的开展情况，可以按不同的逻辑顺序进行汇报。

　　第一种，先汇报学生会下设各部门的活动情况，再汇报总体情况，然后总结学生会工作的成绩与不足，最后汇报对下学期工作的展望。这种汇报，有利于突出学生会内部各部门的职能和成绩。

　　第二种，可以按照活动的性质进行分类，如学习类活动、娱乐类活动、管理服务类活动、科技类活动等。在展示成绩的同时，要总结出措施和经验来，并分析不足，最后展望下学期的工作。这种汇报以活动目的和活动内容为主线，淡化了各部门的职能，有利于凸显学生会整体的成绩。

⚑ 知识串讲

　　在学习和学生社团工作中，向指导教师汇报学习进展和学生工作情况；在职场工作中，下级向上级汇报工作，都是再常见不过的事情了。从原则上说，只要是上级直接交办或委托他人交办的工作，无论大事小事，无论工作的结果是否圆满，均应向上级如实作出相应的汇报。

　　从管理的角度看，上级准确地掌握下属的工作情况，有利于及时掌握工作进度

【扫码看资料】
（汇报工作的技巧）

及管理运行状况。对于下属而言，如能掌握相应的汇报工作技巧，不仅有利于自身素质的提高，而且会进一步提升下属在上级心目中的形象。

汇报工作有时采用书面汇报，有时采用口头汇报。不管采取哪种形式，汇报工作的共性技巧是相通的。

一、明确汇报目标

在准备汇报内容时，首先要明确为什么汇报、汇报什么。

在学习中，参与科研项目需要经常向指导教师汇报研究进展情况；入党申请人需要定期向党组织汇报自己的学习、思想和工作情况。在研究生学习阶段，学生要养成定期向导师汇报学习和研究进展情况的习惯。把阅读文献的情况、学习或研究中遇到的问题主动、及时向导师汇报，是为了得到导师有针对性的指导，尽快确定研究方向或解决研究中的棘手问题。

在工作汇报中，有些汇报是领导要求的，有些则是我们主动向领导汇报的。如果是被动汇报，就要吃准领导的要求，要求汇报什么就集中汇报什么，无关的无须汇报。如果是主动汇报，需要考虑汇报的目的、汇报的时机等。

二、把握汇报时机

在主动汇报工作时，需要选择恰当的汇报时机，以便达到最佳的汇报效果。

在学习中，建议定期向导师进行汇报，如一个月汇报一次，可以以召开研究小组组会的形式汇报，也可以通过邮件向导师书面汇报。入党申请人一般需要每个季度进行一次思想汇报，如有特殊情况，需要及时汇报。

【扫码看资料】
（汇报工作的时机）

在工作中，可以事前、事中和事后汇报。事前汇报，就是把工作中的新思路、新想法在实施之前向领导进行汇报，这样可以避免信息不对称。做好事前汇报，可以获得领导的认同和指导，才不至于跑偏方向，还能提高办事的效率。在领导给了明确的方向后再动手工作，最后任务的完成质量也会八九不离十。事中汇报，能够让领导及时了解工作的动态，这对一个领导来说十分重要，领导最担心的就是自己分管工作不在自己掌控之内。特别是工作上遇到困难，为了得到指导和帮助，就需要把目前的想法、方案、思路、下一步工作计划向领导汇报，而不是甩锅给领导。如果领导给予指导，还可以及时改进工作的方式方法。事后汇报，是为了把工作结果告知领导，顺便做个工作总结，为下一步工作做好铺垫。

三、理清汇报思路

要想把自己清楚的事情向别人汇报，需要理清汇报思路，对汇报内容进行分析与综合，结合事实，形成思想。

关于学习和研究进展汇报，可以采用表格的形式来体现汇报思路。例如，学生定期向导师汇报文献阅读情况，导师可能不会在意学生具体阅读了文献的哪些内容，而会关注学生文读后献阅的感受、收获、问题等。那么，汇报的思路可以这样整理：先列出文献题目、文献来源等信息，然后摘录文献中的核心内容或核心观点，最后把阅读后得到的启发或想法写出来，并就有关问题向导师请教。

在职场工作中，理清思路就是你在向上级汇报工作之前，应冷静地对工作过程、措施和成效、问题和下一步打算等进行反思。先说什么，后说什么，哪些内容简略提及，哪些内容需要详细说明，都必须整理出一个比较清晰的思路来。如果你对要汇报的问题自己都没有一个比较完整、比较清晰的思路，那么你就无法或难以让别人听明白或说服别人。建议在整理汇报思路时，先列出提纲，再列出一个个小标题，并且有逻辑地排列好，在汇报时逐条道来。

四、突出汇报重点

在把握汇报重点方面，不一定你认为的重点就是汇报的重点，而是要从对方的角度来思考，如想想指导教师或领导关心什么、关注什么。学生向导师汇报学习或研究情况时，汇报的重点是"问题"，这样才有利于学习进步，有利于研究工作的顺利开展；而职场工作的汇报重点是"结果、成效"，而不是过程和原因。下面主要从职场工作汇报的角度来说明。

任何一项工作都有自己的重点，在任何工作程序中，各个环节的轻重缓急及分量是不同的。所以，我们要善于把握重点，抓住工作的要害或关键之处。这些关键问题往往关系着工作的大局或重大利益。领导听你的汇报或看你的汇报材料时，关心的主要问题就是你对工作中的重点问题、关键问题的处理结果如何。汇报内容过多时，难以突出重点，这时就需要进行归纳整理。

提前想好向领导汇报的目的和核心要点，依次列出重点，并将最重要的事情放在最前面说。建议每次汇报时重点汇报一个问题，只突出一个重点，最多不超过3个问题或3个重点。在汇报时，可以多利用数据支撑，用充分的数据来反映成效、说明问题。这样做不仅有利于领导理解你的汇报思路、迅速作出决策，同时还会使领导对你的汇报能力和办事效率产生好感。所以，从一定意义上说，善于把握重点、突出重点，并把重点问题向领导描述清楚，不仅与汇报方法和技巧有关，更是一种素养和能力的体现。

如果是书面汇报，你应该把汇报材料写得简练一些，突出各级标题，领导翻阅材料时，标题是其关注点。鲁迅曾说："写完后至少看两遍，竭力将可有可无的字、句、段删去，毫不可惜。宁可将可作小说的材料缩成速写，决不将速写材料拉成小说。"写汇报材料也是如此。

如果是口头汇报，则必须掌握领导问什么你答什么的原则和策略，不做无谓的拓展和借题发挥。例如，领导让你汇报工作的结果，你就直接说结果，而不要叙述工作的处理过程，不要把自己处理工作的难易程度、艰辛付出等借机说出来。领导可能对过程不感兴趣，甚至会认为你有邀功请赏之嫌。

五、讲究汇报方法

领导有两种不同的风格，分别为倾听型和阅读型。只有掌握了领导的风格，我们才能更好地汇报工作。面对倾听型的领导，更适合口头汇报工作；而面对阅读型领导，更适合写一份工作汇报材料。

领导工作繁忙，时间有限，要想高效地向领导汇报工作，就要讲究汇报方法。无论是作口头汇报还是作书面汇报，都需要注意删繁就简的问题。这不仅是技巧，而且是原则。所谓删繁就简，就是要把不必要的话语从汇报中删去，否则会出现两种不利影响：一是让人觉得你思维混乱，磨磨唧唧；二是让人觉得你文风不正，啰里啰唆。

除了把握汇报重点以外，还得讲究汇报的顺序。在汇报工作的技巧中，有一个"电梯法则"。"电梯法则"源自麦肯锡公司曾经得到过的沉痛教训。

该公司曾经为一家重要的大客户做过咨询。咨询结束的时候，麦肯锡的项目负责人在电梯里遇见了对方的董事长，该董事长问麦肯锡的项目负责人："你能不能说一下现在的结果呢？"由于该项目负责人没有准备，就算有准备，也无法在电梯从30层到1层的30秒内把结果说清楚，最终，麦肯锡失去了这一重要客户。

从此以后，麦肯锡要求公司员工要在最短的时间内把结果表达清楚，凡事要直奔主题、直奔结果。它的原理是结论先行，论点次之。在开场时先抛出一个核心结论，然后再一步步展开论点的叙述；哪怕对方的时间有限，在短暂的时间内他也能得到最有效的信息。

该如何操作和运用"电梯法则"呢？你需要在开始说话前，在头脑中对要讲的内容先进行一次归纳，按照自上而下的方式开始说明。

第一步，结论先行，因果倒置。

示例：××（领导），您好！我向您汇报一下上一周的产品推广和销售情况。上周共销售了×份产品，销售额达到×元，比前一周增长了×%，我们还开拓了××这个市场。在推广销售中，我们主要采取了以下措施……

第二步，自上而下，依次说明。

示例：我们主要采取了以下措施。首先制订销售计划……其次分工协作，由××负责联系老客户，由××挖掘新客户……另外，在销售渠道上，我们借鉴……做法，对……进行尝试。当然，我们也遇到了一些问题，如……

这种法则是先给出结论，让领导知道结果，然后他才有可能带着问题去听下一步关于细节的具体说明和陈述。我们再来看一个例子。

领导交给小王一项任务：去公司总部领取一份文件。结果小王坐公车到总部，正赶上保管文件的小张在开会。等了一个多小时会议才结束，小王找到了小张，并向其说明情况，要领取文件。结果小张说，文件放在家中了，明天才能带回来。无奈，小王匆匆跑回公司向领导汇报："领导好，今天真是太不凑巧，坐公交车堵在路上，到达总部后，小张在开会，又等了一个多小时。这还不算啥，见到小张后，他竟然说把文件落家了。领导，您看这一上午把我跑得够呛，汗流浃背的……"

本来领导就急需文件，听了小王这一顿啰唆，且并未带回文件，心情更加烦躁，最后只能被领导轰出办公室。此时，小王应该汇报重点（结果），细节和原因等领导询问后再作陈述。这里将小王的汇报内容改为："领导好，那份文件没能取回，小张把文件落家了。如果您急需文件，我再联络小张，跟他商量一下，去他家取，您看怎样？"领导可能轻松说道"没关系，明天再去也无妨"，或者让小王直接执行解决方案。总之，领导不会对小王发怒。先说结果，后说原因，这是节约领导时间的方法。当领导想了解详情时，我们再告知细节。

当然，汇报工作的方式方法有很多，结论先行、从上而下的"电梯法则"只是其中之一。这种开门见山式的表达，适用于以突出成果为主要目的，需要在短时间内说清楚一个要点、事情的工作场景。如果是在生活化的场景中，这种方式就不太适用了。

🎯 拓展训练

　　党政机关公文文种中有一种上行文叫"报告"，报告是适用于向上级机关汇报工作、反映情况，回复上级机关的询问的公文。按内容来分，有工作报告、情况报告、建议报告、答复报告。报告文种的考查首次出现在2004年的国考公务员申论试题中，并在以后的国考省级申论试题中不断出现。这是对书面报告能力的考查，有意报考公务员或选调生的同学可以查阅相关材料，了解此类题型的作答方法和技巧。

第二节　组织会议

● 任务目标

　　（1）了解会议组织工作的一般流程。

　　（2）了解会议组织工作中常见文种的基本写法。

　　（3）掌握主持会议的语言技巧。

● 课堂训练

　　发言类会议主持模拟训练。

　　为了进一步加强班级学风建设，交流所学专业的学习方法，模拟举办一场学风建设与学习经验座谈会。从班级同学中挑选4名同学作为发言代表，挑选1名同学作为会议主持人，其余同学作为听众。每位同学的发言时间不得超过3分钟。主持人要注意保持会议的完整性，在15分钟之内结束会议，并进行会议总结。教师从其余同学中指定一两个同学进行点评，然后教师进行综合点评。

❖ 训练解说

　　座谈会，就是召集若干人，就某一专题或某几个专题进行讨论，以收集各种意见和建议，为领导者的决策和工作提供参考依据。座谈会也是调查会，它是了解并熟悉情况的有效手段之一。

主持座谈会除掌握开会的一般要领外，还应该注意以下几点。

一是选好参加座谈会的代表。一般来说，应当选择那些比较了解情况，有一定实践经验和分析能力，作风正派、敢讲真话的人。

二是努力找好第一位发言代表。第一位代表的发言情况将在一定程度上影响后续的发言。除了临场决定请谁第一个发言之外，还可以在座谈会之前做一番功课。

三是要善于分析各种意见。座谈会上，每个人都希望别人（尤其是领导者）能重视自己的意见、接受自己的观点。主持座谈会时，对提出各种意见和持各种不同观点的人应当一视同仁。

🚩 知识串讲

从党政机关、企事业单位、社会团体到项目团队、学生社团、班级、团支部等，召开会议都是一项重要的工作。会议沟通是运用得非常频繁的一种群体沟通手段。在日常学习、生活和工作中，我们常常会参加很多会议，也可能组织并主持很多会议，如组织所在单位、所在部门的办公会议，组织专题座谈会，组织各类学生比赛活动，组织颁奖典礼或表彰大会，组织文艺联欢晚会，组织科研项目组会议，组织学术报告会、研讨会，参加科研项目评审会、答辩会等。这些活动都涉及会议组织工作，本节主要介绍组织会议的基本流程、会议主持工作等。

一、会议组织工作流程

会议组织工作是指围绕会议所进行的各项组织、管理和服务工作，包括从会议的准备到善后的一系列具体工作。完整的会议组织工作包括会前准备阶段、会中实施阶段及会后总结工作等。

（一）会前准备阶段

会前准备就是对会议的筹备和计划，是为达到会议目的而对各种工作任务所做出的系统安排。充分做好会前准备工作是召开有效会议的前提。会议的规模不同，会前准备的内容也有所不同，但会前准备的步骤大同小异。下面仅从人、财、物的角度进行说明。

1. 人员调配

确定会务工作人员、会议参会人员。会务人员要分工协作，成立不同的工作小组，如文件资料组、宣传报道组、会场会务组等，各司其职。建立各小组的协作联络方式，召开会务工作人员协调会，落实跟进程序。

2. 财务预算

根据会议规模、支出项目、会议场地等进行财务预算，并申请专项会务费用。控制会议的预算就相当于掌握了整个会议，预算的第一步就是确认此次会议是需要盈利还是保证收支平衡。预算包括两部分：固定费用和可变化费用。无论预算多么精确，都会有意料之外的情况发生，总预算可以有10%的浮动空间。

3. 物质准备

确定会议时间时，要充分考虑到参会人员是否方便，是否影响节假日等。确定会议地点时，需要考虑距离和交通情况，根据会议日程安排考虑是否安排食宿等。确定时间、地点后，根据会议主题撰写并发布会议通知。

在会议材料方面，需编制并印刷会议文件资料。如果会议规模较大，在具备条件的前提下可将参会人员的资料按每人次准备好，注意区分参会人员的角色（如参会领导、嘉宾、普通人员），资料可按照人员角色分别准备。会议资料较多时，需要按照会议议程将会议资料按次序排放，最好装订成册，编好页码，方便参会人员阅读。如果需要准备参会胸卡或参会证，可以统一制作或按姓名和工作单位逐一制作。

在会场设计方面，要完成会场布置、会议设备调试、会议物品采购等任务。根据会议的性质及参会人数的多少来布置会场。例如，召开信息传达会议、工作安排会议，参会人数较多时，则不设桌子的戏院式会场或是设桌子的教室式会场较为理想。在带有问题讨论性质的会议中，如果人数不多，则应让每一位与会者均环绕桌子而坐，以方便每一个人跟其他人进行多向沟通。如果是培训会，参会人数不多，则可安排与会者坐在马蹄形桌子的外圈，这样不仅便于与会者与培训主讲人之间的沟通，而且便于与会者之间的交流；如果培训人数众多，最好将与会者分成若干小组，每个小组各聚在同一桌子的周围，这样便于分组讨论或综合讨论。需用到多媒体放映或者开视频会议时，要调试好会场的投影仪、调音台、幕布、话筒等器械。

正式会议一般需要悬挂会标，按排名确定主席台入座位置并摆放好桌签（姓名牌）；如有需要，还需安排好参会人员的座席并准备好参会人员的桌签，并在会议开始前排好座席及放好桌签。会议开始前在会场入口处设立接待处，准备好签到表，让参会人员签到，并清点人数；在入口处安排服务人员，引导参会人员入座，维护会场秩序。

（二）会中实施阶段

正式会议开始时一般需要介绍会议的整体流程，介绍会议分为几个阶段，如工作汇报阶段、讨论阶段、工作安排阶段等。会议流程介绍需要整理成正式文档并作为会议资料装订好。参会人员就座后，工作人员应提醒全部参会人员关闭手机或将手机调成静音。

谁来主持，谁致开幕词，谁致闭幕词，各就各位。其他工作大致如下。

1. 会议记录

安排专职的会议记录员，对参会人员的发言进行记录（特别是讨论性质的会议），记录内容会后留底。安排专人录音录像，会后留底。按照会议的要求，安排与会人员合影留念。

2. 会场服务

举办大型会议或视频会议时，要安排专人负责操作麦克风、调音台、投影仪、视频设备等。

安排专人（会议工作人员或物业人员）负责茶水服务。服务人员的动作要做到轻、慢、柔，不能影响开会。会议时间较长时，可适当安排中途休息时间，或设置茶歇。

（三）会后总结工作

会后工作主要有清理会场、整理会议记录、撰写纪要、撰写新闻稿等。

【扫码看资料】
（纪要的写作）

整理好会议中的文字记录和图片、视频、音频记录，进行存档备查。梳理会议的总结材料，整理会议议程涉及的各项内容、主要人员发言材料、会议讨论内容和总结性结论。如有必要，需根据会议记录和总结性材料撰写纪要，然后报领导审批。重要会议结束后，可考虑在网站上或微信公众号发布会议的相关新闻。

二、发言类会议主持

有人认为，主持会议很容易，其实这是一种误解。要真正主持好一场会议、一个节目，需要充分调动与会者的积极性，要达到完美的效果是很不容易的。会议主持涉及如何开场、如何连接、如何驾驭、如何总结等诸多环节，无论哪个环节处理得不好，都会影响会议的效果。可以说，会议主持对于召开会议、把握会议主题、控制会议进程、调动与会者情绪、正确引导问题讨论、掌握会议时间、提高会议质量具有举足轻重的作用。

发言类会议包括工作例会、座谈会、研讨会、答辩会等，这类会议一般是在主持人的引导下完成会议的既定事项的，会议主持的好坏将影响会议的效率和效果。不同的会议有不同的主持风格，发言类会议一般比较正式，主持人的语言风格也应比较正式。主持会议有以下注意事项和主持技巧。

（一）会议开始时的开场白

准时宣布会议开始。主持人在会议正式开始前，可以先用几秒钟的时间面带微笑地环视全场，跟与会者进行简单的眼神交流，引起大家注意后，准时宣布会议开始。

首先，根据会议内容进行简单的串词后，进入来宾或领导介绍环节。在介绍顺序上，要先宾客后主人，先职务高的后职务低的。在介绍方式上，一般称呼"职务+姓名+同志（老师）"，其中职务高者可以冠以"尊敬的"。在介绍过程中，要注意介绍的节奏，给与会人员预留鼓掌的时间，有时还可由主持人带头鼓掌。在介绍领导和来宾前或在会议开始之前，一定要提前掌握他们的职务、职称、姓名、所在单位等信息，不能遗漏，不能把职务搞错，以免带来不必要的误会和麻烦，影响会议效果。

在介绍领导和来宾之后，一般是由主持人说明会议的主题、目的、意义和议程，向与会者介绍会议的总体安排和相关要求，主持人的语调与表情要与会议气氛一致。开场白要富有启示性和诱导性，时间不宜太长，然后进入会议的主体部分。

（二）会议进程中的主持

在会议进程中，主持人负责控制好发言秩序与发言者的发言时间，在会议中穿针引线，控制整场会议的节奏和程序。但要注意，主持人不是会议的中心，其作用是突出别人、衬托别人、拾遗补缺，不能喧宾夺主。在这期间，各种问题各种现象均可能出现，这需要主持人具备良好的临场应变能力。

1. 灵活处理分歧

在一场会议中，在研究、讨论问题时出现偏离主题、意见分歧、无谓争辩等现象都是很正常的。要使会议顺利进行，达到预期目的，离不开主持人的正确引导。主持人是与会人员发表意见的引导者，而不是意见的裁决者，所以主持人要能正确看待不同的观点或意见。当有人提出反对意见，主持人应当感谢对方敢于提出反对意见。如果会议上出现激烈争论，主持人首先要保持头脑清醒，不要介入争论之中，应要求与会者都安静下来，适时用语言制止无谓的争辩；如果出现不友好的争辩，主持人可将讨论话题巧妙收回，可以说："各位代表，大家在这个问题上各抒己见，都非常关注这个话题，但时间有限，我建议以后开个专题座谈会，专门讨论这个问题。好，下面接着讨论下一个问题……"

2. 掌握插话技巧

在会议中，有些与会者虽然不是偏离话题，但他们总喜欢长篇大论，发起言来滔滔不绝。要打断这类发言者的讲话，需要主持人学会插话的技巧。插话需要充分的准备。首先，要耐心倾听别人的发言，坚持充分发扬民主、集思广益、尊重别人的原则。当有人发言时间过长时，要善于利用当时的语境，针对发言者表达的内容，在其表达过程中插入适当的词句，表示赞同或附和，起补充、调节作用，达到调节会议氛围、推进会议进程的目的。插话一定要选好"插缝"，把握时机。有的主持人在插话时不太注意选择时机，只是觉得自己有话想说，憋不住，不管该不该说，就往外倒。这样不但起不到补充作用，反而会影响正常的发言，使发言者不知所云，其他人也会产生逆反心理，让人觉得"你老是打断别人的话，我们到底听谁的呢"。所以，插话一定要选准时机，只有到了应该补充几句才足以说明问题的时候再去插话。

插话不仅要选好时机，更要插到点子上。会议主持需要主持人具备良好的时间管理能力，要把时间安排好，对每一项议题大约需要多长时间、整个会议需要多长时间都要测算好，并有一定的弹性。合理的插话，能为主持人把握会议进程赢得主动权。

3. 做好穿针引线

会议主持人的一项重要职责就是负责穿针引线、过渡照应、承上启下，把整个会议串联成一个有机的整体。这个串联过程也是主持人发挥其临场应变能力和语言表达能力的过程，也能体现主持人的组织能力和概括能力。

首先，主持人的精力要高度集中，对前面的发言或讲话中最精华的内容进行概括或肯定，画龙点睛，做好铺垫；然后根据后面议题的特点和要求，渲染气氛，自然过渡，顺理成章。承上启下不能生搬硬套，要根据具体情况巧妙使用顺带、转折、设疑、问答等语言手段，增强会议的连贯性和整体性。

在会议过程中，跑题现象时有发生。当发言人离题万里时，主持人应及时制止，以免耽误众人的时间。主持人可以微笑着用真诚的语调对跑题者说："您提的这个问题很好，大家也比较感兴趣。我们还是先回到刚才的问题上来，等会后咱们再进一步交流。×××，您对今天的话题有何看法？"这也是穿针引线的一种手段。

4. 完成既定议题

举行会议是为了讨论并就相关问题达成一致意见，或者是为了完成既定议题或既定程序，所以主持人应在规定的时间内控制会议的进程，力争圆满完成会议任务。主持人一定要明确会议怎么开，有几项议程，先干什么，后干什么，大约需要多长时间，做到心中有数。如果会议的结束时间快到了，会议的目的尚未达到，主持人就必须千方百计地引导与会者尽快完成会议任务，不宜在得出结论或作出决定之前仓促散会。

（三）会议结束时的总结

在会议即将结束时，主持人要对会议召开的有关情况以及会议成果进行全面、客观的总结，对不能确定的或未解决的问题做出解释、说明。对会议总结得如何，是衡量会议主持人水平的重要方面。

在会议过程中，主持人在主持好会议的同时，还要对会议的重点内容进行记录，以便在会议结束前进行提纲挈领式的总结，应对会议中提出的重点加以强调，对关键问题进行提示等，如果领导在会议中提出了相关要求或作出了相关指示，主持人也可在总结阶段重申一遍。

会议总结要求简明扼要，突出重点。总结的方法主要有直叙法、归纳法和号召法。直叙法，就是简要回顾会议讨论了哪些事项，达成了哪些共识，解决了什么问题，以加深与会者的印象。例如，"这次会议我们传达学习了××文件，研究讨论了××决定，××领导发表了讲话，对下一步的工作作出了具体安排和部署：一是……二是……三是……希望大家认真抓好落实，切实抓出成效。"归纳法，即在会议结束时，对会议进行高度总结、归纳，把会议的成果提纲挈领地概括出来，加深与会者的印象。号召法，就是用号召性的语言进行总结，不全面总结会议的召开情况，而是号召与会者为某一目标或今后的工作方向而加油鼓劲。

三、比赛类活动主持

在学生活动中，赛事种类繁多，如演讲比赛、主持人大赛、新生歌手大赛、辩论赛、创意大赛、风采展示大赛等。比赛类活动的主持工作与发言类会议主持的差异不大，下面仅介绍明显不同的地方。

（一）赛前准备

赛前需准备的材料较多，需要主持人一项一项地认真准备，以备主持之需。

一般来说，赛前准备材料包括参赛选手名单、嘉宾及评委名单、比赛规则等。要结合比赛规则，了解选手的姓名、选送单位等信息是否需要保密；如需保密，则要根据抽签或规定的顺序整理选手信息。

赛前撰写比赛主持人的串词；如果不是单人主持，则需要主持人提前彩排，做到相互配合。

（二）现场主持

比赛正式开始前，可由工作人员或主持人宣布会场纪律。待一切就绪后，主持人上场。首先是开场白，应介绍举办比赛的背景、目的、意义等，然后介绍出席比赛的领导、嘉宾和评委。如果有关领导高度重视此次比赛，需要致辞的，应安排在比赛正式开始之前。领导致辞后，主持人对领导表示感谢，同时预祝参赛选手在比赛中取得好成绩。接下来，一般是宣布比赛规则或具体评分规则，以及奖项设置情况等。

第一位选手上场比赛时，第二位选手准备。当第一位选手比赛结束后，如果有评委提问环节，应由主持人引导相应评委进行提问。问答环节后，评委打分，此时，主持人要适当进行串词，串词的时间不要过长，也不要太短。串词的作用有两个：一是给评委预留打分时间，二是为了顺利、自然地介绍下一位参赛选手。

当你介绍参赛选手时，请勿转身面向他，而应展目望向观众，至最后一个音节说出，再转向即将上场的选手，这样能顺势把观众的视线引到选手身上，而自己则悄然退下。

在比赛过程中，如何宣布选手的得分呢？一般有两种情况：一种情况是在比赛结束后，集中公布比赛成绩；另一种情况是在每一个选手比赛结束后，立即公布得分。现在利用高科技打分系统，可以实时统计、显示得分，这在很大程度上提高了比赛的效率。有时，为了增强打分的可比性，可以选择在前三个参赛选手比赛结束后，由评委团合议，综合考虑后打分。然后宣布前三个选手的得分，从第四个选手开始，逐一公布选手的得分。

在比赛全部结束后，工作人员需要统计比赛成绩，确定获奖情况。在此期间，主持人要做好"结束语"的串场。如果比赛成绩的统计时间较长，可以提前安排评委代表进行点评，为工作人员赢得时间。主持人可以说："今天的比赛到此已经告一段落。比赛的结果究竟如何，稍后会向大家一一揭晓。在工作人员紧张地统分和排序期间，有请评委代表×××对选手们的表现进行点评。掌声欢迎！"等工作人员统计完毕和评委点评完毕后，主持人要感谢评委的精彩点评，并说："现在工作人员的统分结果已经出来了，我们今天的比赛也到了最令人激动和兴奋的时刻。下面我宣布……"

比赛后，举行颁奖仪式。

（三）颁奖主持

颁奖仪式的主持可被看作一个独立的主持环节。如果是在比赛后立即举行颁奖仪式，就不用对领导、来宾再次进行介绍了；如果是择时单独举行颁奖仪式，到时则需重新介绍参加颁奖仪式的领导和嘉宾。

就颁奖顺序来说，一般先给最低奖项的获得者颁奖，最后给最高奖项的获得者颁奖，即把"悬念"留在最后，以增强颁奖仪式的吸引力和可观赏性。颁奖嘉宾的安排也应讲究对应性，即职务或级别相对较低的为获得较低奖项的获奖者颁奖，职务或级别最高者为最高奖项获奖者颁奖。

在进行颁奖时，一般先宣布获奖者，然后请出颁奖嘉宾。请获奖者先上台，待获奖者站好后，由礼仪小姐引导颁奖嘉宾上台；或者礼仪小姐随颁奖嘉宾之后上台，用托盘盛上奖杯、证书或奖品，证书要正对着颁奖嘉宾。一般情况下，中间是获奖者，颁奖嘉宾与礼仪小姐各站一边（以礼仪小姐不挡住获奖者正前方或侧面的照相人员为宜），颁完奖后，礼仪小姐马上下场；为了不影响获奖者们合影，应从舞台另一侧下场或从获奖者身后离场。主持人要注意控制颁奖节奏，以免颁奖环节断断续续。为了营造颁奖仪式的喜庆氛围，可播放颁奖音乐。

🎯 拓展训练

（1）你所在的班级将要举办一场迎新年联欢会，如果由你负责组织并主持这场联欢会，你打算怎么做？

（2）假如你毕业后到一个单位的行政岗位工作，公司将举办一场新入职员工交流沟通会，由你负责组织，请说说你将如何开展这项工作。

05

第五章　集体交流与沟通效果

第三节　达成共识

● 任务目标

（1）了解倾听在沟通交流中的作用。
（2）掌握有效倾听的策略。
（3）掌握说服自己、说服队友和说服对方的原则和方法，以便达成共识。

● 课堂训练

学会倾听训练。

假如你作为大学新生代表，参加学校举办的"校长与新生代表见面座谈会"，请描述你在会上如何在做好自己发言准备的同时去倾听其他同学的发言。

◆ 训练解说

参加座谈会和总结会时，很多人都不太在意别人的发言，有时候是由于自身经历、阅历不足，常常只会顾及自身。在整个座谈会中有些人总是在想自己怎么发言，在不停地打腹稿，因而失去了倾听别人发言的机会。

不去倾听，不会倾听，也就不会有流畅的讨论和环环相扣的交流，其他发言人的发言信息和独到的观点就可能被忽略、遗漏了，使得我们无法弄清楚讨论的焦点问题以及问题的来龙去脉。

在参加座谈会时，如何选择发言时间和组织发言内容，如何把握好发言的顺序和时机，都需要掌握一定的技巧。如果你没有勇气第一个发言，你可以选择第四个或第五个发言。发言时，要善于承前启后，赞扬、肯定前面的发言，发言后期待后面的发言更精彩。学会倾听，才能对别人的发言进行有针对性的赞许，才能将自己的发言融入大家的发言中，从而达成一些共识。

有时候，如果你不积极发言，等轮到自己发言时，你会发现你想说的内容可能被前面的发言者说得差不多了，能讲的内容已所剩无几。因此，我们要学会倾听，从前面的发言中获得新的启发，可以重新组织自己的发言内容。

🚩 知识串讲

第一章讲到，人际交往中的沟通一般是指成功的沟通，"沟而不通"通常不被认为是严格意义上的沟通。简单地说，达成共识才叫沟通，或者说，与人沟通应以"达成共识"为目标。反观大多数的争论和沟而不通，其实都是因为没有达成共识，只是进行了表达。所以，沟通不只是说话，更不是找碴儿，而是为了解决一些问题而达成共识。从某种意义上说，善于语言表达，并不等于善于沟通，因为沟通是双向的交流和理解。

达成共识至关重要。对国家而言，人心齐，泰山移；对企业而言，上下同欲者胜；对家庭而言，夫妻同心，其利断金。要达成共识，不能只依靠简单的表达和理解，而是需要掌握一定的沟通方式方法。

沟通是一个双向或多向的互动过程，要想在某些问题或意见上达成共识，使人理解，使人行动，需要学会倾听、说服自己、说服队友、说服对方等。

一、学会倾听

在人际沟通中，我们不仅要敢说、能说、会说，还要会听、善听、倾听。常言道："会说的，不如会听的。"下面主要介绍倾听的作用以及倾听的策略。

（一）倾听的作用

1. 倾听的重要性

在各种沟通场合中，倾听都是沟通的重要环节，可以说，没有倾听就没有沟通。有研究表明，在日常语言沟通中，听说读写传递的信息量比例是不同的，听占45%，说占30%，读占16%，写占9%，足见"听"在语言沟通中的重要地位。

【扫码看资料】
（倾听的重要性）

倾听是达成沟通意图、取得共识的重要手段。大多数人可能会认为良好的口才是成功沟通的决定性因素，其实并非完全如此。沟通者之间的交流不是某方沟通者的独白，而是在相互倾听、相互理解的基础上达到沟通目的的过程。沟通者通过倾听可以准确地抓住对方的说话要点，领会对方的说话意图，从而提高沟通交流的质量。沟通者如果不去倾听或不会倾听，就容易产生沟通误解。

2. 倾听的功用

对沟通个体来说，倾听具有重要的功用，对个人发展具有重要意义。

（1）倾听是获取信息开阔视野、调查发现事实真相、了解对方意见想法等的最便捷的途径。"听君一席话，胜读十年书"，这句俗语从倾听的角度说明了倾听是获取信息、开阔视野的重要途径。

（2）倾听能在尊重他人的同时，提升自己给别人的良好印象，是改善双方关系的有效方式之一，可增进彼此的理解与信任。

（3）倾听是为自己争取主动权的关键，倾听能使人更真实地了解对方的立场、观点、态度和沟通方式。在时机未到时选择倾听并保持沉默是一种"大智若愚"的艺术。

（4）倾听可改善周围环境的气氛，有利于身心健康与获得成功。心理学家指出，善于倾听的人容易克制冲动，控制愤怒。一个较为平和的人际环境，对于成功与健康是有百益而无一害的。

（5）倾听和说话一样，具有说服力，它常常使人不花费任何力气就能获得意外的收获。

对企事业单位、社会团体来说，倾听同样具有重要的作用。在21世纪，营造一个有效倾听的文化氛围可以助力企事业单位的发展，提高企事业单位的运转效率。管理者通过倾听，能更好地掌握信息，处理矛盾。有效倾听还可以获取单位内部和外部的诉求，更好地适应发展的需要。

（二）倾听的策略

听，有多种表现，如洗耳恭听、倾耳细听、俯首听命、偏听偏信、言听计从、闭目塞听等。在沟通中，我们提倡"理解倾听"。理解倾听，就是通过语言和非语言手段的沟通交流，了解对方的思维观念，感受对方的内心世界，做到理解对方。在人际沟通中，要多听少说，还要掌握倾听别人说话的技巧。

1. 掌握倾听的原则

要实现良好的倾听，需要注意沟通的几个原则，如合作原则、相容原则和尊重原则。

首先是合作原则，就是要求沟通者以一个积极主动的姿态去倾听。合作原则是由美国语言哲学家格赖斯（H.P.Grice）首先提出来的。格赖斯认为，在所有的语言沟通中，为了达到特定的目标，沟通者之间存在一种默契，一种双方都应该遵守的原则，这种原则就是沟通的合作原则。"合作原则"也被称为"配合原则"。倾听不仅是一种对讲话者的礼貌与尊重，也是对讲话者的高度赞美与恭维。

其次是相容原则，就是沟通者要有包容不同意见的心胸。人际沟通的相容原则就是指在处理人际关系时，沟通者要有宽广的胸怀，不在一些非原则的问题、无关大局的小事上斤斤计较，要用辩证的观点看待人和事，以达到沟通交流的目的。在沟通中，免不了思想的碰撞、意见的交锋，这就需要沟通者能做到求同存异，善于持保留意见、保留态度。

最后是尊重原则，就是沟通者要有尊重讲话者的言谈举止。尊重原则是指在沟通交流中，沟通双方通过言语、体态向对方表示出谦虚、赞誉、恭敬、宽容等，包括人们为维护和谐的交际关系所做出的种种努力。尊重能够引发人的信任、坦诚等情感，缩短交往的心理距离。同时，尊重还包括对别人意见的尊重。要做到倾听，沟通者还应该避免在倾听的时候抱有成见，否则就难以冷静地去倾听。

2. 掌握倾听的策略

倾听是为了理解对方，为了达成某些沟通目的或形成共识。要在沟通过程中"理解倾听"，需掌握一些基本的倾听策略。

（1）端正态度

端正倾听态度，就是倾听者要保持良好的精神状态，集中注意力。别人与你谈话时，你要放下手中的活，认真听对方讲话。如果事务缠身，也需要调整自己的情绪，使自己静下心来，仔细地听别人讲话。不能心不在焉、一心二用，否则别人会认为你不尊重他。

（2）积极配合

在倾听他人讲话时，应目视对方，身体前倾，表情自然，以表示你对讲话者的兴趣和尊重。在倾听过程中，可借助一些目光语和肢体动作予以配合，如肯定的眼神、赞许的点头、鼓励的手势等，这样可使沟通对象感到轻松自然，没有顾虑地把话说完。另外，还可以采用做笔记的方式来表达积极配合的态度。

（3）适时参与

讲话者在说到兴头上时，会留下许多空当，你若能及时地回应对方的内容，对方将把你看作知己。适时参与就可能要插话，插话时要请求对方允许。研究聆听课题的学者认为，聆听的目的不仅是信息交流以及理解内容，聆听还能帮助别人感到愉悦，甚至起到疗伤的作用。

（4）主动呼应

在讲话者停顿时，提出一些与谈话内容有关的问题或作出建设性的反馈，能证明你不仅在听，而且在思考。这种情况会使讲话者大为感动。如要提问，建议提一些开放性的问题。另外，复述讲话者传递的信息也是一种呼应。通过复述，倾听者可以确定自己是否完全理解了对方的信息，这样能减少对信息的误解和错误的推测。

（5）言行得体

言行得体，就是在沟通中所使用的语言必须合乎交际情境，所使用的非语言手段要合乎社交礼仪的基本要求。要选择与不同的沟通对象、不同的交际关系、不同的沟通目的、不同的沟通环境等相适应的沟通方式。例如，跟师长、领导沟通，要尊敬、礼貌；与下属、晚辈沟通，要和蔼、亲切；与儿童沟通，尽量采用儿童能听懂的语言与之交谈等。在交谈中，切不可随意打断别人说话。即使对方说的话不准确或有错误，也不必当面评论或直接纠正。

二、说服自己

说服自己，分为两种情况：一是说服自己做自己的事情，这属于自我沟通；二是在说服他人做事之前先说服自己，这属于人际沟通。自我沟通是经常被忽视但又是最重要的沟通。

（一）说服自己做自己的事情

人生面临很多选择，例如，高考时填报什么志愿，大学毕业后选择升学还是就业，要不要加入学生社团，课余时间去不去图书馆，作业是否要及时完成，去不去谈一场恋爱……这些都是不少大学生面临的选择，你可能觉得要采取行动真的很难。为了说服自己积极行动，在做出选择时，需要自己说服自己。

怎么说服自己呢？就是学会进行自我沟通；而要做好自我沟通，首先要认识自我。人的一生，就是在不停地认识自己、提升自己、改造自己。大学时光，是自我认知的关键时期，要在此时期学会进行自我沟通。

大学时期，不再是"千军万马过独木桥"了，而是根据自身发展目标、职业生涯规划来度过充实的大学生活，完成大学学业。在这个过程中，我们需要不断地和自己对话。例如，在大学中，想学什么、能学什么？这都需要自己作出决定并付诸行动。自己想干什么，并不等于能干什么，你可以去求助父母、咨询师友等，但一定不能缺乏自我沟通。要说服自己做自己的事情，就要多问问自己，多倾听自己的声音，不要盲从。

有些同学缺乏主见，干什么都喜欢跟风。别人考研，他也准备考研；别人想出国，他也准备出国。这类人根本没有根据自己的实际情况来选择，这就是缺乏自我沟通的表现。在大学期间，我们要学会积极地自我沟通，与自己的内心达成共识，活出自己的精彩人生。因此，我们要在一次又一次说服自己的过程中，培养主见、强化主见、展示主见。

那怎么做好自我沟通呢?

我们要树立随时进行自我认知和自我调整的意识。根据实际,在不同阶段对自己的阶段性目标进行调整,对自己的情绪、能力进行自我评估。比如说,早上起床后,想想自己全天的安排,需要上什么课,下课后干什么;等晚上睡觉时,在头脑中再把当天的人和事简要回顾一下,对做得好的地方,进行自我肯定、鼓励自己,这有利于树立自信。这些做法就是在自我沟通。有些同学喜欢写日记、写备忘录、写回忆录等,聆听自己内心深处的声音,这也是在自我沟通。在与他人沟通前,问一问自己的沟通目标是什么,也是在自我沟通。现在,是时候培养自信、发挥内在潜能、说服自己采取行动了。如何才能更好地说服自己呢?

第一,说服自己确立奋斗目标。

不少学生考上大学后就失去了奋斗目标,马上就松懈下来。要说服自己,前提是确立自己奋斗的目标。例如,你是否想努力学习去争取各类奖学金?你是否有从事科学研究的志向?大学毕业后想干什么?想在哪个城市工作和生活?你是否想进一步深造?你想要的是什么样的人生?不管目标大小,请确立你的奋斗目标。

怎么确立奋斗目标呢?志存高远,脚踏实地。目标有大小之分,也有短期目标、中期目标和长远目标之分。设定具体的大目标,比设定一系列较小的目标更能激励你前行。然而,长远目标有时似乎遥不可及,就像是一个不可能完成的艰巨任务。如果天天想着终极目标,将让自己不堪重负,就会打击自己的斗志,甚至放弃自己的计划。这时就需要对终极目标进行分解,分解为一个一个的阶段性目标。打个比方,假如你想创作一部长篇小说,不可能一气呵成,你可以暂时把"写完整部小说"这个大目标放到一边,眼下只专注于撰写当前的内容,或每天完成10页。这样,你就可以集中精力去完成一个一个的小目标,可以看到一点点的实质性进展,积少成多,最终实现大目标。

确立目标,就是对自己的一种期望。假如你对自己的期望很低,那么你得到的回报通常也会很少。一般来说,丰厚的回报往往来自较高的期望、更大的梦想,且具有较高的风险。结合实际想想自己目前的处境,例如,现在就读的这个大学自己是否满意?要不要树立更高的目标?考研时,是否报考一个更好的学校?你对自己现在的学习成绩是否满意?是"六十分万岁",还是努力去争取奖学金?试试去确立更高的目标吧,说服自己不要安于现状。

当然,要把自己的期望控制在合理的范围内,不要好高骛远,天天做白日梦。

你不但要确立你的目标，还要知道如何去实现它们，不从纸上逞空谈。那就试着把你的目标和实现目标的措施写下来，例如，具体目标是什么，希望何时实现，打算如何实现。把这些想清楚，制定一份合理的时间表（行动计划），这会让你的计划变得切实可行。

第二，说服自己改变思维模式。

在制订行动计划时，你需要考虑的问题会有很多，你面临的条件和打算采取的措施也会因情况的不同而不同。在制订计划时，你需要不停地说服自己。可以尝试一下说服自己改变思维模式。

首先，要权衡利弊，为最好和最坏的情况做打算。先好好想一想：假如坚持完成计划，最好的结果可能是什么？最坏的结果又是什么？为实现某个目标，如果坚持到底，最后能获得多大的收获？如果失败了，自己能承受多大的损失？例如，你打算考研，试想：一心一意备考，最好的结果是考上了；如果考不上，你怎么办？是去就业，还是来年再考？如果一边备考一边找工作，会不会顾此失彼，甚至二者都不能兼顾？下不了决心的原因，可能是害怕失败与要承担的风险，也可能是怕不好好准备以后会后悔。那怎么办呢？做最坏的打算，做最好的准备。

其次，不要怕失败，将失败的经历视为人生财富。每个人都会经历失败，最成功的人往往失败得最多，因为他们冒险的次数远超常人，他们会从以往的失败中不断学习。如亚伯拉罕·林肯，他曾经经商失败，破产2次，竞选也输了26次，最终却当上了美国总统。为了实现人生中的重要目标，我们必须敢于尝试，正视失败，接受失败，甚至可以通过自寻失败来重塑我们的大脑，克服害怕失败的心理。消极思想往往导致消极的结果。不看好自己，低估自己的能力，以致还没尝试就认定自己必将失败，这就叫"预先失败"。这时，你需要说服自己去改变思维模式，用积极的想法取代消极的想法；或者去寻找你害怕失败的原因，不要为如何实现目标而烦恼。

最后，说服自己时不要被别人的看法左右。一是不要拿自己和别人比较，二是不要为别人对你的看法而烦恼。如果你经常瞧不起自己，妄自菲薄，那就不要和任何人比较，而是换一个角度认识自己，你不妨这样理解：你的负面感受完全来自你的内心。是你非要和别人比，才导致你感觉自己样样不如人。但你要知道，别人可没有逼迫你妄自菲薄。"走自己的路，让别人说去吧。"说起来简单，做起来难！在日常生活中，我们往往很在乎别人的看法、别人的评价。我们很难说服自己，有时就是因为别人对自己的看法而烦恼，做事犹豫不决。你之所以犹豫不决，可能是害怕别人看不起你，害怕自己不合群，害怕别人说你会失败。他们也许是对的，但事在人为，要说服内心的自己。

第三，说服自己采取积极行动。

说服自己并确立目标后，还不能成就自己，还需要说服自己积极采取行动并持之以恒，方可实现目标。自我反思一下，我们有多少事情半途而废了？可能太多了。我们要经常问自己并说服自己。例如，"我为什么还没有行动？如果不行动，对我有什么好处？如果不能坚持下去，对我有什么坏处？如果不能放弃，那我什么时候开始行动？如果现在立刻有所行动，对我有什么好处？"这样不停地问自己，行动力就产生了。

我们有时不愿采取行动去实现目标的原因是习惯了安于现状，那么就请离开你的舒适区。一直待在舒服、安全、没有压力的心灵空间，当然毫不费力，但这么做却会让我们失去斗志，阻碍我们的发展，正所谓"生于忧患，死于安乐"。停留在舒适区，可以保持一种平衡的学习、生活状态，但我们要去打破这个平衡，离开舒适区，让自己有机会做一些有创意的新鲜事，从而达到一个新高度。

第四，自我奖励也是自我沟通。

我们习惯把获得奖励视为别人或者组织上对我们的认可，其实自我激励和自我奖励也属于自我沟通。在付诸行动之前，自我激励一番；在实现自己的一个个小目标时、取得一个个小成功时，不妨给自己一些奖励。

自我激励可以采用座右铭。座右铭，原来是指写在座位右边的，起警戒、提醒作用的有教益的话，现在指的是人们用来激励、警戒、提醒自己或作为行动指南的格言。历史上，许多中外名人都有自己的人生格言或座右铭。

将奋斗目标可视化，也可以用于自我激励。例如，在纸上写下你的目标，写出追求这些目标的理由，放在书桌前或贴在电脑上（贴在你能够经常看到的地方），这样可以激励你朝着目标迈进。这种做法可以让你保持专注，在通往成功的正轨上不断前进。

当我们实现一些目标时，可以自我奖励，自我奖励就是与内心的自己进行沟通。你可以为自己的表现设定一个标准，达到标准就奖励自己一下。例如，某一门课的考试成绩达到多少分，就大餐一顿，犒劳自己；如果期末考试进入前几名，就给自己一个更大的奖励；如果工作业绩提高了多少，就找个周末和朋友们庆祝一番，等等。自我奖励时，尽量利用一些对自己有诱惑力的奖励来激励自己。

（二）欲说服他人先说服自己

在人际沟通中，要想说服他人，先要说服自己。我们先来看一则故事。

某人逛街的时候，很喜欢约上朋友小芳一起，因为她特别会砍价，看人的眼光也挺毒辣，如遇到有人推销护肤品，她会等着对方说完，然后一本正经地盯着对方的脸说："我看你的皮肤也没有很白啊，你自己应该也不用这个产品吧。"

推销员一愣，反应过来，赶紧解释："没有啊，我一直在用这个产品呢，真的很好用。"

推销员弱了几千丈的气势，告诉我们：一个自己都不相信自己推销的产品的人，怎么能成功地向消费者推销产品呢？

这则故事揭示出：只有先说服自己才能最有效地说服他人！

要说服你想说服的对象，需要有逻辑地让他人认同你，自己也要说服自己、认同自己。怎么先说服自己呢？

首先，要想说服他人，关键是自己要对自己所要表达的沟通内容深信不疑，或者亲身经历过。对自己所要讲的内容要有较为全面的认知，有逻辑地、有层次地构思沟通内容，对自己的观点或想法要进行充分的论证准备。例如，你要提出一套方案，想获得领导或同事的认可，那你就需要论证这套方案的可行性，对这套方案区别于其他方案的优缺点了如指掌。

其次，分析沟通对象，说服他人要有针对性。你要说服谁、怎么去说服，这与沟通对象有密切关系。也就是说，同样的沟通内容，在针对不同的人时，我们会选择不同的沟通方式。例如，在推销一个产品时，要针对顾客的不同需求进行有针对性的产品介绍。推广一部教材，不能仅仅介绍教材的优势，还要看教材使用者的实际需求，顺着对方的需求来说，才能让对方满意。

最后，采用自问自答的方式先说服自己。在说服他人之前，自己假设对方会提出哪些问题，而自己该如何解答；若能一一解答，这就是说服自己的过程。要做好自问自答，需要有预见性，即对潜在的疑问进行多方面、多角度分析。可以问问自己：这次沟通希望达到的目的是什么？我为什么要进行这次沟通？对方可以从此次沟通中获得什么？自己的想法、方案或建议等有哪些优势和劣势？对方对某些问题提出异议，如何处理？是否有备选方案？如果不能达成共识，将如何处理？把这些问题都考虑一遍，自己信心十足后，再去说服别人。

三、说服队友

（一）团队沟通能力

一直以来，很多人把"少说话，多做事""沉默是金"奉为真理，甚至认为埋头苦干才是事业走向辉煌的制胜法宝。这种认识忽略了人是身在团队之中的，良好的沟通是团队协作的一种必备能力。作为团队，成员间的沟通能力是团队能够有效沟通和拥有旺盛生命力的必要条件；作为个体，要想在团队中获得成功，拥有良好的沟通能力也是最基本的要求。可以说，团队沟通是团队及其成员分工协作、有效管理、事业有成的必备技能之一。

对于团队成员来说，不仅要有个人能力，更需要有在不同的位置上各尽所能、与其他成员协作的能力。团队协作能力，是建立在团队的基础之上，通过发挥团队精神，互帮互助互补，以达到团队最大工作效率的能力。要协调合作，就离不开沟通。

现代社会是一个开放的社会，沟通能力在团队工作中非常重要。当你有了好想法、好建议时，要尽快让别人了解、让上级采纳，为团队作出贡献。否则，不论你有多么新奇的观点和重要的想法，如果不能让更多的人去理解和分享，都等于零。

团队沟通时，需要成员集思广益，达成共识。如果一个人固执己见，无法听取队友的意见，或无法和队友达成一致，团队的工作就无法进行下去。团队沟通时，团队成员免不了进行思想交锋。对待队友一定要宽容。讨论问题时，对事不对人，即使队友犯了错误，也要本着共同进步的目的帮助队友改正。同时也要经常检查自己的工作，如果意识到了自己的不足，不妨将它坦诚地讲出来，让大家共同帮助你改进。

（二）说服团队成员

在团队沟通中，除了倾听队友的意见、认同队友的想法外，有时我们还需要去说服队友，让他们听从我们的意见、采纳我们的建议或方案。在团队中，敢于沟通、勤于沟通、善于沟通，让团队其他成员都了解你、欣赏你、喜欢你，你在团队中的作用就更容易得到发挥。

在日常学习和职场上，有很多事情都需要经常和别人进行沟通，甚至需要你和你的团队成员一起合作才能更好地完成工作。但是在和队友一起合作去完成一些事情的过程中，我们会因为各种原因和队友发生分歧，甚至有时候彼此意见不合，最终还会影响团队整体意见的统一。解决分歧，就是一个说服和被说服的过程。要说服团队成员，需要掌握团队成员之间的说服方式和沟通技巧。

1. 结伴而行，专注于团队的共同目标

一个团队要想发展快、走得远，就得结伴而行。如何让团队成员结伴而行呢？答案很简单，就是让团队拥有共同的目标或价值追求，并专注于这个共同目标。在职场上，很多事情都需要一个团队拧成一股绳，大家向着同一个目标去努力，只有这样我们才能更好地把事情做好。要想和整个团队中的人齐心协力做好一件事情，我们就需要学会团队沟通，以巧妙地化解矛盾，更好地说服队友并和队友一起做事。

在团队集体沟通的过程中，我们不可能言听计从，团队成员要群策群力，一起贡献智慧和力量。如果我们有很好的想法、措施，在团队沟通时不妨多问问自己：这个想法与共同目标有什么关系？这个措施需要协调哪些团队成员来共同完成？是否符合大家的共同利益？切不可为了私利而牺牲团队利益。

2. 持续沟通，才能不断凝聚团队共识

为了实现某个共同目标组建起来的团队，要想持续发展，就需要持续的沟通。持续沟通能力是团队成员能够更好地发扬团队精神的最重要的能力。团队成员唯有秉持协商和对话的精神，有方法、有层次地跟队友探讨问题、发表意见、汇集经验和知识，才能凝聚共识，形成团队默契，激发团队潜力。

3. 掌握技巧，让说话方式体现团队意识

在团队沟通中，要体现大局意识和合作意识，不能独断专行。在沟通时，要讲究一定的说话方式，团队成员才能乐意接受，并采取共同行动。下面列出沟通时一些重要的语句，多使用这些语句，能让团队成员的团队意识明显增强。

常说这个字：您。

使用两个字：我们。

不忘三个字：谢谢您！

建议四个字：不妨试试！

动员五个字：咱们一起干！

询问六个字：您的看法如何？

赞扬七个字：您干了一件好事！

敢说八个字：我承认我犯过错误！

这些看似简单的话语，能在团队沟通中发挥巨大的润滑作用。除了这些常用语句外，在沟通协商时，多说"您怎么看待这个问题""接下来，我们该怎么做比

较合适""现在做了这些，我们如何在这个基础上继续……"这些带有商量语气的话，沟通就会更加顺畅。

四、说服对方

合则共赢，斗则俱伤。这个道理大家都懂，但是要做到的话，需要沟通、对话。团队与团队之间的沟通，不同于团队成员的内部沟通。

1. 求同存异尊重对方

如果说通往共识之路有什么密钥，那一定非"求同存异"莫属。任何共识的达成，必定建立在相互尊重、相互包容的基础上，而求同存异作为科学的方法论，能帮助我们尽快达成共识。

下面我们来看周恩来总理在1955年万隆会议上的补充发言。

我们的会议应该求同而存异。同时，会议应将这些共同愿望和要求肯定下来。这是我们中间的主要问题。我们并不要求各人放弃自己的见解，因为这是实际存在的反映。但是不应该使它妨碍我们在主要问题上达成共同的协议。我们还应在共同的基础上来互相了解和重视彼此的不同见解。

周恩来总理以高瞻远瞩、胸怀博大的伟大政治家风度，高举和平、团结、反帝、反殖、友好合作的旗帜，坚持求同存异、协商一致的原则，化解了矛盾，排除了障碍，赢得了朋友，为万隆会议在极其复杂的形势下取得成功作出了重要贡献。

"求同"就是寻找共同思想、共同要求、共同利益，这是达成共识的基础；"存异"就是保留不同观点、不同主张、不同利益，这是达成共识的条件。要与对方达成共识，我们需要专注于目标，避免争论，保持良好的沟通氛围，通过共同努力，找到彼此认同的共识点，通过求同存异的方法最终达成共识。

2. 让对方来赞同我们

公说公有理，婆说婆有理，谁也说服不了谁，那就换个角度，让对方来说我们有理并赞同我们。共同认同的"理"，不是通过争辩得来的，通过争辩达成共识的概率微乎其微，因为争辩本身就是一个双输的行为。

在一些涉及自身利益和未知情况的时候，其实每个人都不太愿意轻易地按照别人的意思去做事。当双方或多方从各自的利益出发时，可能一开始就针锋相对，到最终都不能达成共识，只能与目标背道而驰。

为了避免针锋相对，可以先按对方的思路进行沟通，先假定对方的观点、想法等是合理的，引导大家先按照对方的思路探讨下去，并努力挖掘其中的弊端或不足之处，让对方发现自己的观点或想法有失偏颇或是错的。当对方发现如果按照他们自己的方向走下去会出现问题时，他们自然就会与我们共同去寻求一种更好的方法。此时此刻，如果我们能立足问题并结合实际，提出我们的解决方案，对方自然会慢慢地向我们这边靠拢，慢慢引导对方来赞同我们，最终达成我们的目标。

3. 换位思考感受对方

为什么很多人总是和对方说不到一起去？这其中重要的原因就在于很多人只是站在己方的立场或角度考虑问题，根本没有考虑过对方的感受。这样的话，对方怎么愿意与一个自私的人进行深入交流和合作？所以，要时刻记住，我们要的是共识，而不是己方的胜利，因此，要习惯换位思考，设法让对方觉得受尊重，且与之立场一致。

换位思考，就是当我们在和对方协商一些事情的时候，要学会站在对方的立场或角度去考虑问题，将心比心，用同理心去想对方此时在想什么。如果你是对方，你会怎么去做？对方那样做，他们最终想实现一个什么样的目的？当我们换位思考，站在对方的角度谋划和考虑，理解对方的心理、对方的需求、对方的困难，从这种角度出发的说服方法就容易使对方接受，并能达成统一的认识。要说服对方赞同我们的观点，我们就需要与对方站在一起，让对方对我们产生"自己人"的亲近感和认同感，这样双方的关系就会更融洽，说服对方就更容易。

4. 启发而非逼迫对方

在与对方沟通或洽谈一些事情时，如果我们很直白地去谈一些事情，对方可能会不理解，甚至还会觉得我们这样做会影响他们的一些利益。在这种情况下，我们就可以借助一些方式去启发对方，让对方一点点地接受这件事情。在沟通过程中，如果对方不接受我们的想法，那此时我们可以穿插一些案例而不是直接讲道理，通过一些真实的案例或者别人的故事来一步一步地引导对方向着我们预定的方向去思考。当对方通过这些案例中的事件、数据、信息了解了一些情况，或者对方有了一种身临其境的感觉或感同身受时，我们再去沟通一些事情，就会容易一些。

达成共识是双方或多方共同参与、创作的动态过程，这个过程需要我们保持开放的心态，不要试图将自己的思想强加于对方。

5. 晓之以利吸引对方

在寻求合作伙伴或合作方时，一相情愿是常有的事情。如果对方不感兴趣，没有合作意愿，就难以进行沟通。下面是一个"晓之以利"的沟通案例。

在英国工业革命方兴未艾时，以发明发电机而闻名的法拉第，为了能够得到政府的研究资助，去拜访首相史多芬。法拉第带着一个发电机的雏形，非常热心并滔滔不绝地讲述着这个划时代的发明，但史多芬的反应始终很冷淡，一副漠不关心的样子。实际上，这也是无可奈何的事情，因为史多芬只是一个政客，要他看着这种周围缠着线圈的磁石模型，认同这将会带来产业结构的大转变，实在是太困难了。但是法拉第在说了下面这句话后，却使原本漠不关心的首相突然变得非常关心起来，法拉第说道："首相，这个机械将来如果能普及的话，必定能增加税收。"首相听了法拉第所说的话后，态度突然有了巨大的转变，其原因就是这个发电机将来一定会带来相当大的利润，而利润增加必能使政府得到一笔很大的税收，首相关心的就在于此。

这个案例说明，只有吸引对方，才能为洽谈做好铺垫；只要了解对方真正追求的利益并满足对方，便可达到沟通的目的。

🕭 拓展训练

请分析下列案例中申叔时采用了什么说服技巧。

公元前598年(周定王九年)，一代霸主楚庄王兴兵讨伐杀死陈灵公的夏微舒。楚师风驰云卷，直逼陈都，不日即擒杀了夏微舒，随即将陈国纳入楚国版图，改为楚县。楚国的属国听闻楚王灭陈而归，俱来朝贺，独有刚出使齐国归来的大夫申叔时对此没有表态。楚王派人去批评他说："夏微舒杀其君，我讨其罪而戮之，难道伐陈错了吗？"申叔时要求与楚王见面以陈述自己的意见。申叔时问楚王："您听说过'蹊田夺牛'的故事吗？有一个人牵着一头牛抄近路，经过别人的田地时，践踏了一些禾苗，这块田地的主人十分气愤，就把这个人的牛给夺走了。这件事如果让大王来断，您怎么处理？"庄王说："牵牛践田，固然不对，然而所伤禾苗并不多，因这点事夺人家的牛太过分了。若我来断，就批评那个牵牛的，然后把牛还给他。"申叔时接过楚王的话茬儿说："大王能明断此案，而对陈国的处理却欠推敲。夏微舒弑君固然有罪，但已立了新君，讨伐其罪就行了，今却取其国，这与夺牛的性质是一样的。"楚王顿时醒悟，于是恢复了陈国。

Chapter 06

第六章
保研考研与求职面试

　　如果说高考是"千军万马过独木桥"，那保研考研更像是为了自己的志趣在战斗。了解并掌握保研考研的面试技巧，可让"研途"更顺畅。大学生步入社会，不是"瓜熟蒂落"的自然过程，求职是一项系统工程，需要精心谋划和细心准备。

第一节　保研考研面试

● 任务目标

（1）了解保研和考研的相关政策。
（2）掌握保研面试相关材料的撰写方法。
（3）掌握考研面试中自我介绍的要领、回答问题的一般方法。

● 课堂训练

保研考研面试模拟练习。

（1）假如你成绩优异，有资格参加保研的差额面试。请结合自身实际和所学专业，向面试评委作一个简要的自我介绍。

（2）假如你正在考研，已通过考研初试，现进入复试面试环节。请结合自己所学专业，拟定一个目标学校和报考的专业，进行一次模拟面试。首先由同学作一两分钟的自我介绍，然后由任课教师充当评委进行提问。

训练解说

保研面试和考研面试有一定的区别。获得保研推荐资格的面试是在自己学校自己专业进行的，而考研面试可能是跨校或者跨专业进行的，所以两种面试中自我介绍的侧重点和详略程度是不同的。

保研面试的自我介绍，面对的是比较熟悉的本专业教师，一般可以这样来进行。

（1）我是谁；（2）以前的学习情况（包括学习成绩、学习兴趣、学习方法、学习获奖情况等）；（3）参与课内外学术活动的情况；（4）今后简单的学习规划；（5）致谢（感谢本专业老师的教导）。

如果已获得了保研推荐资格，到外校参加保研面试，可以这样进行。

（1）我是谁（详细一些）；（2）以前的学习情况（简要说明学习成绩、获奖情况等）；（3）参与课内外学术活动的情况；（4）今后简单的学习规划；（5）致谢（感谢评委给予机会）。

在跨校跨专业保研面试中，"我是谁"这部分需要介绍得详细一些，并说明你为什么选择到那个学校那个专业参加保研选拔。这就需要你提前熟悉对方学校的学科情况、重点研究领域和学术影响，并结合自身兴趣进行表述。在展示你的能力的同时，还要表达你的真心实意，以打消评委认为你可能"脚踏多只船"的顾虑。

考研面试的自我介绍，面对的是你报考单位的专业教师，可以这样进行。

（1）我是谁；（2）为什么报考这个学校这个专业；（3）简要介绍以前的学习情况（若原来成绩不理想，可不提）；（4）读研期间的简单规划；（5）致谢并表达积极学习的态度。

考研面试是差额面试，自我介绍是给人留下良好的第一印象的关键，自信、好学、发展潜力，是你要在自我介绍中传达的重点信息。

在保研和考研面试中，要重点介绍学习情况、学术活动和专业实习情况，并表达打算进一步参与科研的想法；而参加学生社团和社会实践活动的情况不是重点内容，在时间有限的情况下不必介绍，这是与求职面试很不同的地方。

知识串讲

大学毕业后的进一步深造可以通过保研、考研和出国留学来实现。本节主要介绍保研面试和考研面试及两种面试中的语言表达问题。

一、保送研究生面试

（一）保送研究生

全国普通高等学校推荐优秀应届本科毕业生免试攻读硕士学位研究生，俗称"保研"，是本科毕业生升学的方式之一。推荐免试是指依据国家有关政策，对部分高等学校按规定推荐的本校优秀应届本科毕业生，及其他符合相关规定的考生，经确认其免初试资格，由招生单位直接进行复试考核的选拔方式。

推荐优秀应届本科毕业生免试攻读硕士学位研究生，其中"推荐"是指学校按规定对本校优秀应届本科毕业生进行遴选，确认其免初试资格并向招生单位推荐；其中"免试"是指应届本科毕业生不必经过全国硕士研究生入学统一考试的初试，直接进入复试。获得推免资格的毕业生还需要招生单位接收，方可获得研究生入学资格。接收，是指招生单位对报考本单位的具有免初试资格的考生进行的复试和录取。

近年来，报考研究生的人数逐年增加，考研难度越来越大，所以越来越多的同学想通过保研的方式成为硕士研究生。教育部相关文件规定,所有推免生均享有依据招生政策自主选择报考招生单位和专业的权利,并要求各个高校保障学生自主报考的权益。因此,保研的竞争也就越来越大。如果你想保研,需要好好准备一番。

(二)保研夏令营

首先,本科前三年(四年制本科)的加权成绩要符合所在学校的规定才能获得保研面试的资格。保研工作一般在每年的9月份进行,一些高校为了招收优质生源,会在7月份举办保研夏令营,提前招揽考生并进行预选。什么是保研夏令营呢?保研夏令营是近几年各高校(特别是著名高校)抢夺优质生源的一种方式,利用暑假中一周左右的时间,与学生进行较长时间的接触,如组织学生参观实验室、介绍各导师的研究方向、举办学术交流会等,通过多种方式(如笔试、面试、实验测试等)来考查学生,以确定是否对其发放拟录取通知书。

对学生来说,参加保研夏令营,可以增加被其他招生单位录取的机会;对招生单位来说,举办保研夏令营,可以吸引更多的生源,可以更深入地了解、考查学生,选择的余地也就更大。

优秀应届本科毕业生要想获得某高校的保研夏令营营员资格,要经过报名、筛选等环节。相关高校在各自的网站上发布夏令营的通知后,考生根据通知要求准备并提交相关材料,招生单位通过对考生提供的材料进行筛选,最后确定入营名单。

报名参加夏令营一般需要提交以下材料。

(1)申请表(有的高校要求在线填写);

(2)个人陈述(1 000~1 500字);

(3)副教授(或相当职称)及以上的专家推荐信2封;

(4)成绩单及成绩排名证明各1份,并加盖院系教务部门公章(有些要求提交扫描件);

(5)相关获奖证书和英语水平证书(复印件或扫描件);

(6)在学术期刊上发表的文章、出版物或其他学术作品也可作为申请材料提交;

(7)其他要求的材料,如学生证复印件、夏令营学员学术报告等。

个人陈述是与对方沟通的一种书面形式,也是自我推荐的重要材料。个人陈述该怎么写?

【扫码看案例】
(夏令营个人陈述)

如果招生单位规定了个人陈述所要涉及的内容，一定要照做！一般来说，个人陈述中，需要介绍个人的基本情况、学术背景、研究经历，以及将来在研究生阶段的学习和研究计划、个人职业生涯规划等。重点是突出自己具备进一步深造的潜力，所以先要写出自己在大学期间取得的成绩以及学习方法，参加科研的初步经历和成果等，然后围绕读研的目标、方向及未来的学习规划来写。

【扫码看案例】
（夏令营专家推荐信）

两封专家推荐信也需要认真对待。一般来说，学生要联系本校两位副教授及以上职称的老师来推荐自己。建议请曾经指导过你进行大学生科研项目或调查研究的老师来推荐你，因为他们对你有比较具体、深入的了解。如果你想找相关领域的知名教授推荐你，而他对你又不是很熟悉，这时候你需要提供一些材料给他，或是草拟一份推荐信，再请该教授修改、签字。另外，建议请两个专家分别从不同的角度推荐你。

示例：

推荐信

尊敬的研究生招生负责老师：

您好！我是××大学××学院××专业的教师×××，应我系××专业20××级本科生×××同学的请求，推荐该生参加贵校的暑期保研夏令营。

×××同学，20××年9月进入××大学××专业学习，学习成绩优秀，名列专业第×。本人在该生本科阶段的学习中，担任其"×××"和"×××××"两门课程的授课教师，并担任其业务实习的指导教师。目前，正在指导该生参加国家级大学生创新创业训练项目"×××××"的研究工作。

在学习、科研方面，该生严谨认真，踏实谨慎，勤于思考，勇于探索。在学期间，该生始终以学业为重，注重学习基础知识，打下了良好的专业基础。通过深入学习专业知识，该生逐渐对×××产生了浓厚的兴趣，并尝试参与了相关研究工作。该生先后参加两项"大学生创新创业训练项目"（或"挑战杯"），在其中一个项目中作为项目负责人参与研究，逐步培养了科学、严谨的科研素养。在参与科研项目的过程中，该生善于发现问题，能够运用所学知识，通过查阅文献和分析材料，努力解决研究中发现的问题（可以具体到某个研究问题）。此外，该生在学有余力的同时，辅修了我校×××专业，成绩优秀，具备较强的学习能力。

在个人品质方面，该生谦逊有礼，坚定执着，严于律己，乐于助人。在项目团队中，该生能够与不同年级、不同学科背景的同学进行有效的沟通与合作，具备良好的人际交流能力。课余时间，该生能够发挥所长，担任学院学业辅导讲师，辅导低年级学生的功课，具有服务意识和奉献精神。

鉴于该生对科研有非常浓厚的兴趣，且有进一步深造的强烈意愿，故向贵校郑重推荐。

推荐人：×××

×年×月×日

进入夏令营后，要认真参加学术交流会、学术报告会，接受笔试、面试或实验测试等。夏令营的面试一般是在快闭营的时候进行，其面试的程序（包括内容和形式）相比考研面试来说要简化一些。如何准备和参加面试，在下面一并介绍。

（三）保研面试技巧

保研面试是获得推免生资格的重要环节。获得推免生资格的保研面试都在本校进行。参加本校的保研面试，需要准备什么、注意什么？你可以向上一届参加过保研面试的学长学姐取经。

面试之前，要认真准备面试所需材料。面试材料一定要准备齐全，包括获奖证书、论文、成绩单、成绩排名证明等，以及个人简历。简历一定要写好，突出重点内容和你最擅长的东西。如果你的简历中有比较好的项目，面试时评委很可能会询问与项目相关的一些问题，如"你在项目组中主要负责什么""你参加研究后取得了什么成果""你在参与项目的过程中，发现自己存在哪些不足"等。如果没有参与项目的经历，评委可能会问你各种专业知识。对写进简历里的内容要熟悉，特别是科研项目，如果评委问到与简历上的项目相关的问题，你却回答不出来，这会比问到专业知识回答不出来更尴尬，可能还会失去评委的信任。

面试时，请在工作人员的引领下入场，在指定座位上就座。入座前致谢，入座时腰要挺直，坐在椅子的前2/3处，这样较为正式。态度要端正，仪容仪表要整洁、大方，保持微笑，展示出自信，使用礼貌用语，尊重面试评委。面试开始后，评委一般会让考生作一个简单的自我介绍。自我介绍（包括英文自我介绍）是可以提前好好准备的。自我介绍要突出重点，体现你的能力和核心竞争力，而且要烂熟于心，作介绍时要像自然的沟通交流而非背稿子。自我介绍要善于突出你的自学能力和动手能力，很多老师偏爱自学能力和动手能力强的学生，提及能力时一定要用实例来证明。

面试时，评委通常都会问哪些专业性问题？一般来说，保研面试中涉及的专业知识问题可以分为两类：一类是固定问题，是面试组提前设计好的一组或几组面试题，是每个考生均要回答的（可能是以抽签的形式来决定回答哪组题）；另一类是即兴提问，即评委根据考生的自我介绍或对其他问题的回答，进行追问或延伸提问，即兴提问一般是开放性的问题。

面试时，遇到自己答不上来的问题怎么办？遇到不会的问题是无法避免的情况，切忌不懂装懂，乱说一通，让人笑话。一定要实事求是，你可以委婉地说："老师，我不太了解这个问题，不知道该怎么回答。"并表达以后要虚心学习的态度。

面试结束时，不管表现得好不好，都要沉着冷静，有礼有节，起身离场时对评委表示感谢。

二、统考研究生面试

复试是硕士研究生招生考试的重要组成部分，用于考查考生的创新能力、专业素养和综合素质等，是硕士研究生录取的必要环节，复试不合格者不予录取。参加统考的考生进入复试环节后，要认真准备复试中的面试。

教育部要求，复试时间、地点、内容、方式、成绩使用办法、组织管理等由招生单位按教育部有关规定自主确定。复试办法和程序由招生单位公布，招生单位会按照教育部有关规定制定本单位的复试录取办法和各院系实施细则，提前在本单位网站向社会公布并严格执行。复试录取办法中明确了考生进入复试的初试成绩和其他业务要求，以及复试、调剂、录取等各环节的具体规定。考生需要提前了解报考单位的复试程序和要求，做到心中有数。

考研复试的内容，一般包括外国语听说能力、综合素质与能力考核。综合素质与能力考核包括对考生的思想政治素质和道德品质的考核，同时涉及考生专业素质与创新能力，以及考生实验（实践）能力的测试。对于理工科考生，主要测试其实验和操作技能；对于文科类考生，主要测试其理论联系社会实际解决问题的能力。考查范围包括考生的科研和社会工作经历、实践经历、事业心、责任感、纪律性、协作性和心理素质，以及举止礼仪和表达能力等。专业素质测试主要考查考生对本专业（学科）理论知识和应用技能的掌握程度，利用所学理论发现、分析和解决问题的能力，对本学科发展动态的了解情况以及在本专业领域发展的潜力。创新能力测试主要考查考生的培养潜质和创新潜能。

考研面试的问题和回答技巧与保研面试基本相同，此不赘述。

🔆 拓展训练

（1）如果你有意申请某大学举办的保研夏令营，请撰写一篇个人陈述作为报名材料。

（2）如果你已经通过考研面试，打算通过电子邮件提前联系某一研究生导师，希望尽快选择导师并得到导师的指导，请撰写一篇自荐材料。

第二节　求职面试

● 任务目标

（1）了解求职面试的类型及其考查内容。

（2）掌握求职面试中自我介绍的方式方法。

（3）理解并能够运用求职面试的问答技巧。

● 课堂训练

（1）近年来，社会培训机构推出了一些关于"结构化面试"和"小组面试"的模拟训练视频。同学们可以搜集相关视频进行观摩，了解不同面试的大致流程。观摩后，发表观后感。

（2）设定一个职位，如某事业单位"行政文秘"或某科研机构的"科研秘书"职位，邀请两位同学针对这一职位进行求职时的自我介绍。然后邀请两位同学分别进行点评，最后教师进行总评。

训练解说

在面试刚开始时要求应聘者作自我介绍是一个非常普遍的现象。有时面试官的问题就是从应聘者的自我介绍中提出的。在自我介绍时，诚实非常重要，不要试图通过任何形式来隐藏自己过去的一些经历或者事件，也不要自吹自擂，夸大自己的学识和能力。自我介绍时，一定要将自己的基本情况与应聘岗位进行匹配，找准切入点。多数同学可能只介绍自己具备哪些符合应聘岗位要求的能力等，除此之外，还应思考"自己为什么来应聘这个职位"，先从自己的志向谈起，然后陈述自己具备的条件。另外，还应思考自己在竞争者中可能具备哪些优势。

（3）你为什么到我们单位来求职？

训练解说

这个问题一般有两个考查目的：一是考查应聘者对招聘单位的了解情况；二是了解你求职的真实目的和要求。回答这类问题应该从两方面入手：一是要说出招聘单位有何优势和特点，正因为这些，你才来这里求职；二是说出自己选择来该单位求职的自身原因（专业对口、职业规划等），说明招聘单位能为自己提供施展才华的平台，同时自己又能为单位的发展贡献力量。

（4）你最大的优点是什么？

训练解说

很多面试官都喜欢问这个问题。如果你平时就很注意了解并剖析自我，回答这个问题是很容易的。有时候优点和缺点会因为职位的不同而出现互换，即对于一个职位而言的优点，可能会成为另一个职位的缺点。所以，你回答的优点应与应聘职位有较大的相关性。尽量说自己能力方面的优点，然后列举两个既与应聘职位有关，又能体现你优点的事例，但说话要得体，不要给人留下自吹自擂的印象。

（5）针对所学专业，拟定某一岗位，应聘此岗位，你最大的缺点或不足是什么？

训练解说

我们要善于发现并正视自己的优点和缺点。虽然人无完人，但是在回答这个问题时，不能为了体现自己的诚实而把所有缺点和盘托出。一般有三种回答方式。一是如实说明自己的缺点，这种方式不太可取。二是说一些大多数应聘者都存在的缺点和不足，如可以说自己实践经验不丰富、社会阅历较浅、知识结构有待进一步完善、专业知识不足以应对新的挑战等，并举例说明，以增强说服力。例如，大学期间通过实习，发现自己理论联系实际的能力有待加强，或者发现自己所学的书本知识远远不够用，尚需在工作中再学习。这类不足是绝大多数毕业生的不足，这样回答既说了不足之处，又表达了日后会认真工作、认真学习的积极态度。三是"变缺点为优点"，也就是说，你所谈的缺点从另外的角度去看，对某些工作来说恰恰是一种优点。这种回答非一般学生所能巧妙使用的，谨防弄巧成拙。不论是谈哪方面的不足，千万不能有道德品质方面的问题。

（6）你了解我们单位吗？

训练解说

面试官通过这个问题来考查你对招聘单位的关注、了解程度。作为一名应聘者，应该尽可能地了解面试单位的历史、现状、目标、产品、服务、形象以及企业文化等。对这些问题的回答，如果准确无误又干净利落，无疑会使你从众多的竞争者中脱颖而出，独受青睐，提高被录用的成功率。现在，很多单位都有自己的网站，可以在面试前访问网站，好好做准备。另外，你在了解招聘单位情况的同时，也能尽快地作出最终选择。毕竟就业是双向选择，如果觉得该单位不适合你，你就可马上抽身，去寻找新的用人单位，不必在这里耽误你的宝贵时间。

（7）请谈谈你在过去的学习或工作中最满意的一件事。

训练解说

这种类型的面试题主要考查应聘者的语言表达能力。首先，要流畅陈述最满意的一件事，然后谈谈从这件事情中获得的人生感悟、生活启示等认识层面的收获或能力提升，最好与应聘岗位所需能力和要求有较高的契合度，因此不宜就事论事。

（8）假如你是某单位办公室职员，领导让你负责组织一场全公司员工参加的迎新年晚会，请你说说你为完成此项工作准备的活动方案。

训练解说

这类活动方案面试题主要考查应聘者的计划、组织和协调能力。要求应聘者应考虑到明确的工作目标和要求，据此拟定工作方案，安排工作流程，调配人、财、物资源，成立筹备小组，协调组织各小组共同完成任务。活动方案可从人、财、物三方面来策划，也可从活动前、活动中、活动后三个环节来策划，回答时注意语言表述的逻辑性和条理性。另外，安全预案是必不可少的内容。

（9）如果你是一家食品公司的销售经理，突然有一天媒体记者对你进行采访，说有消费者反映你公司的食品卫生不合格，你将如何解释、如何处理？

训练解说

这类突发性事件面试题，主要考查应聘者在较短时间内对相对陌生或者突发的事件作出判断，并给出简单的处理方案的能力。其决策能力的强弱，能否在统筹思考、有效分析、准确判断的基础上及时作出科学决断，以及能否迅速而灵巧地应对突发事件，并以恰当的方法妥善解决问题等，都可通过应聘者的陈述得出结论。同时，应聘者的心理承受力、情绪稳定性、思维反应的敏捷性、思考问题的周密性、解决问题所用方法的适宜性以及处理问题的决断力也可从中体现。

（10）你的上司脾气暴躁，经常当众批评下属，毫不顾忌下属的情面，大家的工作情绪经常受到影响。作为下属之一，你该怎么办？

训练解说

这类问题主要考查应聘者的人际沟通能力，考查其人际交往的意识和技巧、处理上下级和同级权属关系的意识及沟通能力。回答这类问题时，最好采用辩证分析法，不应只对上司批评人的方式发表意见，可从其批评人的方式和内容来综合考虑，也可结合被批评人当时的处理方法和事后的处理方法进行全面陈述。

（11）你有哪些兴趣爱好？

训练解说

没有任何兴趣爱好是一个很大的缺陷，而有兴趣爱好说明你的兴趣广泛，表示你是一个有综合能力的人。个性特征、兴趣爱好与职业选择有很大的相关性。有时，面试官会用聊天的方式了解应聘者的兴趣爱好、特长等，应聘者千万别麻痹大意，这也是面试的一项考查点。不同岗位需要不同的职业性格，而兴趣爱好、特长等在一定程度上能反映应聘者的性格倾向。

下面，简要介绍霍兰德职业兴趣的六种类型，以供参考。①实用型：喜欢从事使用工具、实物、机器或与物有关的工作；具有手工、机械、农业、电子方面的技能；爱好与建筑、维修有关的职业；脚踏实地，实事求是。②研究型：喜欢各种与生物科学、物理科学有关的活动；具有极强的数学和科学研究能力；爱好科学或医生领域里的职业；生性好奇，勤奋自立。③艺术型：喜欢不受常规约束，以便利用时间从事创造性的活动；具有语言、美术、音乐、戏剧、写作等方面的技能；爱好能发挥创造才能的职业；

天资聪慧，创造性强，不拘小节，自由放任。④社会型：喜欢参加咨询、培训、教学和各种理解与帮助他人的活动；具有与他人相处、共事的能力；爱好教师、护士、律师一类的职业；乐于助人，友好热情。⑤企业型：喜欢领导和左右他人；具有领导能力、说服能力及其他一些与人打交道所必需的重要技能；爱好商业或与管理人有关的职业；雄心勃勃，友好大方，精力充沛，信心十足。⑥事务型：喜欢从事有条不紊地整理信息资料一类的工作；具有办公室工作和数字方面的技能；爱好记录、整理文件、打字、复印及操作计算机等职业；尽职尽责，职业规划完善，忠实可靠。

（12）如果你应聘成功，你对这份工作的期望和发展目标是什么？

◆◇训练解说

面试官想通过这个问题来考查应聘者的工作态度是否积极，对未来的职业是否有一定的规划。回答这类问题时，一是要表达积极上进的工作态度，二是要结合自身实际和岗位特点表达对未来的发展方向和发展目标的思考。

（13）今天的面试就到这里了，你有什么问题要问吗？

◆◇训练解说

面试最后环节的"面试提问"是很关键的，当然，这也是双向选择的一个沟通方式。不能马上说"没有"，你可以围绕入职培训、职业发展以及公司的整体情况进行咨询。例如，这个应聘岗位的工作职责是什么？我将要接受何种培训？如果工作出色，以后我的职业发展路径大概有哪些？我怎样才能成为单位的优秀职员？单位成功和发展的原因是什么？当然，你还得学会察言观色，观察面试官的神情和状态，判断面试官的意图。另外，除非面试官主动提出，否则不宜向面试官直接询问工资、福利、加班、休假等问题。

⚑ 知识串讲

一、求职准备

求职即谋求职业，是一项系统工程，需要精心谋划和细心准备。求职过程包括很多环节，如撰写简历、搜集招聘信息、确定目标单位、投递简历、笔试、面试、签约等。求职面试是一种依靠语言来沟通的特殊交际形式。在此，我们只谈面试环节的准备、语言表达和沟通技巧。

（一）了解面试考查内容

对应聘者来说，在通过了简历筛选和（或）招聘笔试之后，就将进入面试环节。面试是求职过程中常见的一种以选择人才为目的、以谈话为主要手段的考查方式。要想成功通过面试，就需要对面试的主要考查内容进行了解和把握，以便有的放矢，让自己做的面试准备具有针对性。

【扫码看视频】
（求职简历写作技巧）

面试的主要测评内容有以下10个方面。

1. 仪表风度

仪表风度是指应聘者的形体外貌、衣着打扮、行为举止、精神状态等。有些职业对仪表风度的要求较高，如国家公务员、公关人员、营销人员、教师等。面试官通常在面试开始的前30秒内便可对应聘者产生初步印象。

2. 专业知识

用人单位通过了解应聘者掌握专业知识的广度和深度，考查其专业知识的掌握程度及其与应聘岗位的契合程度。面试中的专业知识考查有时是作为专业知识笔试的一种补充。

3. 实习实践

面试官一般根据应聘者简历中所提供的实习实践经历，进行相关提问，主要考查应聘者的专业实习和社会实践经验及相关背景。切忌在简历中描述自己的实践经历时夸大其词、弄虚作假。

4. 沟通能力

面试官通过面对面的沟通交流，主要考查应聘者能否将自己的思想、观点、意见等流畅地用口语表达出来，考查内容涉及音质、音调、语调、语气、语言感染力以及逻辑思维能力等。用人单位性质不同，对语言沟通能力的要求也不相同，有些用人单位还要求应聘者具备较强的英语听说能力。

5. 应变能力

主要通过应聘者能否准确理解面试官所提的问题，能否准确、迅速地回答面试官的提问，能否机智、巧妙地应对面试官的"发难"考查其应变能力。

6. 社交能力

在面试中，面试官一般通过询问应聘者在校期间参与学生课外活动的情况来了解应聘者在学校各类社团中的任职情况、所在社团群体的类型等，进而了解应聘者社交场合和人际交往对象，推断出应聘者的人际交往倾向及其与人相处的技巧。

7. 分析能力

面试官主要通过应聘者在对问题的分析过程中能否抓住本质进行全面分析，说理是否透彻，条理是否清晰考查应聘者的理论分析能力。

8. 自我控制能力

对于这个能力的考查一般需要一定的环境或虚拟的情境来完成。通过设置一些能影响应聘者情绪的问题来考查其情绪稳定性。有时，有些用人单位可能会辅以心理测评，对应聘者进行心理素质考查。

9. 求职动机

在招聘和应聘成本都很高的人才市场，求职动机是一个不可回避的问题，但又是一个不易考查的问题。对于招聘单位而言，了解应聘者的求职动机很关键。招聘单位通过了解应聘者为何选择应聘本单位，其职业规划如何，进而判断本单位所能提供的职位或工作条件等能否满足其工作要求和发展规划等。

10. 爱好特长

爱好是指人们对某种事物具有浓厚的兴趣，如琴棋书画、吹拉弹唱、各类体育运动等，在一定程度上会影响一个人的性格特征。特长一般是指在某个领域或技术方面，有着较为明显的优势和超出常人的能力。爱好特长与职业兴趣有很大的相关性，面试官可以通过爱好特长来预测应聘者的职业倾向。

（二）了解面试类型

随着人才市场的不断开拓与发展，用人单位的面试类型越来越丰富，面试流程也日益科学化，面试的准确率和效率不断提高。对于大学生来说，了解用人单位的面试类型，有利于提前做好"应试"准备，在面试中挥洒自如、从容自信。下面，简要介绍5种常见的面试类型。

1. 电话面试

电话面试就是面试官通过电话来对应聘者进行提问的面试。有些用人单位在筛选简历后，在正式面对面的面试之前，采用打电话的方式进行首轮面试，从而提前了解应聘者的实际情况。电话面试的时间一般为10～30分钟，用以核实应聘者的背景、考查其语言沟通能力等。

2. 行为面试

行为面试的理论基础是：一个人过去的行为可以预测这个人将来的行为。行为面试是企业招聘时最常用的一种面试类型，基于应聘者对以往工作事件的描述以及面试官的提问或追问，运用素质模型来评价应聘者在以往工作中表现出的素质，并以此推测其在今后工作中的行为和表现。

3. 案例面试

案例面试是指面试官给出一个具体案例，并以此为基础延伸出一系列问题，要求应聘者对其加以分析、解决，通常用于专业能力的测评。主要考查应聘者的知识水平、分析能力和沟通能力等。案例可以通过口头上的表达给出，也可以通过书面形式给出。案例可能是真实的事例，也可能是虚构的故事。

4. 结构化面试

结构化面试，也称标准化面试，是面试官根据特定职位的胜任特征和要求，遵循固定的程序，采用专门的题库、评价标准和评价方法，通过应聘者对特定面试试题运用口语进行面对面作答的方式，评价应聘者是否符合招聘岗位要求的人才测评方法。这种面试方法克服了"考官的提问太随意，想问什么就问什么；评价缺少客观依据，想怎么评就怎么评"的弊端。

5. 小组面试

小组面试，又称无领导小组讨论，俗称"群面"，是指将一定数目（一般为5～8人）的应聘者组成一个小组来共同完成一个需要解决的问题。小组成员以讨论的方式，经过各种观点和思想的碰撞、提炼，共同得出一个最合适的答案或结果。在讨论过程中，每个成员都处于平等的地位，不指定小组的领导，也不指定分工，让应聘者作为一个团队自行安排组织并完成指定任务。无领导小组讨论包括要素排序题、讨论辩论题、案例分析题、活动策划题、创意制作题等题型。小组面试主要考查应聘者的组织协调能力、领导能力、合作能力、沟通能力、辩论说服能力等各方面的能力和素质是否满足招聘需求，以及其自信程度、情绪稳定性、应变能力等个性特点是否符合团队工作需要。

（三）标准化的结构化面试

在以上提及的面试类型中，结构化面试是一种标准化的面试类型。下面专门对结构化面试进行进一步讲解。

结构化面试采用事先设计好的一份标准化的面试问答卷，包括面试过程中的所有问题和评分细节。结构化面试的一般流程：由5～9名面试官负责考查，其中设一名主考官，负责向应聘者提问并把握面试的总体进度；面试时间因题目的数量而不同，一般为20～60分钟不等，每个问题的平均问答时间为5分钟。全体面试考官对各要素的评判需根据设定好的分值结构来进行。

结构化面试的测评要素一般包括一般能力、工作能力和个性特征。

1. 一般能力

（1）逻辑思维能力。通过分析与综合、抽象与概括、判断与推理，揭示事物的内在联系、本质特征及变化规律的能力。

（2）语言表达能力。清楚流畅地表达自己的思想、观点，说服、动员别人，以及解释、叙述事情的能力。

2. 工作能力

（1）计划能力。根据实际工作任务设定实施目标、进行宏观规划及制订实施方案的能力。

（2）决策能力。对重要问题进行及时有效的分析判断并作出科学决断的能力。

（3）组织协调能力。根据工作任务，对资源进行分配，同时控制、激励和协调群体活动，使之相互配合，从而实现组织目标的能力。

（4）沟通能力。通过情感、态度、思想和观点的交流，建立良好协作关系的能力。

（5）创新能力。发现新问题、产生新思路、提出新观点和找出新办法的能力。

（6）应变能力。面对突发事件，能迅速地做出反应，寻求合适的方法，使事件得以妥善解决的能力。

（7）其他能力。相应职位需要的其他特殊能力，该能力测评要素根据不同职位的要求确定。

3. 个性特征

主要通过应聘者在面试中表现出来的气质风度、品德修养、情绪稳定性、自我认知等考查其个性特征。

二、求职中的自我介绍

在面试开始后，面试官一般都会要求应聘者作一个自我介绍，时间一般为1～2分钟。自我介绍看似简单，但如果处理得不好，就会全盘皆输。为了让面试官全面、具体地了解你，应真实地向对方介绍自己的情况，介绍与求职相关的、最主要的情况。与此有关的要介绍清楚，不要遗漏；与此无关的则不必介绍，以防眉毛胡子一把抓，反而冲淡了主要内容。要作好自我介绍，需要做到知己知彼。

（一）充分了解自己

介绍自己的基本情况时，一般包括以下几个方面。

基本信息：包括姓名、年龄、教育背景、工作或学习单位、社团或社会活动等。

能力和经历：列举自己所具备的一些能力，最好分项阐述，并辅以相关经历作为例证，这些经历应与你所应聘的职位基本相符。

在构思自我介绍时，建议你注意以下几点。

（1）找出你的闪光点。

（2）了解用人单位及其企业文化，找准岗位匹配结合点。

（3）简洁清晰，不相关的信息不用介绍。介绍时应层次分明、重点突出，使自己的优势自然地逐步显露，不要一上来就急于罗列自己的优点。

（4）为了给面试官留下深刻印象，建议多用数字、修饰性的词语来描述。

（5）总结过去并规划未来。

在自我介绍中应注意以下几点。

（1）正面评价自己，只讲正面性的事，讲出你的闪光点。

（2）介绍的内容要与应聘岗位的要求有较高的契合度。

（3）自我介绍的细节必须与你的简历保持一致。

（4）介绍中，保持与面试官眼神的交流，以便及时调整介绍的重点。

（5）真诚交流，不要做作。

（6）简明清晰，控制时间，以2分钟左右为宜。

（7）介绍完毕后致谢。

（二）充分了解用人单位

在这个充满竞争的信息社会，想要谋求一份理想、心仪的职业，光有专业知识是远远不够的，还要具备把握机遇和掌握求职沟通技能的能力。为了使求职面试过程更加顺利，应聘者事先就要做好充分的准备，了解用人单位的一些情况。

（1）做到"情有独钟"。应聘者要在面试前做一个"有心人"，尽可能地熟悉用人单位的历史、规模、现状、发展规划等信息，充分了解用人单位的基本情况。这样，既可以增强你面试时的自信心，又可以使面试官确信你对该单位兴趣浓厚。

（2）达到"非你莫属"。对应聘职位有充分的了解，并做好相应的准备，可以使你在众多的应聘者中脱颖而出。你需要了解这个职位的工作性质、岗位职责、薪酬待遇、职业升迁路径以及它在该单位所处的地位。在求职前了解应聘职位，有利于应聘者在应对面试时有的放矢，针对该职位的招聘需要充分展现自己的能力和特长，增加你与应聘职位的匹配度。

三、求职面试沟通技巧

面试时，应聘者的沟通能力标志着应聘者的成熟程度和综合素养，对应聘者来说，掌握求职面试的沟通技巧无疑是重要的。

（一）处理好语言表达的形式

1. 表达清晰

面试时，要注意发音准确、吐字清晰、语言流利、文雅大方。在控制心理紧张带来的影响的同时，控制好说话的速度，避免结结巴巴，以免影响语言的流畅性和思维的清晰度。

2. 控制语速

面试过程中，要有意识地控制语速，表现沉稳。一般来说，人在精神高度紧张的情况下，语速会不自觉地加快。如果语速过快，一方面不利于面试官听清讲话内容，另一方面还会给人一种慌张、不自信的感觉。语速过快往往容易出错、词不达意，进而加剧自己的紧张情绪，导致思维混乱。当然，语速过慢，容易给人一种缺乏激情、沉闷的感觉。面试初期，紧张是不可避免的，此时就要有意识地放慢语速，待自己进入状态后，再适当加快语速，并合理运用不同语气来表情达意。这样，既能稳定自己的情绪，又可以扭转面试的沉闷局面。

3. 音量适中

一个人的音质不易改变，但音量是完全可以自主调节的。面试时，要注意语音、语气、语调的正确运用。语气代表着说话人对某一行为或事情的看法和态度，是思想感情运动状态支配下语句的声音形式。语调是指说话的腔调，就是一句话里声调高低、抑扬轻重的变化。面试交谈时，要掌握语气平和、语调恰当的表达技巧。自我介绍时，最好使用平缓的陈述语气，不宜使用感叹语气或祈使语气。音量过大令人厌烦，音量过小则难以听清，音量的大小要根据面试现场的情况而定。两人面谈且距离较近时声音不宜过大，群体面谈而且场地开阔时音量不宜过小，以每个面试官都能听清你讲话为原则。

（二）设计语言表达的内容

1. 内容真实

面试官一般都具有丰富的社会阅历和心理优势，所以，应聘者在回答问题时要真实，切忌夸夸其谈。对自己的履历和相关经历要如实陈述，绝不可虚构。

2. 干净利落

因面试时间有限，回答问题要开门见山，即直接说出自己的主要观点（建议采用总分式结构），千万别为自己的主要观点做铺垫。否则，当你还未说出自己的观点，对方可能就会打断你，甚至提出新的问题。

3. 逻辑清晰

面试是一个语言表达的过程，要让对方"听得懂"我们的话，记住更多我们所说的内容，就要看我们所说的话里有没有规律，这就是在考查语言表达的逻辑性。在回答问题时，可以使用时间顺序、空间顺序来体现时空逻辑，可以从正反两个方面来组织回答以体现辩证逻辑，也可以按照处理事务的先后顺序来体现事理逻辑等。

【扫码看资料】
（面试中如何做到回答有逻辑）

（三）把握好面试沟通的互动

1. 善于倾听

在自我介绍之后，面试官一般会针对简历、岗位等进行提问，应聘者要善于倾听，要沉着应答对方的提问。在沟通中，应聘者应准确把握对方的提问意图，捕捉对方对自己的兴趣点，从而提高回答的针对性和有效性。

2. 关注反应

面试不同于演讲，面试更接近于一般的交谈。交谈中，应随时注意面试官的反应。如面试官表现得心不在焉，可能说明自己音量过小，对方难以听清，也可能是面试官对所答内容不感兴趣。若其皱眉、摇头，可能表示你的言语有不当之处。只有根据对方的反应，及时地调整自己的语速、语调、语气、音量、修辞以及陈述的内容，才能取得良好的面试效果。

3. 坦诚回答

面试时，面试官的问题层出不穷，且提问意图捉摸不透。面试官问"你在来我们单位面试之前，还去过哪些单位面试"这样的问题其实让应聘者陷入了两难。如果回答"没有去其他单位面试过"，对方会认为你不优秀，因为其他单位都没有给你面试机会。如果回答"去过两个单位，分别是××、××"，对方马上又要追问"他们录用你了吗"，你说"没有"，也可能说明自己不够优秀，你说"已被××录用"，对方会问"为什么还来我们这里"。面对这类追问怎么办？最好的处理方法就是：充分了解应聘单位，并找好自己的能力与岗位的契合点，坦诚回答。

4. 伺机而动

面试时要时刻注意礼貌，对面试官要视身份的不同而使用不同的尊称。若面试过程中，双方同时开口，应聘者应停住，让面试官先说，即使对方请你先说，你也要在有礼貌地谦让过后，再开口说话。伺机而动还包括对时间的把握，若面试官提问后，应聘者滔滔不绝，不观察对方有无兴趣听下去，只顾自己说个不停，会耽误面试官很多时间。对问题的回答，说多说少，也需要把握好分寸。

拓展训练

（1）根据自身情况，设定某一应聘职位，针对这一职位撰写一份求职面试时的自我介绍。

（2）面试官问："如果你的上司是一个工作能力不强但资历很老的人，你该怎么办？"请思考你将如何回答这个问题。

第七章
职场语言与管理沟通

　　身在职场，要和各种各样的人打交道，沟通就是一种最为有效的方式。把握职场沟通的语言特点，掌握竞职讲话和就职讲话的语言表达，领会与领导、与同事、与下属的沟通技巧，可以使人际关系更和谐，凝心聚力，共创事业辉煌。

第一节　职场单向表达

● 任务目标

（1）了解职场沟通的语言特点。
（2）掌握竞职讲话和就职讲话的语言表达。
（3）掌握领导即席讲话的基本方法。

● 课堂训练

（1）如果你的意见与老板或者上司的意见不一致，你会怎么办？
（2）你在以往的生活经历中与他人意见不合时，你是如何处理的？
（3）如果比你学历低的同事和你拿到的起薪是相同的，你如何看待这件事？
（4）假如你在一个公司工作了十年，仍然是一名小职员，你怎样看待自己？
（5）假如你的上司是一个非常严厉、领导手腕强硬、时常给你巨大压力的人，你觉得这种领导方式对你有何利弊？

训练解说

教师组织同学们思考上述问题，可以进行分组讨论，然后由各小组代表进行陈述发言；也可以请几个同学上台谈谈自己的想法。

⚑ 知识串讲

在职场中，需要用语言去表达我们的想法、意见等，也需要去与各级各类的工作人员打交道，即职场中包括单方面的表达和双向的沟通交流。这一节主要从工作者自身角度出发，介绍职场沟通的语言特点，讲解竞职讲话和就职语言讲话的语言表达，为个人在职场中的发展奠定基础。

一、职场沟通的语言特点

（一）语言精练，重点突出

作为下属，在与领导讲话时，语言要简洁，重点要突出。跟领导汇报工作时，建议先陈述结果，有时间再补充说明办事过程。如果任务没有达到预期效果，也要先说结果，再从主观原因和客观原因两个方面进行解释，不宜只说客观原因，在领导面前要敢于承担责任。

作为领导者，语言应精练准确、干脆利落，体现领导者干练果断的工作作风和说一不二的权威性。领导讲话的目的就是让下属明白自己的意思，以便其完成工作任务，所以在与下属沟通时，要力求目的明确、表意准确。然而，一些没有经验的领导往往喜欢滔滔不绝，自认为"能说会道"是一种能力，好像没话说就没有领导能力似的。

领导说得太多或闲话太多，下属们不得不努力去把握领导到底说了些什么。领导讲话时，应当让下属能够对自己的观点一目了然。为此，在讲话之前，应该先进行思考，打好腹稿，挑出那些最关键、最重要的话语。可以事先将自己的观点归纳一下，最好能够形成几个重点，并逐一陈述。这样做可以避免下属因记忆太多的内容而产生混乱，也可确保自己说出的是那些确实需要说的话。

（二）言辞得当，把握分寸

言辞是否得当，能否把握谈话的分寸，是职场人士在职场中谋求发展的综合考量因素，同时也是考察领导者是否具备领导素质和是否掌握领导语言艺术的重要尺度。

作为下属，不要因为担心汇报不周全就事无巨细，一一道来，完全没有必要事事都向领导陈述清楚，这需要把握分寸。汇报成绩时，不要夸大其词；剖析问题时，不要避重就轻。口头交流时，不要把话说得过满，要给自己留点余地；书面汇报时，要把握材料篇幅，结构要清晰，句子要简短。

作为领导者，由于所居的地位以及说话的分量和影响力与一般人不同，这就要求领导者无论说什么都要把握好分寸，不要信口开河、随口表态，尤其是对待结论性的意见更要谨慎，切忌头脑发热、感情用事。

（三）语气自然，情真意切

作为下属，在与领导沟通时，大多是一对一交谈，若太过于注重礼节，会显得十分拘谨，影响了表达时的语气。其实，在尊重领导的基础上，自然陈述自己的观点、想法、方案即可，不要过分注重礼节，不要为你的核心表达内容做太多铺垫，否则会给人"见外"的感觉，显得不够坦诚。

作为领导者，具有发号施令的地位优势。在与下属沟通时，说话语气要自然，富有亲和力。展示权力和维护领导的尊严不是靠声音、靠语气，而是靠态度，所以，不必刻意地让你的声音听起来充满威严，要尽量自然一些。"平易近人""和蔼可亲"都是群众对领导的认同，所以领导要想获得下属的认同，就需要语气平易近人、态度和蔼可亲、感情情真意切；要摈弃那些文绉绉的言辞、命令式的官腔、不易亲近的面孔。领导者同下属交谈时，要注意语言口语化、大众化，切不可故弄玄虚、故作深沉。

二、竞职与就职的语言表达

在职场上，晋升高一级领导岗位，不少单位都需要公开竞聘。竞聘成功后，就职时还需要作就职讲话。

（一）竞聘演讲

竞聘演讲是演讲的一种，具有一般演讲的共性特点，如口语性、群众性、交流性等，但由于它是针对某一竞聘岗位而进行的，所以它还具有以下特点。

1. 竞聘演讲的特点

第一，目标的明确性。这是竞聘演讲区别于其他演讲的主要特征。目标的明确性主要体现在两个方面：一是所要竞聘的目标岗位是明确的；二是演讲的目的是明确的，即以竞聘成功为目标。

第二，内容的竞争性。一般性的演讲（演讲比赛除外）可以发表自己的观点，抒发自己的情感，不过于注重展示自己的优势，也就是演讲者之间不会进行比较。但竞聘演讲，要想方设法凸显自己的长处，特别是胜任竞聘岗位的能力优势，所以，竞聘时不宜以自谦的姿态来演讲。因此，竞聘者无论是讲自身所具备的条件，还是讲自己以后的工作思路、施政构想，都要尽最大可能体现出"人无我有""人有我强""人强我新"的优势来。

第三，材料的针对性。竞聘演讲不同于工作中先进个人评选的展示，也不同于先进事迹的口头报告。竞聘目标的明确性也决定了竞聘材料的针对性。竞聘就是要证明自己有能力胜任目标岗位的工作，并且比其他候选人要更具优势，所以在选材时，要围绕目标岗位所需能力来进行。

2. 竞聘演讲的技巧

在单位内部的竞聘演讲中，听众一般由专家评委、组织部门、人事部门、岗位所在部门的人员组成，大多数人都具有投票表决权。因此，竞聘演讲要针对竞聘岗位以及评判团来进行展示，时间一般是5～15分钟。演讲的内容主要涉及以下方面：个人基本信息、报名理由、自身优势与不足（现岗工作思路及业绩）、竞聘岗位的简单工作措施和思路等。下面介绍竞聘演讲的一般性技巧。

（1）**明确竞聘演讲思路**。竞聘演讲的内容结构一般由组织部门事先规定，一定要按这个程序来组织材料，"程序"是指竞聘中先讲什么、后讲什么这种顺序。竞聘演讲不像一般演讲的结构那么自由，一般包括以下程序。

第一步，开场自报家门，简要介绍自己的基本信息，如姓名、年龄、政治面貌、学历、现任职务等。

第二步，说明竞聘动机和竞聘理由。

第三步，结合现岗工作情况和竞聘岗位的报名条件，从政治素质、业务水平、工作能力、工作业绩等方面展示自己优于其他候选人的竞聘条件。

第四步，假设自己竞聘成功，设想一下任职后的施政措施。

第五步，用最简洁的话语表明自己的决心和请求。

以上五步只是简单的演讲思路，针对具体岗位时，需要根据实际需要略加变动。

（2）**重点展示工作思路**。岗位不同，竞聘时展示优势的方式就不同，侧重点也就不同。

如果是竞聘自己所在部门的领导岗位，以前的工作内容、工作能力与相关岗位的相关度就高，竞聘时，在突出自己对工作的熟悉程度的同时，要重点展示今后的工作思路，这是优势。

如果是跨部门竞聘，会缺乏竞聘岗位的工作经历，并且可能不太熟悉竞聘岗位的大部分工作内容，这时就可以重点展示现岗的工作思路、工作能力，证明自己有能力胜任，并且还可以突出自己的创新意识、开拓精神等，这是优势。

另外，如果是公开竞聘，知道都有哪些候选人时，还需要分析"竞争对手"的优劣势，以便自己选准角度，扬长避短。

（3）**演讲内容逻辑清晰**。在讲工作思路时，一般会提及以前采取过的措施和以后的初步打算。工作思路不便分出个一二三来，但工作措施最好要整理出个一二三来，以体现措施的条理性。为了把措施讲得有条理、有逻辑，可采用分条列项的方法，如使用"首先、其次、最后""第一、第二、第三""其一、其二、其三"等来引出具体内容。**值得注意的是，演讲内容是一个整体，所以在每一部分之间要使用"过渡语"来衔接，做到承上启下。**

例如，在介绍完个人基本信息之后，可以说"我之所以报名来竞聘，是因为我具备以下三点条件和优势"来引出下文；讲完条件和优势之后，再用"过渡语"引出以后拟采取的工作思路和措施部分，可以说"以上是我的应聘条件，如果我能竞聘成功，我有以下初步设想"。这样承上启下，不仅逻辑清晰，而且使演讲上下贯通，浑然一体。

（4）**演讲主题重点突出**。不管是对现岗工作情况的凝炼，还是对竞聘岗位工作思路的初步设想，都应做到主题集中，重点突出。竞聘演讲不同于现岗述职报告，没有必要对自己的工作进行全面汇报，要找准竞聘岗位需要的核心能力并进行举证陈述，不要搞多重点、多中心。对未来工作的设想，也需要抓住核心工作领域的问题提出施政措施，不要企图在简短的竞聘演讲中说明和解决很多问题。

例如，在一次学生事务管理科科长的公开竞聘会上，一位很有"希望"的本科室副科长讲得面面俱到，由于时间有限，他只能每个方面"蜻蜓点水"，在说获奖情况时，把工作以来的获奖情况历数了一遍，说得听众直笑。在讲工作措施时，他根据事务管理科的工作职责，讲了科室综合事务、辅导员班主任队伍建设、本科生日常事务管理、学生信息管理系统建设与维护、学生安全教育、校园文化建设、部门网站建设、安全稳定工作、文件收发、学生违纪处分等很多方面，毫无重点。对比之下，另一位其他科室的副科长，就围绕"如何在学生事务管理中发挥好教育和服务功能"这一中心问题来讲，讲得合情合理，头头是道，给听众留下了深刻印象，使自己竞聘成功。

（5）**数据材料实事求是**。实事求是地展示自己的工作业绩和水平，体现在语言上，就是语言要准确，材料要准确，数据要准确。在竞聘演讲中所讲述的事例和所用的材料、数据都要真实可信，准确无误。例如，在谈自身工作能力时，曾两次获奖，就不能笼统表达为"曾多次获奖"；涉及业绩数据时，要尽量具体，需分清个人业绩与集体业绩之间的关系，不能把团队成绩都往自己身上堆，自己起到主要作用的团队成绩才能拿出来说，且要把握好分寸，不夸大其词。

（二）就职讲话

在职场上，领导干部就职之际往往要作就职讲话。不论是单位领导、部门领导还是科室领导上任，都不会只身赴任，一般会由组织部门或人事部门的负责人召集相关人员召开会议，宣布人事任免决定，在会议上，新任领导要进行就职讲话。职位级别较高的领导，在就职讲话之前，大多需要准备讲话稿；一般性的领导岗位，就职讲话多以即席讲话为主。

领导干部的就职讲话，是对其各方面综合能力的充分展示，如领导干部的语言表达能力、应变能力、逻辑思维能力等。新任领导走马上任，要在就职讲话中向员工表明工作态度，确立工作目标，处理好领导班子之间的关系等。

1. 就职讲话的基本内容

新任领导的就职讲话，一般需要包括以下几个部分的内容。

一是称谓，就是讲话开始时对在场听众的称呼，一般运用概括性的统称。如"各位领导、各位同事"或"各位领导、各位老师、同事们"。

二是开头，一般用来致谢。表达就职者的心情及其对组织、选民、代表、群众的谢意，要简短亲切，感谢组织和大家的信任。

三是主体，主体部分的内容根据岗位级别的高低有所不同。如果是级别比较高的职位，可以先肯定上一届领导带领大家取得的成绩和形成的优良传统，然后阐述自己施政纲领、初步措施、近期重要工作等，并指明预期效果、目的等，要具体充实，激发群众的斗志。如果是级别比较低的职位，可以先简单说说自己以前的工作情况，让大家有所了解，然后表示要继续学习上一届领导的好思想、好作风，并谦虚表态，如"非常高兴和大家一起工作、共同学习、共同进步，希望大家多多支持与帮助"。

四是结尾，最后表示决心，展望未来，鼓舞斗志，号召大家同心协力，创造新的辉煌。

2. 就职讲话的逻辑结构

我们模拟一个就职会议，来观察就职讲话的一般程序和讲话模式。

会议的主题：某校宣布任命某学院党委书记

会议参与人：某大学党委副书记，学校组织部部长，某大学某学院党政领导班子成员，学院各教学单位负责人、各教工党支部书记、学院行政管理人员、教师代表，学生代表等。

会议主持人：组织部部长宣布会议开始，宣读人事任免决定或通知，然后请学院党委原书记讲话。

党委原书记：党委原书记调往其他部门任职，属于离任领导讲话，他离任讲话的逻辑结构和内容提纲如下。（1）致谢。感谢学院师生员工×年来的支持与帮助，学院党委团结带领全院上下取得了什么成绩（讲几个具有代表性的）。（2）表态。服从组织安排，前往某部门继续努力工作。（3）祝愿。祝愿学院的教育事业在新一届领导班子的带领下取得更大的成绩。今后还将继续关注学院的发展，有求必应。

会议主持人：先感谢党委原书记，然后请新任命的学院党委书记就职讲话。

党委新书记：他的就职讲话的逻辑结构和内容提纲如下。（1）表示感谢。先表达很荣幸能就任党委书记一职，然后感谢组织的信任。（2）继承传统。先简要介绍自己以前工作岗位的情况，并与新岗位相结合来谈认识（或表明工作的延续性，或表明自身的优势以证明自己有能力胜任这个职位）。（3）谦虚表态。对要承担的责任进行表态，表示要继续学习上一届领导的好做法、好传统，并希望尽快融入新的领导班子，希望得到大家的支持帮助。（4）展望未来。自己打算如何尽快适应新岗位的工作要求，近期目标是什么，最后号召大家一起努力，共创新的辉煌。

会议主持人：感谢党委新书记的就职讲话，然后请某学院院长讲话。

某学院院长：学院新一届党政领导班子组建后，作为院长，也需要讲话表态。他的讲话逻辑结构和内容提纲大致如下。（1）感谢并欢送原书记。（2）欢迎新书记。（3）表示愿意与新书记一道，团结带领学院师生继续拼搏。

会议主持人：感谢院长的讲话，然后请学校党委副书记总结讲话。

校党委副书记：他讲话的逻辑结构和内容提纲大致如下。（1）感谢与会者参加这次会议。（2）对某学院以前的工作进行一定程度的肯定。（3）希望学院新一届领导班子团结奋进，为学校的发展作出贡献，并借此机会提出几点要求或希望。

会议主持人：感谢校党委副书记，宣布会议结束。

以上是我们模拟的一个就职会议，会议中，不同岗位的人员分别作了即席讲话。仔细观察，就可以发现不同领导的讲话都有一定的模式，值得我们借鉴。在第四章中，我们介绍了即兴发言的"感谢+回顾+愿景"和"过去+现在+未来"发言模式，这个案例中党委原书记、党委新书记、学院院长和校党委

【扫码看案例】
（就职讲话）

副书记的发言基本遵循了这两个发言模式，体现出较强的逻辑性。需要说明的是，这两个万能发言模式能用于很多场合，但是比较中规中矩，模式化很强，缺乏新意。要想构思新颖、内容深刻，还需要从内容上多下功夫。读者可以扫码看就职讲话的案例，体会其中的构思技巧。

三、领导即席讲话的基本方法

即席讲话，又称即兴讲话。第四章已讲过"即兴发言"的一般方法，在此主要讲解领导在某些场合即席讲话的基本方法。

有时，领导会被邀请参加某些仪式或活动，在活动中，可能被安排做一个即席讲话，这是最能体现领导临场发挥语言艺术的时候，同时也是考验领导讲话水平的时候。讲得好，听众会由衷地敬佩；讲不好，则有损领导形象。因此，领导要对即席讲话加以重视，掌握即席讲话的方法。

（一）紧扣主题，突出个性

领导的即席讲话没有秘书提前准备的讲话稿，自己也没有精心准备，完全属于临场发挥。这时，就需要领导紧扣活动或会议主题来组织讲话内容，不可随意、随性讲话，更不可不着边际，东拉西扯。有些场合，主办方邀请领导讲话，只是想体现领导对活动的重视，而不是需要领导发表高见，加之领导又不可能是各个领域的专家，对相关问题不可能都能做到认识深入、观点深刻，所以，这种即席讲话主要应以欢迎、感谢、鼓励、激励为主。如果是在开场讲话，领导应代表活动的主办方对来宾表示欢迎，对活动的顺利举办表示祝贺，再以自己的名义对主办方表示感谢等，给活动参与者以"领导重视"的感觉。如果是在活动结束时讲话，领导者对大家的支持表示感谢，对以后的活动或工作进行展望，鼓励更多人参与以后的工作，并相信会越来越好。

如果对参加的活动比较熟悉，比较在行，领导的即席讲话就可以围绕主题进行简要阐述，并站在一定的高度进行总结性讲话。要在不长的讲话时间内取得比较好的讲话效果，还得善于寻找角度，力求讲话内容新颖别致，最好不要重复别人的观点，但可以对别人的观点加以肯定。在遣词造句上，力求新鲜生动，最主要的是要讲出个性化的语言来。语言的个性化是领导即席讲话出奇制胜的法宝。

（二）注重逻辑，短小精悍

即席讲话对领导的临场应变能力和语言表达能力来说都是巨大的考验，如何在即席讲话中不乱阵脚，有礼有节地完成讲话，这需要掌握一些语言表达的逻辑结构。不管是3分钟的即席讲话，还是10分钟的即席讲话，都要体现出讲话内容整体上的逻辑。一个完整的讲话，其结构由"开场白—主体部分—结束语"三部分组成。

开场白部分，不能太随意，不能是"今天我本来不打算讲，既然让我讲，那我就随便讲几句"之类的话，应该结合现场主题，寻找一个切入点开始自己的讲话。

主体部分，领导一般都喜欢讲"三点"，并按并列关系或递进关系逐一展开。要想讲好三点，其实并不容易。在没有把握的时候，建议灵活使用"过去+现在+未来"的即兴讲话模式。"过去"，就是对以前的一些看法或做法进行表述，表达领导对以前工作的关注或肯定。"现在"，可以谈谈参加本次活动的一些感受和体会，表达领导对本次活动的肯定。"未来"，则是对以后工作的希望或展望。

结束语部分，在说到"未来"的愿望、期望时，提出相关要求或发出相关号召来作为结束语，显得极其自然。因为是即席讲话，所以在提出要求部分，就尽量不要具体展开了。

（三）控制时间，点到为止

虽然是即席讲话，没有限定讲话时长，但要注意控制时间。一是会议主持人可能并没有给予充分的讲话时间，二是本身准备仓促，没有充分的时间考虑讲话内容，讲得越多，出错的概率就越大。所以领导的即席讲话时间不宜过长，多则五六分钟，少则两三分钟，要言不烦，点到为止。领导即席讲话言不在多，关键在于分量。

还有些情况比较特殊，需要领导即席讲话可长可短。例如，在一次比赛活动的最后，评委都评完分了，但是工作人员需要一定的时间来计分、核分，并准备获奖证书等。如果利用领导即席讲话来填补这段时间，就需要领导视情况来安排讲话的内容，对工作人员所需时长进行预估，并提前做好沟通，否则很容易出现空场、冷场的情况。

 拓展训练

　　假如你所在学校的学生会正在筹备换届竞选大会，换届竞选大会上将公开竞选学生会主席。你作为学生会主席候选人之一，请作一次竞选演讲。

第二节　职场多向沟通

● 任务目标

（1）掌握与领导沟通的原则、技巧及注意事项。

（2）掌握与同事沟通的原则、技巧及注意事项。

（3）掌握与下属沟通的方法和技巧。

● 课堂训练

实习生这样说话，领导和同事们会如何看待他？

某公司刚来一位实习生，担任的是运营助理一职，公司刚好赶上一个节假日活动，需要一份策划方案，部门经理要求所有人员加班，争取在两天内赶出一份活动方案。

实习生还没有完全上手，嘟囔了一句："这个事情我不太清楚耶，而且两天时间内赶出来的方案，肯定不够吸引人，客户肯定不会满意的。我们加班加点都可能赶不出来，另外，我也没办法加班加得太晚，家住得远。"

⬤ 训练解说

职场中，当领导布置工作任务时，很多人都会下意识地说"我不清楚""这么短时间内，我肯定不能完成的"之类的话，不经意间就会传达一种不确定的情绪，从而给人一种"不靠谱""没担当"的错觉。

领导和同事可能会这样看待这个实习生：还没有尝试，就预判最坏的结果，从而开始抱怨；以个人为中心，不愿配合团队工作；找借口不愿加班，会影响团队士气。要想避免出现这个实习生的情况，在转变工作态度的同时，还要掌握与领导、与同事沟通的表达技巧。

🚩 知识串讲

上一节主要讲了职场中单方面的语言表达，本节介绍职场中双向或多向的沟通交流。按照沟通双方的上下级关系，可以把管理沟通分为与领导沟通、与同事沟通、与下属沟通三大类。

一、与领导沟通

（一）与领导沟通的原则

1. 积极主动

向领导汇报工作是下属的职责。领导工作比较繁忙，不可能经常深入员工中去寻求沟通。作为下属，就要时刻保持主动与领导沟通的意识，经常向领导汇报自己的工作进展情况，而不是等领导去找你问情况。对领导交办的事情，要积极回应，完成后要及时告知领导已完成。

2. 不卑不亢

与领导沟通时，在尊重领导的前提下，要保持不卑不亢的态度，既不能唯唯诺诺、一味附和，也不能恃才而傲、盛气凌人。领导通常经验丰富、见多识广、工作能力强，所以要尊重领导、谦虚谨慎，但不要采取卑躬屈膝的态度。绝大多数有见识的领导并不太理会那些阿谀奉承的人。在保持独立人格的前提下，不卑不亢。如有必要，你不必害怕表达你的不同观点，只要你从工作的角度出发，陈述事实，讲究沟通方式方法，领导一般都会予以考虑的。

3. 把握分寸

把握好分寸就是把握好度，遵循适度原则。上下级之间的关系主要是工作关系，因此，下属在与领导沟通时，应从工作出发，以做好工作为沟通协调之要义。正确认识自己的角色、地位，真正做到出力而不越位，是处理好上下级关系的一项重要艺术。下属与领导的关系要保持在一个有利于工作、事业及二者关系正常的适当范围内，形成和谐的工作环境。

（二）与领导沟通的技巧

向领导汇报工作并听取领导的意见，是提高自身工作能力的好机会。在与领导沟通时，要全身心投入，建议做到以下5点。

1. 心：精心做好准备工作

跟领导汇报工作之前，要精心准备。首先，梳理清楚跟领导汇报几件事情，每件事情有哪些关键要点，哪些是难点所在，领导关心哪些事项，需要领导决定什么内容，领导可能还要问哪些事项。整理后，把这些要点写在本子上，不写到本子上起码也要打好腹稿，把这些事项弄明白后，再去找领导沟通。谈话要点没搞清楚时不能贸然找领导，汇报不清楚不如晚汇报，或者宁可不汇报。准备工作要充分，要熟悉工作情况及前因后果，这样，在领导询问相关事项时才能够及时应答，防止因为不清楚情况被问个手足无措。

2. 耳：听取意见接受任务

在跟领导沟通时，不仅要做好汇报，还要聆听领导讲话，精准捕捉领导讲话的要点和把握领导的工作意图。没听清楚或者有歧义的，要当面跟领导询问清楚，不要不懂装懂。领导指出工作中的错误或者细节上存在的问题时，一定要保持虚心接受批评的态度。尊重领导提出的批评意见和指导意见，在领导面前要虚心请教，低头认错，并不时地进行自我批评。避免与领导发生争执，才能学会与领导和谐相处。跟领导汇报完工作后，可能需要接受下一步的工作任务，这时要听懂领导命令，接受工作不要讲条件。回去后，要第一时间消化吸收领导讲话，落实被安排的新任务，并在合适时间报告落实情况。

3. 眼：察言观色读懂领导

跟领导沟通时，不但要认真聆听、入耳入心，而且还要善于察言观色。察言观色主要包括以下内容：注意观察领导对你汇报内容的兴趣程度及反应情况，如果领导不感兴趣就及时调整汇报重点及表达方式，迅速考虑调整或压缩汇报内容，或者干脆适可而止；注意观察领导对你汇报内容的反应，主要是争取领导对你汇报内容要有明确指示或者意见；注意观察领导情绪，如果领导手头繁忙、心情不佳、注意力不集中或者即将离开办公室，就要迅速打住。

4. 手：好记性不如烂笔头

跟领导沟通时，不仅要听懂，还得记下来，与领导交谈时，难免会有些紧张，不一定能记全领导意见，所以与领导交流工作时，一般都应该备好笔纸，做些笔记，特别是事关重大的事项。领导交办了哪些事项，要逐一记录在案，以便以后逐一落实，同时防止因疏漏而误事。养成随身携带记录本的习惯，以便第一时间将领导交办事项记录下来，千万不能过分依赖好记性，好记性不如烂笔头。对于重要事项，记下来后，如果还不是十分肯定，就要及时跟领导再请示确认，以防理解有偏差。

5. 口：该说才说要管好嘴

跟领导汇报工作后，在听取领导意见时，要做到不插话、不抢话、不废话。

领导讲话时不要插话。任何人都不喜欢讲话时被别人插话打断自己思路。下属随便插话，本身就是不尊重领导的表现，如果是在公开场合还容易影响领导的形象。跟领导交谈时，一定要等领导讲完，让你讲再讲话，哪怕你要讲的内容非常正确，也要等领导讲完后再以恰当的方式表达出来。实际上，不插话对所有人都同样适用。

不该讲话时不要抢话。与领导沟通时的话题，一般交由领导掌控，交谈的节奏也应由领导来控制。交谈中，如果双方同时开口，下属应当机警停住，让领导先说，等领导说完后才能接着讲话，务必注意什么时候该说，什么时候不该说，不该说时要保持沉默，没轮到你讲话时就要规规矩矩把耳朵竖起来好好聆听。

跟领导不讲无用或多余的话。跟领导请示、汇报工作，该请示哪些事项，该汇报什么内容，事先需要思考清楚，汇报时直奔主题、重点突出、简洁明了、条理清晰，不能絮絮叨叨、东拉西扯，跟汇报事项没有关系的内容半个字不说；拿不准的宁可少讲或者不讲。

（三）与领导沟通的注意事项

在职场中，与领导沟通质量的高低，不仅影响到办事效率，而且还会影响到个人的职业发展，与领导沟通的"雷区"比较多，大体来说，需要注意以下一些问题。

1. 分清轻重缓急，把握汇报时机

在把握时机方面，大的原则是汇报工作不要等领导来催，请示工作不要催促领导。

汇报工作时，虽然要树立主动与领导沟通的意识，但不是随时都可以向领导汇报，应选择领导乐意听取汇报的时机汇报，以取得预期的效果。在工作中，要善于把握工作的关键节点进行阶段性汇报，关键节点就是汇报时机。工作完成后，也要及时总结汇报。

请示工作时，应该选择适宜的时间来反映工作中的问题。如果请教的是私人琐事，不要在领导忙着工作的时候打扰他。如果请示的是工作事项，但不知道领导何时有空，可以通过电话或邮件等途径，跟领导预约一个他方便的时间，交谈时间由领导来决定。当然，我们要分清事情的轻重缓急，选择恰当的沟通时机。

2. 设想领导提问，做好充分准备

跟领导汇报工作时，领导会询问、追问什么问题捉摸不定，所以，准备得越充分越好，可以设想领导会如何提问，事先准备答案。在内容准备上，要简明扼要、重点突出；在思想准备上，要考虑周全、搞好"战术想定"；在支撑材料上，要全面、准确、具有延伸性。请看下面案例。

布鲁贝克是美国的广告大王，他年轻的时候曾经在一家公司就职，当时他所在部门的经理问他："印刷工人把报纸送过来了吗？"他回答说："送过来了，总共5 000令。""你自己数过了？"经理又问。他回答："没有，数据在单子上写着的。"经理毫不客气地说："请您另谋高就，公司不能要一个自己都证明不了自己的员工。"布鲁贝克失业以后，吸取了一个教训：自己没有把握的事情，千万不要向领导汇报。

案例说明，汇报工作一定要有真凭实据，不能"差不多"就行。在日常工作中，有些领导很关注效果，看重数据，因此提供的数据要真实、清楚且有说服力。

3. 自己做问答题，领导做选择题

如果在开展工作的过程中出现了问题，遇到了一定困难，需要及时向领导汇报，不要自己担着、兜着。为解决问题进行的汇报不等于请示，所以我们要给领导出选择题。

给领导出选择题，就是在向领导反映问题的同时，提供多种方案或建议，讲清楚每一种方案的可行性、优缺点，最后阐述自己认为合理的建议和相应的理由，请领导来定夺最后的方案，这样可以让领导不去思考对策，只需进行比较，可以让领导省心。

大多数领导都喜欢这样的问题汇报。想设计好给领导的选择题，就需要我们自己做好问答题，做好前期的调查研究和方案设计。当然，实际工作中还会有更多细节需要陈述，并且要做综合对比分析。领导很有可能针对某些细节继续追问，只要我们能够将调研工作提前做好，对每个方案的优缺点认识到位，并提出自己的建议，领导综合评估后，最优方案就会脱颖而出。

4. 了解领导风格，沟通因人而异

不同的领导有不同的风格和性格特点，这就需要下属采用不同的沟通技巧。

如果是控制型的领导，其性格特点多表现为：讲究实际，行事果断，拥有竞争心态；态度强硬，要求服从；关注结果而非过程，对琐事不感兴趣。与其进行沟通，要做到简明扼要，干脆利索，不拖泥带水，不拐弯抹角；尊重其权威，执行命令；称赞其成就而非个性。

如果是互动型的领导，其性格特点多表现为：善于交际，喜欢互动；愿意倾听困难和要求，商量余地较大；喜欢参与活动，主动营造融洽氛围；喜欢倾听他人对他的赞美，赞美的话一定要出自真心诚意，言之有物。与其进行沟通，要做到开诚

布公地发表意见，公开且真诚地赞美他，忌背后发泄不满情绪。

如果是务实型的领导，其性格特点多表现为：讲究逻辑，做事理性，不喜欢感情用事；注重细节，探究来龙去脉；为人处事自有标准；注重干事创业，是方法论的最佳实践者。与其进行沟通，要做到开门见山，就事论事；据实陈述，不忽略关键细节；直接谈其感兴趣而且具有实质性的内容是最好不过的。

5. 接受领导指导，感谢领导点评

跟领导汇报完工作后，不可以马上一走了事，聪明人还会感谢领导点评。通常情况下，领导听完下属的汇报，大多会作出一个评判或点评两句。不同的是有些领导会当场讲出来，有些领导可能把他的评判保留在心里。事实上，那些保留在心里的评断，有时却是最重要的评断，要想了解领导听取汇报后的态度和想法，你应该以真诚的态度去请教领导的意见，让领导把心里话讲出来。

如果领导当场发表他的意见，不管是赞美之词，还是逆耳之言，你都要以认真的精神、负责的态度去聆听。领导评判的过程无疑是在把他自己的想法无偿地、无私地奉献给你，这是接受领导指导的绝佳机会。同时，也只有那些能够虚心接受领导点评的下属，才能被领导委以重任，并受到领导的信任和赏识。

6. 领导交办事项，事毕及时回复

除了专门向领导正式汇报工作以外，在日常工作中，还有一些工作需要及时"告知"领导，并做到"事毕回复"。工作汇报的大原则是凡事有交代，件件有着落，事事有结果。

所谓事毕回复，说的是领导交办的事情，办完后要及时回复，让领导放心。我们经常有一些应急任务需要完成，如领导指派你给某部门某个人送一份材料，你送过去时，那人不在办公室，你就委托其同事转交给他，然后你就不再关注这件事了。也许你相信委托人一定会帮你及时转交材料，就没有把这件事的办理情况告知领导。如果这份材料是需要紧急处理的事情，领导会怎么看待你？

【扫码看资料】
（事毕回复）

实际上，在工作中，往往不能等任务全部完成了再回复，取得阶段性的进展也要及时报告。一方面要让领导和同事放心，另一方面及时反馈情况能为正确决策提供依据。

有人说，回复不回复，要看领导的好恶，有的领导就不喜欢回复。还有人可能会说，可能有些事毕不回复的人能力很强，只是不拘小节、不屑小事罢了。可是，

小事都靠不住，大事还敢托付吗？如果在有能力和靠得住两种人当中只选一种，你会选择哪一种人呢？

大事看能力，小事看品格。在我们周围，总能看到有的人办事特别靠谱，凡事都有交代，件件都有着落，事事均有回音。让你放心的人，但凡遇到重要的事，你一定就会想起他来。因为不用担心，你委托的事他一定会放在心上，尽心尽力去完成，并且随时回复，绝不让你焦急等待。对这样的同事和朋友，你也会以礼相待，并同样重视对方托付的事。这就是共事双方的默契。

事毕不回复，就像任务完成了99%，只差1%没落实，虽然就差这么一丁点儿，事情却还是没有做到位。有人问，不同的领导可能要求不一样，怎么把握这个尺度呢？这和领导没有关系，而是职责范围内应该做的。该回复就回复，并且要根据事情的轻重缓急作出回复。等到上级催问了，说明你的回复已经不及时了，再次催问就已经表示对你不放心了。

现在的通信手段十分发达，在工作中，只要是和你岗位职责有关的事，都要及时回复。设想一下，你给你的同事发了一个信息，如果对方没有回复，你是什么感觉？同样，他给你发的消息你不回，是你不想，还是不屑？这不是无所谓的问题。无论是谁，除非你确有原因，都应给予回复，这是一个尊重自己和尊重别人的问题。

二、与同事沟通

（一）与同事沟通的原则

1. 互相尊重，互谅互让

与同事的日常沟通中，要常带微笑，多倾听对方意见，重视对方意见，跟同事和睦相处。尊重是人的需要，也是沟通的前提。同事，就是一起共事的人，同事之间互相尊重、真诚相待、团结互助才能增强团队的凝聚力。工作上遇到困难时，大家一起共渡难关；获得成就和荣誉时，相互礼让，归功于团队。在团队中，成绩的取得与分享、利益的分配，都是大家关注的焦点，"不患寡而患不均"的道理大家都懂。

2. 平衡心态，保持距离

在利益面前，最能考验人的品性。对待升迁、功利之事，要保持平常心，不要嫉妒。许多同事平时一团和气，一遇到利益之争，就使出各种手段，背后互相使绊子，或者嫉妒心发作，说风凉话。与同事交往，还应保持适当距离。在一个单位或一个部门中，如果几个人交往过于频繁、过于亲密，容易形成表面上的小圈子，以致别的同事产生猜疑心理。"过密则狎，过疏则间。"同事之间保持适当距离，为人处事才可能客观、公正。

3. 大局为重，求同存异

同事是由于工作关系而走在一起的，既然形成了一个利益共同体，大家就要有集体意识，以大局为重。团队成员做事要以大局为重，特别是在与外单位人员接触时，要有维护团队集体形象的观念，不要以自身小利而损害集体大利。以大局为重，多补台、少拆台，不要有想看同事出洋相的心理，做到有福同享、有难同当。同事之间由于经历、立场等方面的差异，对同一问题往往会产生不同的看法，引起一些争论，一不小心就会伤了和气。对待分歧，要求大同、存小异。具体做法是：不要过分争论，以免激化矛盾而影响团结；涉及原则问题，就要敢于坚持、敢于争论，不要一味"以和为贵"。对于一时不能达成共识的问题，可以先冷处理，表明"我保留我的意见"，有机会再冷静思考。

（二）与同事沟通的技巧

1. 学会倾听，懂得相互欣赏

有研究表明，一个人的语言输入效率只占用大脑的20%，剩余80%都被用来走神、玩手机或交头接耳等。听别人讲话的人很多，但拥有倾听能力的人很少。倾听的本质，其实是让你的大脑高负荷运转，同时顺着主讲人的讲话内容，进入别人的世界，理解别人为什么这么讲。当然，要拥有这样的能力绝非易事，必须刻意训练。所以有人认为，看一个人会不会沟通，就看他打断别人的次数、听人讲话的状态。只有学会倾听，才能懂得互相欣赏。

2. 当面交流，注重沟通效率

随着办公信息化手段的推广，同事之间沟通信息或商讨问题，越来越多地采用网络工具。即使是坐在同一个办公室的同事，不少人也习惯用微信、QQ或邮件来传递信息。很多时候，微信对话或收发邮件，不像是在沟通交流，更像是在下达工作指令，这种指令因没有面对面沟通而缺失了"温度"。需要通过眼神、动作等体态语来传递的信息没有了，有些工作指令不一定能被准确理解或及时理解；并且有些事情不是几行字就可以说清楚的，所以最好的沟通方式还是面对面沟通。在增进同事感情的同时，这样做还能提高沟通效率，如有问题，当场就可以讨论。

【扫码看案例】
（持续沟通）

3. 持续沟通，重视沟通反馈

现代社会的一个重要特点就是分工严密，这样虽然可以提高工作效率，但同时也造成了一个不可避免的缺陷，就是彼此之间缺乏相互了解，这就需要加强沟通，沟通因此成为工作中不可或缺的重要部分。有调查显示，企业中的普通员工和中级主管花在内部沟通上的时间，大约占其工作时间的40%~50%，对于更高层级的主管来说，这个比例会更高。同事之间的沟通，不像领导部署工作，彼此协商好的各项工作需要共同推进。当同事之间完成一次沟通后，要想办法获得对方的反馈，这样其实就是促使双方在沟通结束后继续保持沟通状态，相互关注工作进展和动态。如果反馈不及时，很有可能错过最佳时间，使大家来不及做出应对。持续沟通一定是双向的、及时的。

4. 不急拒绝，做到有效沟通

在日常工作沟通中，我们总会遇到一些需要相互协调、相互协助的事情，同事之间、部门之间的协作必不可少。当有其他同事咨询一些不太确定的事情时，我们本能的反应可能是"我不清楚这个怎么做"或者"我不知道，你问其他部门吧"。在工作上，虽然同事之间的分工比较明确，但不是只做自己分内的事情。例如，当有同事请教你某件事情怎么办理，而你又不知道怎么回答时，你就尽量回答一些你知道的事情，不要一句话就把同事打发了。你可以这样说："这个事情我先去了解一下，再给您回复，您看可以吗？"或"我帮您问问××部门，看看有没有办法处理。"当你获得有效信息后，再告诉同事他想要的答案，以及解决问题的办法，这才是有效沟通的方法。

5. 敢于担当，不要推卸责任

跟同事协作，结果和预期不一致时，首先应该思考"是不是双方沟通不到位"，而不是怪罪对方，认为对方消极怠工，对方应承担责任。假如你的同事和你合作开展一项工作，起初事情向你们希望的方向发展，后来由于意外的出现，工作没能顺利完成，还给单位造成了一定损失。责任你们双方都应承担，可他选择了沉默。你主动向领导说明情况，并再三强调自己的错误导致了同事的错误。事后，领导不但没有怪罪你，相反因为你知错认错、不推卸责任还表扬了你。同事也因此对你格外感激，主动为你分忧解难。谁也不是完人，工作难免会失误，失误发生了，便坦白并承认吧，同事不会因此而看不起你。

（三）与同事沟通的注意事项

1. 不问薪水奖金

薪水、奖金，都是对员工工作的认可。很多人出于好奇，会不自觉地向同事打听对方薪水，更有甚者会打听很多同事的薪水。这样做，一般会出现两种情况。

一是对方并没有正面回答，而是搪塞过去，如对方说："没有多少啊，具体我也没太注意，每个月不一样，不太好说。"这会很尴尬，无形中也破坏了同事之间的关系。二是对方碍于面子，或者同样出于好奇，和你交换了各自的薪资信息。工资低的一方心理会不平衡，即使确实因为自己工作量少才工资低，也依然会不平衡。工资高的一方可能会高兴，觉得自己的努力获得了合理回报，但也有可能和工资低的一方发生争执，因为他会觉得工资低的一方的抱怨不合理。

2. 不要好为人师

好为人师，是大多数人都喜欢做的事，因为教别人做事或者教别人道理能获得精神上的满足，这是最为典型的心态。好为人师的人往往是在双方交流中占据话语主导权的那个人，这势必会大幅减少其认真倾听对方诉说的时间，只是凭着自己以往的经验并站在自己的角度为对方出谋划策，并没有真正地站在对方的立场去思考，自己却误以为帮到了对方。职场上，藏龙卧虎，人才辈出，谁比谁高明多少？好为人师可能会引起别人的反感，令彼此疏远。所以在同事沟通中，可以对某个问题发表自己的见解，但不要随便纠正或补充同事的话，除非工作需要或对方主动请教。

3. 不要挑剔抱怨

职场中发牢骚是正常的，但是牢骚太多，就是在传递负能量、负面情绪，时间久了就会影响到团队情绪。在职场中，有的人无论在什么环境中工作，总是怒气冲天、挑剔抱怨、满腹牢骚，逢人就吐槽，喜欢大倒苦水，也许他们是把发牢骚、倒苦水看作与同事们真心交流的一种方式，想得到别人的同情或认同。有的人会不断埋怨别人的过错，指责别人的缺点，他们觉得周围的环境和别人处处跟自己作对。要跟这种人合作完成一项工作，不得不说是一种无法忍受的折磨，别人会对这种人的工作能力产生怀疑。其实，抱怨、牢骚不能解决任何问题，工作中要想真正得到他人的认可，必须不断提升自己的业务能力，以积极向上、乐观进取的精神面貌示人，才会获得同事的认可。

4. 不要表现过分

自我表现是人类天性中最主要的因素。虽然说人要想得到别人的认可，就得善于表现自我，免得怀才不遇，但是过分自我表现反而会引起别人的反感。自己的过分表现可能会抢了同事的风头，从而引起同事的反感，过分的自我表现等于在为自己树敌。初入职场的人，大多盼望自己尽快得到他人的认可并崭露头角，因而处处表现自己，急于求成。但过分表现会给人功利心太强的感觉，反而失去受重用的机会。职场中，建议谨小慎微，认真做事，低调做人。把"如有不周之处，还请多多指教""请多提宝贵意见""很多方面还需要向您多多学习"之类的话语挂在嘴边，会让人觉得你是谦虚有礼之人。

5. 不能影响同事

如果想在职场中得到同事的尊重，还需要讲究办公室礼仪。现在很多综合性的办公室，都有隔断工位，隔出了相对独立的办公空间，这不仅是为了保障员工工作的私密性，更重要的是为了创造一个安静的环境。在工作时，谁都想拥有安静的办公环境和和谐的人际关系。如果办公室有同事喜欢吵吵嚷嚷，影响到你的工作，那么你肯定会很不喜欢他，认为他的素质太差。隔断工位只是物理空间的隔开，不能隔离声音，所以在办公室打电话，要把音量放小，以免影响他人工作。

三、与下属沟通

在与下属的沟通交流中，领导处于优势地位与主导地位，领导与下属之间的沟通由双方的地位决定了沟通内容和方式的特殊性。可以说，领导与下属之间的沟通，是一种有级差的双边交流活动，也是领导实施管理的常用方式之一。

领导与下属谈话是部署工作、交流信息、沟通情感、调节人际关系的重要方式。作为一种有级差的双边交流活动，需要双方共同参与、相互配合。如何使上下级的沟通达到满意的效果呢？这就需要了解与下属沟通的形式和特点，并掌握与下属沟通的基本技巧。

（一）与下属沟通的形式和特点

1. 树立随时随地可沟通交流的意识

领导与下属的沟通交流通常分正式和非正式两种形式，前者在工作时间内进行，后者一般在业余时间内进行。作为领导，不应放弃非正式沟通交流的机会。在下属无戒备的心理状态下，哪怕是只言片语，有时也会得到有用的信息，为今后作出正确管理决策提供重要的参考。正式沟通交流与非正式沟通交流的区别体现在沟通时机和沟通地点的选择上，领导应树立随时随地可沟通交流的意识，主动靠近下属，寻求沟通。

在沟通时机的选择方面，可选择工作的间隙、上下班的途中去交谈，因为这样自然、随便，容易谈得拢。如果时机选择不当，就有可能给下属增加负担，甚至会打击其积极性，带来不良后果。

在沟通地点的选择上，有些领导总是自觉或不自觉地把下属叫到他的办公室来谈话。其实这种谈话就双方所处的不同位置来说，会在无形中给下属带来一种压力。**作为领导，应努力冲破下基层、进车间"有失大雅"的思想禁锢，养成深入基层、同群众打成一片的良好习惯。**这样，就到处有谈话的地方了。即使在非得到办公室交谈不可的情况下，也应注意互相的位置，如同凳而坐或同桌而谈，就能给人以和蔼可亲、平易近人之感，这样下属才愿意跟领导讲心里话。

2. 不以身份说话而要推心置腹

领导的身份在一定程度上决定了领导讲话的权威性和指导性。有些领导往往把与下属谈话视为教育、管理下属的一种方式，这是不妥的。为了使双方的交谈成为平等的沟通，而不是上级对下级的教育、训导，就需要领导放下架子，以平等的姿态进行交谈，这是尊重下属的表现。如果领导居高临下，下属只能敬而远之，也就不愿敞开心扉。如果领导能够与下属推心置腹，无疑会缩短双方的心理距离，给谈话营造和谐融洽的沟通氛围。

领导不应通过与下属的谈话来进行教育，可以采用多激励、少斥责的交谈形式来达到沟通的目的。因为每个人的内心都有自己渴望的"好评"，希望别人能了解自己，希望得到领导或他人的赏识。身为领导，应适时地给予鼓励、慰勉，认可并褒扬下属的某些具体能力。当下属不能愉快地接受某项工作任务之时，领导可说："当然我知道你很忙，抽不开身，但这事只有你能解决，我对其他人没有把握，思前想后，觉得你才是最佳人选。"这样一来既使对方无法拒绝，又巧妙地使对方的"不"变成"是"。这一沟通技巧的使用方法为对下属某些固有的优点给予适度的褒奖，使下属得到心理上的满足，使其在较为愉快的情绪中接受工作任务。对于下属工作中出现的不足或者是失误，要特别注意，不要直言训斥，要同下属共同分析出现失误的根本原因，找出改进的方法和措施，并鼓励下属，相信他一定会做得很好。要知道斥责会使下属产生逆反心理，而且很难平复，会给以后的工作带来隐患。

（二）与下属沟通的技巧

1. 掌握沟通主动权

在与下属的沟通中，领导处于主导地位，要发挥在交流活动的主体性作用，无论是自己说话还是倾听下属讲话，都要掌握主动权。掌握沟通的主动权可体现在以下几个方面。

第一，要把握谈话的主题，不要东拉西扯，偏离主题。如果下属偏离中心话题太远，应适时地引回，即使下属就某一话题谈兴正浓，也要婉转地提醒："这个事情我们改天再谈，好吗？"

第二，要控制谈话的节奏，谈话开始时的寒暄是必要的，但不能拉家常似的谈得太多，要及时地切入正题。在进入谈话正题之后，更要注意如何将沟通引向深入，同时还要控制谈话的内容和时间的安排。

第三，要调节谈话的气氛，领导跟下属谈话，更多的是为了听下属的意见和想法，所以要营造和谐轻松的气氛，引发下属谈话的欲望。领导要以和蔼的态度和轻松的话题与下属交谈，打消下属紧张和戒备的心理，使其放松，坦诚地进入谈话情境。

2. 互动交流多倾听

领导与下属沟通时，不要唯我是听，要多给下属说话的机会。领导对谈话的掌控还表现在对说话机会的控制上。没有交流就不能相互了解，因此，领导要善于利用恰当的话题引发下属的谈话欲望，让下属说出心里话。在下属说话时，领导不要随意打断、即兴点评，更不要心不在焉、旁顾左右，一定要耐着性子认真倾听。只有这样，才能鼓励下属继续说下去。作为领导，必须努力"套"出下属的心里话，从而使沟通达到预期效果。

领导能否有效而准确地倾听下属的想法或意见，将直接影响到与下属深入沟通的可能性以及其决策水平和管理成效。一个擅长倾听的领导能通过倾听，从下属那里及时获取信息并对其进行思考和评估，以此作为决策的重要参考。如果是下属主动找领导谈话，那领导更应该认真倾听，正所谓一个成功的领导者应该是一个最佳的倾听者。

3. 海纳百川善决断

领导与下属的交谈中免不了不同思想的交锋，领导要有海纳百川的度量，也要有清醒的头脑。领导在倾听下属谈话时，应尽可能地让下属充分发表意见。对待不同的意见和看法，领导不要急于评论或下结论，更不能独断专行，唯我独尊。领导要有兼容并蓄、求同存异的胸怀，能包容各种不同的意见以及与自己相反的意见。领导只有心胸开阔、涵养深厚，才能真正树立自己的威信，赢得下属的拥戴。在遇到不同的意见时，领导如果马上鲜明地亮出自己的观点或急于反驳下属，就会使下属处于尴尬的境地，这样，下属就不敢再讲下去了。

但领导者同时也是决策者，在兼容并蓄后，也需要科学决断。决断应该在广泛、深入听取下属意见之后再进行。所以，与下属沟通的前期，尽量让下属先谈，这时主动权在领导一边，可以从下属的讲话中发现问题，同时给自己留出思考的余地，再谈自己的看法就容易被对方接受。如果在没有掌握全部事实，没有经过充分思考的情况下就说出自己的意见，万一说得不对，再受到下属的追问将会很尴尬，有失领导威信。因此，让下属先讲，自己思考其中的问题，最后决断，可谓后发制人，既能体现领导对沟通过程的掌控能力，同时也有利于表现领导的沟通水平。

4. 控制时间讲效率

有些领导与下属长时间交谈后，却不一定能起到良好效果。下属与领导谈话时，一直处于心理紧张的状态，紧张情绪和心理压力可能会随着时间的延长而增加。领导谈话内容较多，也会增加下属理解领导意见或意图的难度。领导说话时，应该条理清晰，以便于下属领会。有些领导生怕下属不能领会其思想、意图，常常将自己的观点进行不必要的重复，以至于下属疲于点头而感到厌烦。战略性的重复可以强调领导的观点，但是，不厌其烦地重复那些无关紧要的话语只会削弱领导讲话的分量。

沟通必须突出重点，简明扼要。一方面，领导本人要以身作则，在一般的寒暄之后，应迅速转入正题，阐明问题实质；另一方面，也要让下属养成这种谈话习惯。要知道，说得太多会加大信息理解的难度，也是沟通效率的大敌。

（三）与下属沟通的注意事项

1. 批评下属讲究方法

批评的大原则是对事不对人，所以领导对犯了错误的下属，要对其错误的事情及做法进行批评。可以先直截了当地提出问题、指出错误的事实，但不要直接谈感受，让下属自己来认识到错误的存在，同时让下属意识到错误的后果，进而与下属一起寻找解决的办法或弥补的方案，甚至自己承担责任。

除了直接指出错误外，还可以欲批先扬，以真诚的赞美作为开头，表扬下属之前取得的成绩或拥有的能力，然后根据客观事实，实事求是地指出错误之处，对事不对人，不要伤害下属的自尊与自信。明确批评的目的是改正，所以还要问清或找到犯错的原因，以便有针对性地改正，最后以鼓励性的方式结束批评。另外，批评下属时要分清场合，对非原则性的过错不宜公开批评，更不能在批评中夹带威胁性的言辞。

2. 体谅下属发扬民主

当你有任务需要下达或有事情需要下属帮忙解决时，最好能明确告知下属你的用意是什么，要求是什么，为何会挑选他完成这项任务，以及其他相关的具体事项。说完后，要主动询问下属是否完全理解了你的意思，不要理所当然地以为自己都表达清楚了。如果下属没有完全理解，又迫于领导的压力不敢多言，或者流露出为难的表情，你就需要体谅下属，不要忽略了下属的想法与感受，这样才能取得你想要的办事效果。不要事后批评下属悟性低，没有理解你的意图。

在与下属的沟通中，领导还要发扬民主，不唯我独尊；需保持开放的心态，不搞一言堂；怀有真诚的态度，听取各方意见，并采纳合理建议，不要把调查群众意见弄成了走形式。

拓展训练

阅读以下案例，请运用沟通交流中的相关知识，分析小张与总经理就加薪进行沟通时存在的认识缺陷。如果非要加薪，请你为小张设计一个较为合理的沟通方案。

小张毕业后进入一家品牌营销公司，职位是产品推广专员。第一年的工作主要负责某城市的产品推广业务，作为一线业务员，为了开拓本地市场，小张加班加点，为公司创造了较好的业绩。一年之后，小张被提拔为该公司在某市的业务经理并总体负责在某市的业务推广管理工作。他一开始只做一线业务员时，什么都不需要多想，只要拿到订单，把业绩做上去就好了，还可以获得让人羡慕的提成。正当小张享受提成回报的时候，总部对小张进行了提拔，工作职责完全变化了。作为业务经理，他不用去一线跑客户，只需要维护好老客户并负责培养新人。但没想到的是，根据公司的薪酬制度，他的收入变成了行政管理人员的固定工资，没有了提成，收入比以前少了很多。于是，小张想到了与总部沟通，要求加薪。根据公司的薪酬制度，只有在公司工作满3年以后，才能获得加薪机会。但小张过于乐观，他心想，凭自己去年对公司的巨大贡献，总经理还能不破例吗？若不同意加薪就以辞职"相挟"。于是，小张利用一次去总部汇报工作的机会，没考虑太多，就直接走进总经理办公室，提出了加薪的要求。总经理并没有问他加薪的理由，只是说："你先回去吧，我们考虑一下。"大约半个月之后，从总部下来一份调令，要调小张去总部学习，并派来另一个人接替小张的工作（这是总部想撤换一个人的前兆），小张意识到可能是要求加薪惹来的祸，于是主动请辞，总部也没挽留。

第八章
教学语言与教育沟通

　　要想成为并做好一名人民教师，你需要具备"言传身教"的本领。三尺讲台需要的不仅仅是爱与奉献，还需要高超的教学语言艺术和会教育、懂教育的心灵沟通。

第一节　教学语言

● 任务目标

（1）了解教师语言的基本特点。

（2）了解教学大纲和教案基本内容，能够撰写课程教案。

（3）掌握教学中导入语、讲授语、提问语、评价语和小结语的使用技巧。

● 课堂训练

　　假如你应聘某学校的教师岗位，需要进行试讲面试。请根据自己所学专业或应聘岗位，做一次15分钟的课堂教学试讲。

训练解说

　　试讲，就是在有限的时间内，教师通过口语、体态语和各教学技能与组织形式的展示而进行的一种教学形式。教师是特殊的职业，仅仅通过求职简历是无法判断和识别应聘人员的真实能力的。一般情况下，招聘单位（学校）都会有专门的人员组织面试和试讲。教学岗位面试的试讲主要是考查应聘人员是否具备教师岗位所需要的基本素质和基本技能。试讲课一般不是一堂45分钟的课，大多为10~15分钟。

　　教学试讲需要准备教案。教案是授课教师在授课前准备的教学方案，包括教学对象、目的、内容、时间、方法、步骤、考核以及教材的组织等。教案可分为课程整体的教学方案、每个课时的教学方案。在教案中，需要写明教学目的与要求，一般包括知识目标、能力目标和素质目标；分条列出教学的重点和难点；根据教学内容，进行时间分配。

　　在试讲时，15分钟的课也要设计出起承转合。在语言表达上，应聘人员可以采用时空分割法，如"上节课我们讲了……通过预习，我们又初步了解了……今天我们来讲解……""刚才我们学习了……下面我们接着探讨……"这样的话，花十几秒钟，便可以很快把学生或评委引入到另一个教学环节之中。

　　试讲时，主要考查哪些方面的能力和素质呢？

　　所有应聘人员都面临一个共同的问题——如何在有限的时间内展示自己的长处，获得评委的认同。评委在进行考查时，注重的是应聘人员的朝气、能力以及潜质，考查的重点是教学基本功，一般包括表达能力、板书情况、教学内容、教学方法及组织教学等几个方面。

1. 表达能力

对教学语言来说，表达能力主要是指口语表达能力和体态语言表达能力。口语表达的基本要求是口齿清楚、语言流畅、音量适中、教学用语规范，有一定的启发性和生动性。体态语言的基本要求是教态自然、目光亲切、表情与手势自然，并表现出激情和热忱。

2. 板书情况

教学板书的基本要求有以下几点：第一，字迹清楚，工整漂亮，颜色搭配得当，无错别字；第二，不同级别的标题在黑板上应有不同的存留时间和合理的位置安排；第三，标题和内容的位置布局恰当，可适时擦掉说明性内容，始终在黑板上呈现出清晰的教学脉络。

3. 教学内容

教学内容主要包括内容的选择、内容的组织性和条理性、重点和难点问题的把握与分析、提问技巧的运用以及教学方法的适用性等。讲授的内容要全面、完整，同时突出重点、难点及关键知识点；内容的讲解安排要由浅入深、由表及里，符合学生的认知规律；教学手段要多样化，恰当使用类比、图解、举例、提问等方法。

4. 教学方法

教学方法的基本要求是灵活多变、方法适宜。现阶段，倡导将信息技术与教育教学深度融合，在教学方法上要不断创新。可将在线开放课程引入课堂，结合信息技术，采用多媒体等工具，更新教学方式方法。在制作PPT课件时，需要注意版式设计和字体字号选择等，以便更好地呈现教学内容。

5. 组织教学

组织教学是在教师主导下的学生个体的认识过程、发展过程。在这个过程中，学生主动地探索未知领域，获得知识，提升能力，形成良好的思维品质、心理品质和行为习惯等，这一切都依赖于教师的组织教学。具体的内容表现在确定教学目标、选择教学方式、实施教学设计等方面，另外，还包括对学生价值观的引领、对学习兴趣的培养、对创新意识的激发等。

🚩 知识串讲

不少大学生毕业后会从事教育事业，做一名人民教师。这一节主要介绍教师的教学语言。[①]

一、教师语言概说

唐代韩愈说："师者，所以传道受业解惑也。"这就是我国古代较早对教师角色的行为、义务及权利比较精确的概括。教师作为人类文化的传播者，在人类文化的继承和发展中起着桥梁和纽带的作用。随着人类文明的发展以及社会需求的变化，教师这一角色被赋予了更新和更多的内容和意义，从而使教师在人类社会生活中担负起更重大的责任，发挥着更重要的作用与影响。

教师的职责主要体现在教书和育人两个方面，其工作方式大体是言传身教，其中"语言"是教师与学生交流的主要载体。与其他职业的语言不同，教师职业语言有以下特点。

（一）交际对象的特殊性

教师的交际对象主要是学生，学生所处的年龄阶段不同，教师的语言运用会随之有所侧重。

幼儿园的教师担负智慧启蒙的重任。幼儿教师要善于运用语言塑造直观形象，来帮助幼儿理解和感知各种抽象事物、词语、概念等。同时，语言要尽量浅显易懂，发音清晰流畅，态度和蔼，语气、语调柔和，体态语比较夸张。

小学教师担负着带领学生从幼儿园向中学过渡、从具象思维向抽象思维发展的责任。小学教师的语言除了通俗易懂之外，还要逐渐运用丰富的词汇进行缜密表达，兼用直观和抽象的方法，潜移默化教导学生。

中学教师的语言要富有启发性，多鼓励学生，注意民主管理，平等待人。中学生正逐步形成抽象思维，因此，中学教师的语言要有相对丰富的信息量和严密的逻辑性。同时，中学生的逆反心理较强，教师要针对学生的个体差异，因材施教。

高校教师要潜心研究教学艺术，综合运用多种教学手段。大学生具有一定的创造性思维能力，求知欲旺盛，思维敏捷，接受新事物的速度快，所以高校教师要不断吸收专业发展的最新成果，其使用的语言专业性强，涉及特定的专业术语时要字斟句酌，严谨缜密。

[①] 这部分内容参考了马志强主编的《语言交际艺术》（中国社会科学出版社，2009）。

（二）沟通语境的特殊性

教师和学生的语言交际活动主要是在学校里进行的。在学校，教师是教学者、教育者、管理者，在这样的特定语境中，教师的语言也体现出自己的特点。例如，上课时，在教室里有限的几十分钟内，教师要组织、引导学生学习，教师语言必须生动、精练、准确，才能有效完成教学任务。教师谈话的语境也有讲究：如在办公室里与犯错误的学生谈话，学生会有一定的思想压力，可以促使其展开思想斗争，积极转变；漫步在校园里和学生谈心，可以使学生产生与教师平等对话的心理，促进沟通的有效完成。

（三）沟通目的的特殊性

教师和学生沟通的目的非常明确，那就是传播知识、培养品德。这个目的也制约着教师语言的内容和语言运用的方式方法。传播知识要求语言要科学、生动，具有启发性，能激起学生的求知欲，引导学生主动学习，独立思考。不仅要授之以鱼，还要授之以渔。

总之，由于教师语言的运用有其特定的对象、语境和目的，教师要通过自己的语言向学生传播真理、传授知识，训练其能力、培养其人格，这些决定了教师语言有其自身特点，教师语言运用的艺术也与众不同。

教师语言按其目的的不同，大致可以分为教学语言和教育语言两大类，这两大类语言又有各自不同的特点和技巧。

二、教学语言的含义及特点

所谓教学语言，主要是指教师在课堂讲授中为了完成既定的教学任务，针对学生的实际情况，按照规定的教材或教学大纲，使用一定的教学方法，在有限的时间内为达到某种预期的效果所使用的语言，又称教学用语。同其他专业语言相比，教学语言有以下几个特点。

1. 科学性

课堂教学是教师传授知识的重要途径。知识的科学性决定了教学语言的科学性，教学语言必须符合各门学科的科学性要求。科学性最基本的要求是传授正确的知识，教师不能向学生传播无用的信息，更不能传播错误知识。教师上课应使用周密严谨的语言、精确的词汇来表达概念和阐述定理、公式，并进行分析综合、推理判断。

2. 启发性

现代社会提倡启发式、互动式教学，反对"满堂灌"。无论是讲授还是组织讨论或是指导练习，教学语言都要具有启发性。教师可根据教学实际，交错使用多种教学方法，或讲述，或点评，或直陈，或质疑，或解难，使教学语言具有灵活性与启发性，激发学生的求知欲，引导学生积极开动脑筋，独立获取知识。

3. 生动性

教学语言的生动性，是指教师讲课时使用的语言要鲜明、形象、活泼。风趣、生动的语言是课堂教学的润滑剂。生动活泼、幽默形象、耐人寻味的语言，最能启迪人的智慧。言之无物的空话、套话、废话，照本宣科，也最容易给人以单调乏味之感，其会使大脑神经进入抑制状态，从而阻碍人进行思考。

4. 简洁性

教学语言的简洁性，就是指在讲课的时候，教师所使用的语言要简明、精练，不能含糊、啰唆。教师要具备把教学内容化繁为简、化深为浅、深入浅出地讲解清楚的能力。

三、教学语言运用技巧

按照教学过程来分，教学语言可分成导入语、讲授语、提问语、评价语和小结语。

1. 导入语

导入语又叫开场白，是指教师开始上课时对学生讲的与教学目标有关，能引起学生学习兴趣的一席话。导入语短则一两分钟，长也不超过五六分钟。它虽然不是课堂教学的主要内容，却是与教学内容紧密相关的一个重要的教学步骤。成功的导入语就犹如一把开启学生兴趣闸门的钥匙。成功的导入语既要新奇，用新鲜的东西吸引学生；又要自然，要跟所学内容自然衔接，浑然一体。因此，导入语设计得如何，往往关系到全局和教学效果。

导入语应该依据学科的不同、内容的更新、环境的变化和师生的实际情况而精心设计，常见的方式有以下几种。

（1）创设悬念，激发求知欲

这种方法的运用很广泛，能适用于所有学科，也能适用于不同的学龄段。运用时，教师应该注意设计难易度适中的问题，结合当堂内容与知识点，巧妙切入，引导学生逐层深入，揭示问题，明晰教学思路。

（2）巧用旧知，温故而知新

开场时，先用几句话温习上次课讲解的主要内容，再引出本次课的内容，也就是从学生已有的生活经历或已学过的知识出发来设计导入语，温故而知新，把旧知识作为学习新知识的台阶。

（3）创设情景，增强带入感

刚上课时，大多数学生能很快调整精神状态，把注意力集中到听课上面，但也有部分学生不能很快完成这一心理转变。这时，教师可以采用生动的导入语，用一种与教学内容相关的情感和情绪，将学生带入将要讲解的内容中。

（4）故事导入，课内外结合

许多教师都有这样的感觉，在课堂上提到课本以外的内容时，学生的积极性很高，对课外内容特别感兴趣。教师如能根据学生的这一特点以一些故事来导入课程，无疑会起到事半功倍的效果。

（5）视觉吸引，激发好奇心

从直观的生活到抽象的思维，是人们认识事物的规律。教师可从视觉上吸引学生的注意力，向学生展示实物、模型、标本、视频图片资料等，学生就会在好奇心的驱使下，聚精会神地注视实物或视频图片等。

2. 讲授语

讲授语是指教师较系统、完整地阐释教学内容的教学用语，一般包括讲解语、讲析语、解说语、介绍语等。讲授语的运用要领如下。

（1）严谨规范，通俗易懂

教师应该注意讲授语的思想性、逻辑性、准确性、规范性，语言脉络要清晰。同时也要特别注意学生对讲授语的接受性，应深入浅出，用明白、通畅的话语来阐释深奥的学科知识，使学生易于接受。

（2）控制语速，富有节奏

课堂教学中，语速的缓急、节奏的变化直接影响着学生的思维活动。一般来说，在低年级授课或讲授重点、难点时语速可慢一些，在高年级授课或复习旧课时，语速可快一些。总之，教师的"讲"和学生的"听"必须协调一致，才能使学生进入听课的最佳状态。针对不同层次的学生要选择不同的讲课方式。

3. 提问语

提问语是教师依据教学内容和学生的问题而提出的询问，是教学口语中使用最广泛、最普遍的用语。教师在课堂上不失时机地提出高质量的问题，犹如一石激起千层浪，引起学生思维涟漪的扩散，进而迸发出智慧的火花。此外，课堂提问还是促使师生之间相互交流、相互了解的主要手段。提问语的运用要领如下。

（1）问题具体，可参与性强

教师从将要讲授的知识点出发，提前设计有价值的、学生感兴趣的思考题，调动学生参与的积极性，活跃课堂气氛，进而让学生对所学知识点留下深刻印象。

（2）多元开放，可讨论性强

问题是给学生提的，不是教师自问自答的，所以教师设计的问题要具有可讨论性，这样才能变教师的独自讲解为师生共同讨论，让学生"思而后得"。可讨论性强的问题一般是多元开放式的问题。

4．评价语

教师对学生的回答进行点评，或教师评价学生的作业、学习行为时所使用的语言被称为评价语。教师恰到好处的评价会使学生发现自己的长处，看到自己的能力和进步，产生一种愉悦感，从而激起学习的兴趣，学生将以付出更大的努力来换取更大的成功。切忌使用批评语代替评价语。运用评价语的要领如下。

（1）正反结合，把握分寸

教师在评价学生时既不能简单地一味赞扬，也不能草率批评。肯定性评价语能使学生体验到成功与喜悦；否定性评价语一定要慎用，不能滥用，更不能以挖苦、讽刺的口吻说出。可采用委婉的说法，有效地保护学生的学习积极性和维护其自尊心。一般采用的方式是肯定一部分，批评一部分。

（2）客观具体，针对性强

应针对学生的不同表现，利用评价语客观地指出学生的长处或存在的缺点。不能笼统评价，评价的地方要讲得清清楚楚，具体可寻。要让学生知道好的好在哪里，错的错在何处，要有针对性。

（3）发自肺腑，真诚亲切

教育是一种温暖的抚爱，没有爱就没有教育。教师的评价性语言必须是发自内心的，对学生的赞美一定要真诚而亲切，对学生的评价一定要将心比心。

（4）即时生成，随机应变

课堂教学的不确定性和学生的多变性，决定了教师要根据不同的教学语境，作出不同的教学评价，所以评价语有其即时性和随机性。教师要关注课堂，关注学生，通过关注学生的即时表现，对自己评价什么、何时评价、如何评价作出应变策略。

5．小结语

小结语又称课堂教学结尾语、断课语，是指教师讲完一部分内容后或在课堂结束时所说的话。它具有高度的概括性，简洁而准确，有画龙点睛之效。教师的小结语可以帮助学生整理思路，使学生所学的知识成为一个相对清晰的系统化、规律化的体系，有助于他们完成由整体认识到理性认识的飞跃。

小结语的设计有以下几种常见类型。

（1）总结归纳式

这种小结语就是把某一部分或某一节课的教学内容用寥寥数语进行归纳总结，一般以知识点为线索进行串联，帮助学生理清思路，纵观全局。

（2）承上启下式

一方面总结刚才学过的内容，另一方面启发学生深入思考，激发学生对即将学习的知识产生兴趣。这样的小结语就像是新旧知识之间的桥梁，既可以使学生巩固已学的知识，又能激发起学生学习新知识的欲望。

（3）首尾呼应式

如果在导入语中设置了疑问或悬念，经过课堂中的讲解，已经得到了解决，可以在小结语中再有意呼应一下导入语，使重点更加突出，知识更完整、更系统。

（4）设置疑问式

这种小结语就是在课堂教学结尾部分，在本次教学内容的基础上，进一步提出有一定难度或与原先思维角度完全不同的问题，让学生带着疑问走出课堂，引导学生更深入地学习相关知识。

（5）布置练习式

在课堂教学即将结束时，把本次教学内容的重点或难点设计成课后习题留给学生进行课后练习。学生在解决这些练习题时，可以对教学内容进行巩固和延伸。

最后需要说明的是，以上各种教学用语并不是完全割裂的，而是一个有机整体。

08

第八章 教学语言与教育沟通

🧑 拓展训练

组织一场模拟讲课大赛。赛前需准备包括参赛教学内容在内的15分钟讲课教案，内容包括课程题目、教学目的、教学进程、主要内容、教学方法、教具、习题和时间分配等。比赛时，教学内容应包含丰富的知识，注重理论联系实际；逻辑性强，条理清楚，重点突出，难点处理得当，并有所创新；教学态度严肃认真，仪表端庄，自然大方；普通话授课，教学熟练流畅，语言准确、简洁、生动、富有启发性。结合实际需要，可借助辅助教学方式进行授课，要求运用合理，符合教学要求，视听效果好。

【扫码看案例】
（讲课教案和试讲教案）

第二节　教育沟通

● 任务目标

（1）了解教育语言的基本特点。

（2）掌握教育沟通中启迪语、暗示语、激励语、批评语的使用技巧。

● 课堂训练

　　请同学们分析以下案例中的教师在与学生进行沟通时，采用了哪些沟通艺术。

　　A同学和B同学今天没穿校服来上学。课间休息时，我把他们叫到走廊上，问他们什么原因。A同学说是因为裤子坏了，拿去缝补了。B同学没有什么理由来解释，在上学期时他也有过类似的事情，我认为有必要和他的父母沟通一下，一起做好教育。由于我刚换了手机卡，没有他家长的联系方式，我向他询问他父亲的电话号码，他没有说，我很生气，又问了一遍，他还是没有说。这时我观察到他的表情，不像"我不会说"，而是"不方便说"，我注意到A同学在旁边，所以我让A同学先回教室。

　　之后谈话进行得很顺利，B同学给了我他父亲的联系方式，但他不想让我联系他父亲。我问他为什么，他说是不想吵醒他父亲。哦，对了，他父亲是夜班出租车司机，现在正在休息。我当下就心软了，称赞他在关心、体谅父母这点上做得很好。然后我们谈到了他的家庭，我知道了他母亲在某家公司工作，但她一直住在公司里。我很惊讶，问他父母是否离婚了。他点了点头。我恍然大悟，以前和他母亲谈过几次话，她为了不让孩子在老师和学生面前难堪一直向我隐瞒着这个秘密。原来刚刚B同学也是怕我在A同学面前问他家里的事，所以他不想给我电话号码。

在谈话过程中，我也渐渐理解他了，我还和他谈了他目前在学校的整体表现，如何处理这样的家庭情况，如何把握现状。关于没穿校服这件事，他承认自己错了，态度很诚恳，并决心改正错误，并保证以后不会这样了。

❤️ 训练解说

教育最需要沟通，教育从沟通开始，甚至可以说教育即沟通。沟通无疑是建立师生关系最重要的途径。从上面的案例中，我们可以意识到：（1）教育沟通离不开师生之间的相互理解；（2）教育沟通应建立在师生平等关系的基础之上；（3）教育沟通需要教师理解和尊重学生，教育是有温度的；（4）教育沟通需要教师做一个热爱教育事业的坚守者。

⚑ 知识串讲

一、教育语言的含义及特点

教育语言是教师根据不同年龄阶段学生的教育方针和教育目标，对学生进行思想政治教育的语言。教育语言与课堂教学的语言不同，有以下一些特点。

1. 分清时地，因人施教

教育语言的运用必须坚持因时制宜、因地制宜和因人而异的原则。也就是说，要根据教育的对象、场合、时机来选择合适的表达内容和表达方式。

第一，教育沟通要选准时机，因时制宜。教育沟通并不是在任何时候、任何地方都能进行的，一定要选准能引发学生思想转变的时机。例如，在学生情绪激烈或有对立情绪时，不宜立即进行语言说服，此时，宜冷处理，待其不良情绪缓解后再说服教育，否则可能出现学生当面顶撞教师的尴尬场面。

第二，教育沟通要注意场合，因地制宜。场合不同，心情不同，教育的效果也就不一样。例如，当批评某人或某事时，对于涉及个人隐私或可能伤害别人自尊心的问题，就应该尽量采取私下交谈的方式，避免当众揭短，伤害其自尊；而在众人面前和公开场合表扬某人效果则更佳。

　　第三，教育沟通要了解对象，因人而异。例如，同样是批评，对开朗大方的学生可以直言不讳，直奔主题，教育他们应该怎样、不该怎样；对于内向敏感的学生可以委婉提示，点到为止，切不可使其当众出丑；对于谨小慎微的学生要顾其颜面，轻言细语，旁敲侧击，不可让其下不了台；对于心理承受能力强的学生可以直截了当、开门见山。

2. 情感沟通，以理服人

　　在运用教育语言时，既要让学生进行深刻的理性思索，又要让学生得到强烈的情绪体验。人和人之间有了感情才有利于进行更好的沟通，有了融洽的沟通才能产生更深的感情，教师才能如春风拂杨柳、细雨润新苗般影响学生，使其步入良性轨道。

　　首先，教育谈话要有理有据，以理服人。以事实说话，实话实说。不说假话、大话、空话，不凭主观臆断，不偏听偏信，每句话都应该基于客观事实。只有以这样的语言和态度与学生沟通，学生才能心服口服，欣然接受。师生之间才能产生心灵的共鸣，形成沟通交流的默契。

　　其次，教育语言要蕴涵感情，感染力要强。思想的交流，心灵的沟通，感情的表达，关键在于语言的艺术。心灵的和谐与融洽往往是教育的最佳契机。青少年的自尊心、荣辱感比较强，教师言中有情，言中有爱，将心比心，使用平等、关心、爱护的语言帮助他们改正缺点、克服不足，会真正起到教育和感染学生的作用。切忌居高临下、盛气凌人，要多用商量的口吻，尽量避免责骂、讽刺、挖苦。

3. 控制情绪，循循善诱

　　教师在工作中难免会遇到一些令人生气甚至无法忍受的事情，如有的学生漠视校规、有的学生性情执拗、有的学生惹是生非。在这些情况下，教师都应稳定自己的情绪，心平气和地与学生讲道理，耐心地教导学生。如果按捺不住自己的情绪，失去控制、大发雷霆，一些不文明、不礼貌甚至讽刺、挖苦的话语就会脱口而出。这些话语不但不能解决任何问题，反而会使学生对教师产生抵触情绪。

　　教师的教育用语要有声有色、生动有趣、富含哲理，教授要运用灵活生动的语言表达丰富深刻的思想内容，循循善诱。要做到这一点，教师平时就要积累一些蕴涵哲理、深刻、凝练的话语，以及一些源于群众或广为流传的歌词、谚语、歇后语、顺口溜等，在对学生做思想工作时适当引用这些话语，就能使语言变得更加丰富多彩。

二、教育语言运用技巧

教育语言大致分为启迪语、暗示语、激励语、批评语。

1. 启迪语

启迪语是指教师运用多种口语形式，如谈心、对话、报告等方式，给学生以开导和指引，启发学生自己积极思考的交流语言。

启迪语重在给学生以启迪，在分析说理时，需要引而不发。在教导学生时，老师要相信学生的自我认识能力，遇到事情时，帮助学生分析问题，启迪学生自己寻找方法来解决问题。

2. 暗示语

暗示语是指运用含蓄委婉的赠言、对话、故事、笑话、寓言等来表达某种意思的话语。为了维护学生的自尊心，教师不宜采用赤裸裸的、当众揭短的教育方式。暗示语能间接说明教育意图，不会引起受教育者的反感和对立。尤其是在批评学生时，不直接点明被批评者的要害问题，而运用暗示语旁敲侧击，通过纵横比较、个人和他人比较，促使被批评者反思并找出自己的差距。

要用好暗示语，教师必须既要对学生有深刻的了解，又要掌握语言暗示的技巧。含蓄委婉的暗示语言，较之直来直去的呵斥、批评，语气较为平和，有利于维护学生的自尊心，维护师生之间的感情。

3. 激励语

激励语是指教师运用赞美、表扬、表彰、批评与自我批评、讲述先进事迹等言语方式的一种教育用语，旨在针对学生的动情点给以刺激，把社会、学校、教师或家长的期望变成学生的动机或兴趣，从而激起学生的荣誉感、责任心和奋发精神。

对于腼腆、缺乏自信的学生，可以多采用称赞来激励他们；对于争强好胜的学生，可采用激将法来激励他们。对学生思想价值观进行引领时，可通过讲述先进事迹来激励他们。我们常说：榜样的力量是无穷的。学生都有崇拜伟大人物的心理倾向。另外，学生受到教师的鼓励、激励后，一般都会有"三天的热情"，所以教师还要把握好激励的时机和节奏。

4. 批评语

批评语是指教师对学生的缺点、错误给出否定评价的一种言语形式。教师批评学生的目的在于引起他们的警觉和注意，以便其及时地改正错误和缺点。对学生的错误本身及其来龙去脉了解清楚后，才能进行符合实际的、恰当的善意批评。教师不应厉声呵斥，更不能不分青红皂白地挖苦讽刺，伤害学生的自尊心。

批评语要慎用，要运用好批评的语言艺术需注意以下几点。

一是因人施策。对那些平时表现很好的学生，他们若犯了错误，教师可采用惋惜的口吻来表达自己的批评。对于逆反心理较强的学生，教师可采用商讨性的批评方式，使其能心平气和地接受批评意见。对性格外向、对自己要求不严格的学生，教师则可把话说得重些，使其充分重视教师的批评，在思想上引起对所犯错误的警觉。

二是就事论事。教师对待违纪学生要就事论事，不把错误扩大，不要将学生的过错与人格发展混为一谈。在语言表达方面，忌用"你总是""你从来""你永远""你一辈子"这些表达，以免把"错事"与发展中的人混为一谈。

三是重在教育。教师要清楚没有不犯错误的学生。人无完人，不能处处苛求学生。当学生犯了错，教师不能心生嫌弃，态度粗暴，全盘否定，而要以"治病救人"的态度，本着教育的目的，尽量言语得体、轻重有度、切中要害地进行批评。

总之，教师的批评，是通过客观地指出学生的缺点和错误，师生进行思想沟通，促使学生产生积极行为，自觉改正自己的错误，从而使学生更健康地成长。

🔴 拓展训练

（1）分析下列案例中小明产生思想问题的原因，并尝试设计教育沟通的实施办法。

小明，男，17岁，高二学生，上课经常迟到，上课睡觉或搞小动作。作业都不能按时完成，或者马马虎虎应付了事，甚至抄袭同学作业。各科目的课代表经常要催他交作业，他因为没有完成作业而与课代表发生过冲突。任课老师也因为他上课睡觉和不完成作业而经常批评他。逐渐地，他对一些老师有意见，产生了抵触情绪。一提到学习，小明就无精打采，直说没兴趣。

（2）分析下列案例，如果你是小芳的辅导员，你该如何对她进行开导？

某天，大一学生小芳的辅导员接到小芳室友发来的一条微信。据室友说，小芳在宿舍不停地哭泣，无论室友们如何安慰她，她都无法平静下来。辅导员把小芳请到了办公室，开导一番后，她的情绪慢慢稳定下来。通过初步交流，辅导员了解到，小芳作为所在班级的班长，在开展班级工作和学生社团的工作中屡遭不顺，尤其是最近的班级工作开展得极其不顺利，同学们不配合她、不支持她，为了完成辅导员、班主任交办的班级建设任务，她付出了很多时间和精力，这在一定程度上影响了学习，自己的付出没有得到同学们的支持和肯定，原来关系不错的同学也渐渐疏远她，对其工作表示不解并极为抵触，这使得她对自己不断丧失信心，进而情绪失控。

参考文献

[1] 崔梅，周芸. 话语交际导论[M]. 北京：北京师范大学出版社，2010.

[2] 杜蓉. 实用沟通与写作[M]. 北京：机械工业出版社，2009.

[3] 耿二岭. 体态语概说[M]. 北京：北京语言学院出版社，1988.

[4] 耿二岭. 仪态万方：体语学丛话[M]. 厦门：厦门大学出版社，2001.

[5] 关彤. 交际写作[M]. 北京：北京师范大学出版社，1999.

[6] 金正昆. 大学生礼仪[M]. 3版. 北京：中国人民大学出版社，2014.

[7] 康家珑. 交际语用学[M]. 厦门：厦门大学出版社，2000.

[8] 李真顺. 脱稿演讲与即兴发言[M]. 北京：北京大学出版社，2013.

[9] 刘艳春. 语言交际概论[M]. 北京：北京大学出版社，2007.

[10] 吕行. 言语沟通学概论[M]. 北京：清华大学出版社，2009.

[11] 马志强. 语言交际艺术[M]. 北京：中国社会科学出版社，2009.

[12] 茅海燕. 公关言语表达学[M]. 苏州：苏州大学出版社，2008.

[13] 斯蒂文·E. 卢卡斯. 演讲的艺术[M]. 顾秋蓓，译. 北京：外语教学与研究出版社，2014.

[14] 王用源. 沟通与写作：应用文写作技能与规范[M]. 北京：人民邮电出版社，2019.

[15] 王用源. 中文沟通与写作[M]. 北京：机械工业出版社，2016.

[16] 吴婕. 有效沟通与实用写作教程[M]. 北京：中国人民大学出版社，2011.

[17] 伍新春. 高等教育心理学[M]. 北京：高等教育出版社，1999.

[18] 夏中华. 交际语言学[M]. 沈阳：辽宁教育出版社，1990.

[19] 徐春艳，赵一. 说话艺术全知道[M]. 北京：华文出版社，2010.

[20] 应届生求职网. 应届生求职面试全攻略[M]. 上海：上海交通大学出版社，2009.

[21] 张波. 口才与交际[M]. 北京：机械工业出版社，2008.

[22] 周希希. 演讲与口才[M]. 北京：中国致公出版社，2016.